小学校英語教育

授業づくりのポイント

■編著■
高橋 美由紀
柳 善和

ジアース教育新社

はじめに

2013年12月、文部科学省から「グローバル化に対応した新たな英語教育」について提示された。これまでの改善点として、今後の日本の英語教育のあり方として、小・中・高等学校を通じて一貫した教育内容とすることや、英語を用いて「～することができる」という形式による学習到達目標に対応する形で4技能を評価すること、日本の伝統や文化を英語で発信できること等が挙げられた（文部科学省，2013)。

小学校では、これまで高学年に「外国語活動」として実施されてきた学習が、今後は「小学校段階の英語教育」として組み込まれることになる。そして、英語教育として、小学校中学年から導入され、中学年では活動型として、「英語を用いてコミュニケーションを図る楽しさを体験することでコミュニケーション能力の素地を養う」、高学年では教科型として、「読むことや書くことも含めた初歩的な英語の運用能力を養う」ことが目標として掲げられている（文部科学省，2013)。

本書は、このような「グローバル化に対応した新しい小学校英語教育」に向けて、小学校現場の先生方が、「明日の授業づくりに役立てることができるように！」との願いから、小学校英語教育の研究者と小学校現場での教育実践者が協同で執筆にあたったものである。

第1部は、「明日の授業に活かせる理論と実践」とし、各研究者の各々の専門分野を活かして、評価・教授法・デジタル教科書・文字学習・動機付け・英語でのアウトプット・異文化理解等の内容について理論と実践の両面から書かれている。

第2部は、「小学校外国語活動（英語教育）の授業と小学校の取り組み」とし、小学校で英語教育に携わっている先生方によって、日々の授業や授業研究での取り組みについて具体的な内容が書かれている。なお、事例研究では、既に「英語教育」として、高学年で週2コマ（1コマは45分授業、1コマはモジュール時間）で授業をしている小学校、文字指導や「読む活動」を積極的に実施している小学校、総合的な学習の時間や学校行事との連携を図った体験的な授業を行っている小学校等の取り組み等を紹介している。また、全ての児童を対象とした教育として、特別支援の児童に適した英語教育について考えることは大切である。そのため本書では、特別支援学級で効果的な取り組みをしている授業についても紹介している。また、小学校と大学との連携で授業を創る活動等についての事例等も掲載されている。

「グローバル化時代の小学校英語教育」であるならば、これまでの活動型で養われた児童の英語（外国語）に対する興味・関心は勿論のこと、小学校から中・高等学校へと教育内容を円滑に繋げるためには、「聞くこと」「話すこと」に加え、「読むこと」

「書くこと」等の英語運用能力の育成や語彙・文法指導等も必要である。

本書は、小学校英語教育に関わる教師・学生・保護者の方はもとより、「新しい英語教育」が、小・中・高一貫した英語教育であるならば、中・高等学校の英語教育関係者にも是非読んでいただきたいと思っている。

この出版の話をいただいたのは、2011年度に「外国語活動」が必修化になって１年が経過した時であった。小学校の英語に対して、「日本も、やがて韓国や中国のように小学校の英語が教科となる日が近いであろう」と予想していたので、すでに編者らは「小学校英語科教育法」などの研究を重ねてきていた。

この「小学校英語科教育法」の内容を基にして、「教科化」を念頭に置いた文字指導や４技能の習得、それに伴う評価のあり方、また、ICT機器を使用した指導や、特別支援の児童の教育等、様々な視点からの研究を行っており、同様な意識を持った研究仲間との交流から、「小学校英語教育の具体的な授業づくり」についての構想を育んでいた。

なお、出版にあたり、愛知教育大学　白石薫二理事・副学長を通じて、ジアース教育新社加藤勝博社長からのお話をいただきましたことに深謝いたします。

そして、執筆依頼をしました先生方が快くお引き受け下さったことにも感謝致します。編集の方が交替したこともあり、予定より長い時間を費やすことになってしまいました。しかし、そのお陰で、「グローバル化時代に対応した英語教育」による「新しい英語教育」、すなわち、小学校英語教育の「教科化」を視野に入れることができたことは、良かったと思っています。

高橋 美由紀

小学校英語教育 授業づくりのポイント　目次

第2部　小学校外国語活動（英語教育）の授業と小学校の取り組み

第１部　明日の授業に活かせる理論と実践

第1章 外国語活動における評価の基本的な考え方

加納 幹夫・岐阜聖徳学園大学教授

1．はじめに

小学校における英語を用いる教育活動をカリキュラムの中に位置づけるかどうかについては、すでに10年以上にわたって様々な議論がなされてきている。賛否両論の議論がなされている中、2011年度から全面実施の新しい学習指導要領において学校の教育活動の中に、この外国語活動が設けられた。教育課程の中に設けられたといっても、国語や算数といった教科ではなく道徳と同じく領域としての位置づけである（文部科学省，2008)。

評価について言及するに当たって、はじめになぜ、「領域概念」について念押しをするかというと、小学校における外国語活動は教科ではないという性格を正確に理解する必要があるからである。つまり、この教育活動がどのような性格であるかの考え方によって、実際に行われる授業の目標や内容が大きく変わってしまうからである。目標や内容が変わってしまうと具体的な評価の対象や在り方も変わってしまう。例えば、中学校の英語の授業で、apple という英語を習った後に評価しようとして言語の知識が備わっているかどうかをみようとすれば、ペーパーテストなどを用いて判定することになる。ところが、同じように小学校の外国語活動で apple という英語を習ったとしても、領域としての外国語活動の評価では言語知識の有無を測ることは求められていないといった具合である。

このように、小学校の外国語活動と中学校の教科英語科の学習では、同じ apple という英語の単語を学習しても評価の在り方が全然違ってくる。そうなると、同じ apple の学習が同じ小学校段階で、教科で行われるときと領域で行われるときとでは、その評価の在り方がまるで異なってくるということである。現在、日本のすべての小学校でこのいずれかの側に立って指導と評価が行われていると思われるが、本項では、外国語活動の立場に立って評価の在り方を整理する。

2．評価が注目されてきた経緯

2．1．日本の経済界におけるバブル崩壊の教育への影響

小学校における英語教育活動の導入に関する議論が活発になってきた2000年あたりには、同じく教育の評価に関する議論も注目を浴びることになった。それまでの授業

の改善にかかる研修会では、中央研修でも地方の研修会においても、その内容の中心は指導法の改善工夫に置かれていた。この指導法に注目する姿勢は、現在でも少なくなく、実践家を招いての研修会などのトピックを眺めると、「明日にでもすぐに役立つ技法・技術の紹介や収集」に関する内容も少なからず見受けられる。しかしながら、指導方法の改善が単独で語られるときは注意が必要である。向かう先が間違っていたりずれていたりしたら、方法が適切であっても、その授業はほとんど意味をなさなくなるからである。いずれにしても、多くの教員が指導法の改善に注目し改善を図ってきのは、これまで教育の評価は「教育にはなじまない」という時代が続いていたからである。しかしながら、平成の時代に入ってまもなく、いわゆる「日本のバブル崩壊」が起こり、社会全体が大きな変革を余儀なくされ、教育もまた変革を求められ例外とはならなかった。企業など経済界は、投資とその成果の関係を鋭く分析追究する姿勢をみせ、行政もそして教育もまた結果の説明が求められるようになった。「教育にはなじまない」として遠巻きにしていた事項が、これを境にして「なじまないから触れないではなく、なじまなくても測る」に様変わりをすることになった。 その意味では、「みえる学力」「みえにくい学力」論から「新しい学力観」に移ってきたと考える(石井英真, 2010)。そうは言うものの、企業など経済界の利益と教育の成果を同じに論じることはできない。同じにするわけではないが、子どもたちを教え導く仕事が本当にうまく機能しているのかどうかを判定し確かめることは重要なこととなった。

２．２．平成12年の教育課程審議会答申

平成12年12月の教育課程審議会の答申「児童生徒の学習と教育課程の実施状況の評価の在り方について」（文部科学省, 2000）は、現在の評価の在り方を考える際の源となっている。特に注目すべき点は、以下の３つにある。

⑴ 教育活動は、意図的・計画的・組織的に行われるべきもの

答申の第１章第１節に記載の「評価の機能と役割」においては、学校の教育活動が、意図的、計画的、組織的に行われるべきもので、計画、実践、評価が一連の活動として行われるべきものであり、それは学校の責務であると述べている。また、いかなる公の教育も恣意的に行われるべきものではなく、適切な目標を設け、その目標を獲得する過程やその変容の中身も併せて吟味する必要があると述べている。例えば、１つの単元を４～５時間で指導する場合には、計画書や指導案が目標を獲得していく過程を示し、児童・生徒が変容していく様を描かなくてはいけないという指摘である。この点では、指導案に盛り込まれる各活動を示すに当たっては、何のために行われるのかがわかるようにその目的を明示する必要があり、行おうとする活動を単に時系列に

「展示」するような指導案では意図的・計画的なものということにはならない。各活動に目的が明示されると、各活動間の関係やつながりが明らかとなり、授業の流れがより円滑でわかりやすいものとなる。

⑵ 学力の定義

答申の第１章第２節の１に記載の「学力と評価」において、学力とは何かについて説明して明示している点が２つめの注目点である。

学力の定義においては

> 学力については、知識の量のみでとらえるのではなく、学習指導要領に示す基礎的・基本的な内容を確実に身に付けることはもとより、それにとどまることなく、自ら学び自ら考えるなどの「生きる力」が育まれているかどうかによってとらえる必要がある。

と述べている。

この部分で注目すべきは、学力の構成要素とともに学力のとらえ方をも示されている点である。基礎的・基本的な内容の獲得にとどまらないということは、例えば知識や技能の獲得だけでは、学力の全体像を満たすことにはならないということになる。さらに、答申の21〜23頁には、学ぶ意欲も重要な要素と述べている。こうして学力の全体像が示されたことによって、公の学校は、ひとまず向かう先のブレが無くなったことになる。

⑶ 評価は指導と一体的にある

最後の注目点は、答申の第２節の２に記載の「目標に準拠した評価及び個人内評価の重視」によって、評価の観点が示されて教育の成果をいくつかの観点から眺めることが一層重視された点にある。観点を設けて学力を測るということや、測定したい力を観点ごとに評価基準を設けて測るという評価の方法によって学力の全体を観点ごとに、つまり分析的に眺める見方を提示したことになる。この考え方の一番の功績は、それまで各学校が行っていた教育活動のすべてを評価の対象としていたのかなどを含めた見つめ直しによって全体的に眺めることになった点にある。学習指導要領に定める各科目の目標にしたがって、各学校の行う授業が適切であるかどうかを、そしてまた、児童・生徒が望ましく変容しているかどうかを確かめることとなったのである。

例えば、中学校や高等学校の英語科の目標では、聞くこと、話すこと、読むこと、書くことの４つの領域の技能や知識などの英語のコミュニケーション能力の育成をうたっている。それにもかかわらず、授業の評価を常にペーパーテストだけで行っていたとすると、話すことの領域の評価はまるまる脱落していることになる。目標に準拠した授業を行うと、目標に設けられ行うことが期待された教育活動が満たされていないことをあぶり出すことにもなる。こうして評価の理念や方法などを考えることは、当然なこととして、指導の在り方にも着目していくことになり、ここに指導と評価の一体化という概念が改めて問い直されてきたこととなる。

評価＝テストという考え方に慣れた教育界にとって、評価が目標と直接リンクするという考え方により評価をすることは、成果だけでなく、その成果を生み出す過程にまで踏み込むこととなるという新しい考え方の台頭によって、教育のカテゴリーの中では評価は重要な事項となったのである。評価そのものについてこれまでの観念的な理解から、実践的・実際的な理解へと変化してきたことをおさえておきたい。

３．小学校外国語活動で評価活動を進める際におさえるべき視点

３．１．評価を行う際の前提

評価が授業の指導に先立って行われることはない。指導を行ったその結果を判定することが評価であるからである。ところが、何を判定しなければいけないかという評価すべき項目を考慮することによって、逆にどのような指導を行わないと評価すべきことが評価できないかを見つめ直すこともできる。このように授業を行うに当たっては、指導という側面と評価という側面の両方を考慮することになるが、とりわけ、小学校外国語活動で適切な評価が行われるためには、次の３つを考慮したい。

⑴ **小学校で行われる領域「外国語活動」で育てられる学力やそのとらえ方**
⑵ **小学校外国語活動において、育てようとしている力が授業を進めていくにしたがって伸びていくように、単元や授業が計画されデザインされているか**
⑶ **可視的な部分としての学力の考え方とその評価の方法**

３．２．小学校外国語活動で何を育てるのか

ずいぶん昔の話でもあり、ひょっとしたら今も残っているかもしれないが、小学校で英語を用いる授業が開始されたら、飛躍的に英語の力が伸びていくのではないかという期待感が保護者の間でささやかれた。冷静になって考えれば、週当たり１時間の授業である。仮に小学校の週１時間で力が付くのなら、週当たり３～４時間の英語学習を行っている中学校英語教育は、それこそ飛躍的に英語の力が付くと考えられよう。そうした期待感をもった保護者の気持ちに水を差すような話も現実にある。中学校の英語教員からは、それぞれの小学校で取り組まれても、中学校に入って夏休みを迎えるころになれば、ほとんどその取り組みの差異は水平化されるというものである。

問題は、そういう希望をもぎ取る話ではなく、小学校の外国語活動は、中学校の外国語教育を凌駕するものでもないし、すぐに消えて見えなくなってしまうものでもな

いということである。すぐに見えなくなってしまうのか、見えない学力があるのか、やっぱり見えないからできあがっていないのか、といった不安の声は少なくない。しかしながら、小学校の教育課程に週当たり1時間であっても位置づけられているのであるから、すぐに消えてしまったり、なくなってしまったりするものという考え方は通用しない。ただ、英語ができるようになってほしいという期待感が伴うので、英語が聞き取れるとか英語が話せるといった力が求められるのは仕方がないだろう。そのように考えていくと、少なくとも小学校外国語にあてられる時間数や領域としての特徴から考えてみると、外国語活動において求められる力は、単純に特定の教科を想定する考え方から脱却する必要があると考えるべきであろう。義務教育のしかも初期段階で設定されている点を重要視する必要がある。小学校に新たな学びが求められたということとなり、これからの日本を背負う若者が生涯に渡って身に付けておくべき力とは何かという問いかけでもある。

小学校外国語活動は、ある特定の教科ではなく、道徳と同じように領域として考えてくれば、どの教科にも通用する力としてとらえられ、いわば「学ぶ力」と言えよう(**図1**)。外国語ということばを用いて学ぶ学習ではあるが、国語科のようにその言語や運用そのものを学ぶのではなく、「領域」としての性格を生かすならば、道徳と同じように「学びの姿勢」についても育てることを忘れることはできない。「英語を用いる学習に向かっていく姿勢の在り方」「英語を用いる学習への慣れ親しみ・なじみ」「英語を用いる学習に関わるおもしろさ」といった視点から外国語を用いて学ぶ力を見直したい。表面的には、英語などの外国語を用いているが、その学習は義務教育の基礎段階に取り扱われている点に、もっと注目をすべきである。

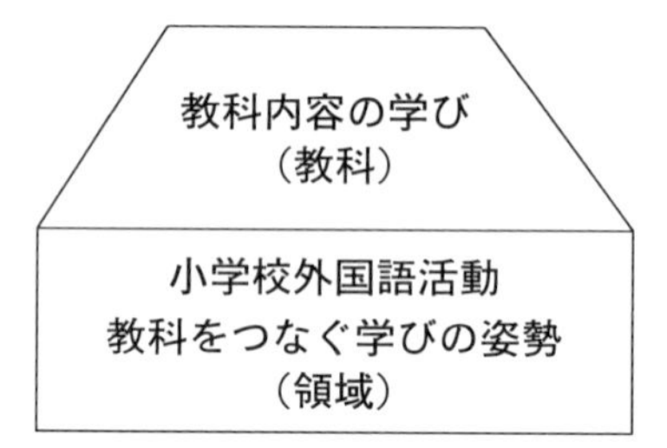

図1　領域の位置づけと教科の位置づけの関係性モデル

3.3. 授業をデザインすること

国立教育政策研究所が、ホームページ上に掲示し誰でも閲覧ができる「評価規準の作成、評価方法等の工夫改善のための参考資料」の「小学校外国語活動における評価方法等の工夫のための参考資料」(国立教育政策研究所, 2011) では、第2編で評価に関する事例 (以下「事例」という) が掲載されている。4つの「事例」が4～5時間の「単元計画」というスタイルをとって説明されている。今回示された小学校や中学校における評価の事例で、何よりも注目すべきは4～5時間をひとつのまとまりとしてとらえていることである。なぜ注目すべきかというと、こうした内容のまとまりを指導のまとまりとしてとらえ、授業を計画・構成するという考え方は、小学校における英語科の授業や外国語活動が日本の小学校で一般的になり始めた2000年頃にはあまり話題になっていなかった考え方であるからである。当時は、「総合的な学習の時間」を用いて英語活動を始めた頃であり、「どのような教材が適切か」といった教材論や「どのような指導の手だてが効果的か」といった活動や場面における単発的な指導方法に関わる議論に多くの関係者の興味が集まっていた。

その後に、「総合的な学習の時間」などを用いて様々なかたちで実践が積み重ねられてくると、授業で扱われる場面やそうした場面で用いられる表現が適切かどうかの精査が進んでいき、その結果、活動場面や教材、指導の方法などが多くの学校で共有されていき、だんだんと小学校の英語は安定化の方向に向かったと思われる。

ところが、一見安定してきたはずの授業が、よく観察すると、授業で行われている教材や指導の方法といった教育環境が安定してきている程度と同じようには児童の活動の様子は安定しておらず、緊張した表情で応答するなどむしろぎこちなさが観察されるような実践も見られるようになってきた。その原因は、教える側の論理から授業の安定を求めるあまり、児童が学んでいる環境に目が行き届かなかったからではないかと思われる。そのような教える側の充実を求める授業が続いたために、児童の側からの、自らが学習を重ねるにしたがって、前回の学びと今日の学びの連動性やつながりに気づかされなかったり、また、自らの学びの高まりを自認したりすることができるようになるために、児童が学んで力を付けていく授業をデザインする力が弱いままであったりしたからであると考えられる。確かに教員の動きは良くなってきている。しかしながら、児童の様子はそれに伴って軽やかになってきたかということである。児童自身が、「今、自分は何をやっているのか、何を学んでいるのか、次に何をやらなければいけないのか」といった自分の学習状況をモニタリングしているかどうかである。もし、そうしたことを児童が認知しないで活動をしているとすれば、それは「単にやらされているだけ」とか「いったん飲み込んだものをそのままはき出しているだけ」といったその場だけの形式的な授業になっている危険がある。

小学校の児童といえども、その児童なりにモニタリングは不可欠である。前述の「事例」に示されている「指導と評価の計画」では、「Let's play」→「Let's listen」→「Activity」というまとまりが示されており、取り組みやすい学習からスタートし、ゲーム性の高い活動を行った後に、ことばを扱った学習へと内容の発展性がうかがわれる。この発展性は、最初は教師の指示に応じて動くといった遊びの要素の強い活動から、子どもが「時間の経過とともに」自立的に理解したり表現したりする活動へと変容するような流れが見受けられる。こうした学習経験に基づく学習の深まりが「時

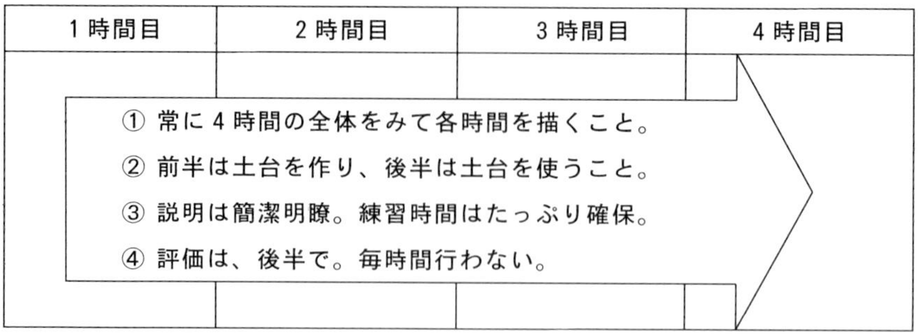

1時間目	2時間目	3時間目	4時間目

① 常に4時間の全体をみて各時間を描くこと。
② 前半は土台を作り、後半は土台を使うこと。
③ 説明は簡潔明瞭。練習時間はたっぷり確保。
④ 評価は、後半で。毎時間行わない。

＊補足：1つの単元を4時間として扱ったイメージである。

図2　「事例」による授業の高まりのデザイン

間の経緯とともに」計画され、指導の内容や質あるいは学習の内容や質が高まっていくようにプランされていることが大切である。授業の指導を計画するに当たっては、こうした授業の高まりをデザインする必要がある。このことを大まかに図示すると**図2**のようになる。

ここで、もう一度例を変えて説明しておきたい。各時間で学ぶ各学習事項を「パーツ」とすると、パーツをどんどん学ばせて積み上げていっても、そのパーツに芯が入らないとパーツはいつまでたってもパーツのままである。ここでいう芯とは、単元の学習目標として示されたその単元で育てる力のことである。1つの時間と次の時間で学ぶ事項との間につながりがないと、いくら学習を続けてもパーツのままである。パーツという活動をいくらオンパレードして並べてもばらばらなものは形にならない。パーツを教えるときには、将来何に組み上がっていくのかという完成形を教える必要があるということである。例えが卑近過ぎるかもしれないが、子どもたちは、プラモデルなどでパーツを組み立てているときには、いま、どの部分を扱っているか、そして、今の組み立てという仕事がいずれロボットの足になっていくとか頭部になっていくとかと将来を描きながら作業をしているのである。このような先の見通しをもった単元の構成の必要性や、単元を構造的にとらえて、その積み上げ方からいくつかの特徴を整理した研究もある（西岡加名恵，2008)。

3．4．可視的な部分としての学力の考え方とその評価の方法

先の「指導と評価の計画」の中でみられる評価の姿勢を拾ってみると、

- 目標は、規準として見取れるために、児童の具体の姿に書き表す
- 見取りきれないときは、分析して
- 行動観察から観察されることを
- 実際に言ったり聞いている

というような文言がある。これらの表現を整理すると① 比較的見取れるもの、② 見取りやすいもの、③ 見取り切れないものがあることが示されていると考えられる。また今回の「事例」に特徴的であるが、見取り切れないときは「分析などして」できるだけ見取れるように工夫・努力するといった評価の姿勢を整理することもできる。このような考え方や姿勢は、観点の「慣れ親しんでいるかどうかについてどう判断できるのか」「そもそも慣れ親しみ、親しみということが評価できるのか」「気付いているかどうかはこころの中にあることなのでどう判定できるのか」といった様々な素朴な疑問への回答を与えているととらえたい。つまり、「観察してみなさい」「観察してみても十分でないときは資料などを分析してでもみなさい」というスタンスが示されていると考えられ注目したい点である。なお、評価ができるためには、育てたい力を後で見取れるような児童の具体的な姿として書き表すことができるかどうかが大きな仕事となり、それができてはじめて授業のスタートとなる。

4．「英語ノート」の指導資料と参考「事例」にみられる評価の姿勢の違い

「英語ノート」の指導資料と参考「事例」を比較対照してみると、評価の姿勢がいくぶん違ってきていることが理解できる。それぞれの資料が「英語ノート２」のLesson 5「道案内をしよう」を取り上げているので、その部分の評価にかかわる表記を比べてみる（下線は筆者によるもの）。

時限	「英語ノート２」の指導事例	参考資料の「事例」の指導事例
1	・建物の言い方を聞いて、それを指差そうとする。	・評価をしない。
2	・方向や動きを指示する表現を聞き取って４人がどこにたどり着いたかを聞き取る。 ・方向や動きを指示する表現を聞き取って、目的地に到着する。	・英語独特の道案内の仕方に気付いている。 ・建物などの英語を聞いたり言ったりしている。
3	・方向や動きを指示する英語を使って、相手に目的地を伝える。 ・方向や動きを指示する英語を使って、相手に目的場所を伝える。	・方向や動きを指示する表現を言っている。 ・目的地への行き方を尋ねたり、方向や動きを指示したりする表現を言っている。
4	・方向や動きを指示する英語を使って、相手に目的場所を伝える。 ・方向や動きを指示する英語を使って、相手に目的場所を教えたり、案内された通りに行こうとしたりする。	・目的地への行き方が相手に伝わるように工夫して言っている。 ・目的地への行き方が相手に伝わるように言っている。

次に、この対照表から読み取れることを整理してみる。

① 毎時間評価を行っていない

2002年度から実施された観点別評価では、多くの学校がはじめて自らの評価規準を策定し、それに基づいて評価を実施した。中学校の例では、４つの観点に４つの領域があるので、形式的には合計16の評価の窓を想定することになった。この考え方に加えて、総合的に英語の力を育成することが望ましいとの指導の考えが重なり、その結果、評価の機会は各授業で必ず設けられなくてはならないとか、評価に当たっては各領域や各観点をバランス良くできるだけ偏らないようにすべきであるといった考え方がひとり歩きし、授業全体が評価にとらわれてしまったことを否定することはできない。

そのため、今回の評価の「事例」をよく分析すると、評価の機会を設けない授業もあり得ることを見つけることができる。これは、小学校の例だけでなく、中学校の例でも見受けられる。(国立教育政策研究所・教育課程研究センター，2011)

この趣旨は、評価のための評価になってはならないという批判に対する回答でもあるが、本来評価は、目標に向かったきちんとした目標獲得的な指導が十分に行われることによってはじめて評価に移ることができるという指摘である。評価を行うことに夢中になって、授業で扱わなかったことをテストに出題したり、授業で十分な練習をしないままにパフォーマンス評価を行ったりして、「できない」と判定する例がみられた。この「事例」から、評価をするに熟していない状況では判定しないという原則を理解する必要がある。

② 単元の評価規準に沿って評価をしている。

小学校外国語活動の評価の観点の考え方やことばの定義などについては、３．３．で取り上げた参考資料に詳しい。

評価といえば様々な考え方がある。学力テストも評価であるし、各種検定もまた評価である。しかしながら、日本の公教育では、学習指導要領に基づき授業が計画され実施されている。したがって、学校で行われる授業の評価といえば、その出発点は、学習指導要領に記載された各教科等の目標となる。以下に、外国語活動の目標から観点別学習状況の評価の観点がどのように導き出されているかを簡単に説明する。

次頁の「柱」と「観点」に示されている項目をそれぞれ対照させてみると、評価の観点が外国語活動の目標から直接的に導き出されていることが理解できる（下線は筆者によるもの)。言語や文化については、「言葉の面白さや豊かさ、多様なものの見方や考え方」があり、それらが「あること」に気付いているかどうかをみることになる。同様な見方をすれば、２つめの「コミュニケーションへの関心・意欲・態度」では、

学習指導要領「外国語活動の目標の三つの柱」	観点別評価における観点
1）外国語を通じて、言語や文化について体験的に理解を深める。	「言語や文化に関する気付き」 ・言葉の面白さや豊かさ、多様なものの見方や考え方があることなどに気付いている。
2）外国語を通じて、積極的にコミュニケーションを図ろうとする態度の育成を図る。	「コミュニケーションへの関心・意欲・態度」 ・コミュニケーションに関心をもち、積極的にコミュニケーションを図ろうとする。
3）外国語を通じて、外国語の音声や基本的な表現に慣れ親しませる。	「外国語への慣れ親しみ」 ・活動で用いている外国語を聞いたり話したりしながら、外国語の音声や基本的な表現に慣れ親しんでいる。

児童がコミュニケーションを図ろうとしているかどうかをみることになり、3つめについては、聞いたり話したりして外国語の音声や外国語の表現に実際に慣れ親しんでいるかどうかをみることになる。

なお、学習指導要領の指導上の配慮に関する事項には「体験的なコミュニケーション活動を行うようにすること」とあるが、これは、指導の在り方を示す概念であり、評価と直接的に関わるものではない。補足的なことであるが、観点別評価の説明事項を理解する際には、評価に関わる事柄なのか、指導に関わる事柄なのかを区別することも大切である。

③ 評価規準の末尾の言葉に注目すると「外への表れ」となっている

評価の参考資料に例として示されている、評価規準の末尾の言葉を拾ってみると、「気付いている」「聞いたり言ったりしている」「言っている」など、外から観察することができるように文言に工夫がなされている。「気付いている」とか「慣れ親しんでいる」といった事柄は、例えば、バスケットボールのシュートのように外から明確に「できる・できない」として見えないし、「リンゴは英語で何と言いますか」といったような、知っていて「言えるか・言えないか」ということとは違う。そのため、例えば「外国語への慣れ親しみ」という観点については、「聞くことができる・言える」といった外国語活動の目標になっていない点を十分考慮し、外から判定できるように児童が「聞いている（様子が観察できる）」とか、「話している（様子が観察できる）」という表記になっていることに留意する必要がある。

また、「気付いている」のは外から観察することができないという考え方があるが、このことについて参考資料の「事例」の中では、その評価方法として「行動観察・振り返りカード分析」と示し、「言語や文化に関する気付き」の観点において、この「気付き」について、「気付き」の発言以外に「振り返りカード」の記載内容から分析するようにすると示している。

④ 活動の「負荷」を考慮している

参考資料の「事例」の「指導と評価の計画」をみると、ゲームや個人でできる活動が先に計画されている。相手との関係性を必要とするようなペア活動やグループ活動で行う活動については、まとまりをもつ指導計画の後半部に置かれていることがわかる。そうなると、小学校の活動では当然ながら、相手とのコミュニケーションを図る際に特徴的なコミュニケーションへの関心・意欲・態度といった側面の評価は、相手を必要としない部分で測るのではなく、相手を必要とする活動が行われる後半部に置かれていることがわかり、評価のタイミングの問題とも関連して注意が必要となる。

5．評価が妥当なものになる考え方

これまでみてきた小学校外国語活動の授業の成果についての評価が、無理のない適切なものとなるためのポイントを以下にまとめてみる。

⑴ **十分な指導を踏まえた後に評価を行うこと。評価を行うことにとらわれないで、まずは落ち着いて適切な指導を展開する必要があること。**

⑵ **単元計画に当たっては、適切な目標設定に基づいて目標と指導内容、指導内容と評価が一体的に連動していること。**

⑶ **小学校外国語活動の評価をするに当たっては、指導する活動の様子が外から観察でき読み取れることが望ましいこと。**

⑷ **評価を行う時は、評価対象の事柄について児童が十分に習熟するなど、評価してもよい時となっているかどうかを踏まえて評価すること。**

⑸ **活動内容によっては、個人的な取り組みやすい活動から徐々に相手を必要とする活動に広げるなど順序性があり、その順序性を踏まえて何を評価するかを決めること。**

このようにして、今回示された「小学校外国語活動における評価方法等の工夫改善のための参考資料」には、多くの学校で行われてきた観点別評価の教育実践に基づく知見が積み上がっている。

【引用・参考文献】

文部科学省（2008）『小学校学習指導要領解説 外国語活動編』東京，東洋館出版社

石井英真（2010）「学力論議の現在」松下佳代編著『新しい能力は教育を変えるか』東京，ミネルヴァ書房

文部科学省（2000）教育課程審議会答申「児童生徒の学習と教育課程の実施状況の評価の在り方」

国立教育政策研究所・教育課程研究センター（2011）「評価規準の作成、評価方法等の工夫改善のための参考資料」

西岡加名恵（2008）『逆向き設計で確かな学力を保証する』東京，明治図書

第1部

第2章 デジタル教科書『Hi, friends!』と今後のデジタル教科書の展開

柳 善和・名古屋学院大学教授

1．はじめに

2008年に公示された新学習指導要領は、2011年度に小学校、2012年度に中学校で実施され、2013年度から高等学校で学年進行で実施される。今回の学習指導要領に従って制作された教科書も発行され、従来は限られた出版社のみが制作していたデジタル教科書が多くの出版社から発行され注目されている。

ここでは、小学校外国語活動のデジタル教科書に言及しながら、デジタル教科書の現状を概観し、これからの展望を論じる。

最初に、デジタル教科書はどのようなものかについて、(1) 指導者用デジタル教科書、(2) 学習者用デジタル教科書の2種類に分けて、それぞれの特徴と現在の開発状況を説明する。次に、小学校外国語活動の教材として現在使用されている『Hi, friends!』のデジタル教科書の特徴を説明する。さらに、これからのデジタル教科書の展望として、(1) 英語教育の中で特にデジタル教科書の普及がこれからどのように進んでいくか、(2) デジタル教科書普及のための条件は何か、について論じる。

2．デジタル教科書導入の経緯

2011年度から新小学校学習指導要領が実施され、小学校5年生から「外国語活動」が必修の領域として導入された。「外国語活動」とあるが、実際には「英語教育」が導入されたと考えて良いであろう。

小学校における英語教育について、2007年11月7日に公表された、中央教育審議会「教育課程部会におけるこれまでの審議のまとめ」の中で次のような文言がある。

> 指導者に関しては、当面は各学校における現在の取組と同様、学級担任（学校の実情によっては担当教員）を中心に、ALTや英語が堪能な地域人材等とのティーム・ティーチングを基本とすべきと考えられる。これを踏まえ、国においては、今後、教員研修や指導者の確保に関して一層の充実を図ることが必要である。
>
> また、外国語活動（仮称）の質的水準を確保するためには、まず第一に、国として共通教材を提供することが必要と考えられる。さらに、音声面の指導におけるCDやDVD、電子教具等の活用、へき地や離島等の遠隔教育及び国際交流におけるテレビ会議システムの利用など、ICTの活用による指導の充実を図ることも

重要と考えられる。

（中央教育審議会「教育課程部会におけるこれまでの審議のまとめ」（2007年11月７日）p.64）

この中の、「音声面の指導におけるCDやDVD、電子教具等の活用」という部分が、現在の電子黒板の普及やデジタル教材の開発につながっている。

「外国語活動」は、ALTや地域人材などを活用することは言われていたが、学級担任がその中心となることが明示されていた。しかし小学校の教員は、もともと英語を教えることを前提としては養成されていない。そのために、児童を教えることについては専門家であっても、英語の教科内容、特に英語の発音に自信がないという場合がしばしばあり、それを補うためにICTの利活用が強調された。その結果、① 共通教材としての『英語ノート』、②『英語ノート』のデジタル教科書版の配布、③ ②に伴う電子黒板（製品名は発売元によって異なる）の普及、の３点が実現した。

３．デジタル教科書の概要

３．１．デジタル教科書の分類

デジタル教科書は、一般的に「指導者用デジタル教科書」と「学習者用デジタル教科書」を区別して論じられる。「指導者用デジタル教科書」は、教師がプロジェクターや電子黒板などを使って授業中に教科書の内容を提示し、また必要な活動を行うものである。小学校外国語活動で使用されている『Hi, friends!』のデジタル教科書もこれにあたる。一方、「学習者用デジタル教科書」は、学習者が情報端末を１台ずつ持ち、そこに教科書をはじめとする教材がインストールされており、その情報端末を様々な学習活動で活用するものである。指導者用デジタル教科書は徐々に普及し始めているが、学習者用デジタル教科書はこれから本格的に開発が始まり、その授業での活用が検討されることになる。

３．２．電子黒板による指導者用デジタル教科書の使用

指導者用デジタル教科書はパソコン上で作動することから、電子黒板がなくても、プロジェクターとそれを映すスクリーン（あるいはホワイトボードなど）があれば、教材を提示することは可能である。しかし、電子黒板を使うと次のような利点がある（柳，2009：pp.20-22）。

① パソコンの画面を投影して、投影した画面上でパソコンを操作できる

指先や電子ペンで画面に触れることで、例えば教材の音声を聞かせたり、画像を動かしたりすることができる。これは児童・生徒と視線を一致させて説明することがで

きることになり、実際に体験してみると、その効果がよくわかる。

② 画面上に追加の情報を書き込んだり加工したりすることができる

「画面上の追加の情報」の例として、下線を引いたり丸で囲んだりすることがある。どんな下線が引けるか、また追加の図形などにはどんなものがあるかといった機能の詳細は、各電子黒板に付属しているソフトウェアやデジタル教科書の機能に依存する。

③ 画面上の情報を保存することができる

② で説明したように、電子黒板では、例えば教材に下線を引いたり自分で画面を動かしながら説明することができるが、このような一連の操作を記録し保存することができる。例えば、英語の活動・ゲームの手順などを説明する時に、電子黒板で行った操作の手順を保存しておけば、何度でも使うことができる。また、教員間で分担して教材を作れば、それを他の教員も共有して、授業で活用することができる。

3．3．『Hi, friends!』のデジタル教科書

文部科学省は、小学校外国語活動の教材として2012年度から『Hi, friends!』を希望する学校に無償で配布している。この教材のデジタル教科書も、同様に各都道府県の教育委員会を通じて、全ての小学校に配布されパソコンにインストールして使うことができる。

以前使われていた『英語ノート』でも、デジタル教科書が配布され、英語活動（当時）の実践に貢献した。『Hi, friends!』ではさらに改訂されて使いやすくなっている。『英語ノート』と今回の『Hi, friends!』は、各学校に無償で配布されたことで教員も気軽に使い始めることができ、それによってデジタル教科書がどのようなものかを知ることができたこと、また、児童もデジタル教科書で学習する楽しさを体験することができたことで大きな役割を果たした。

3．3．1．デジタル教科書の特徴

以前の『英語ノート』と今回の『Hi, friends!』のデジタル教科書には、基本的な特徴として、① 正しい英語音声を児童に示す、② 様々な活動で児童の解答を画面上で示しながら、他の児童の意見を聞くなど協同学習が容易に実現できる、という点がある。

① 正しい英語音声を児童に示すというのは、CDなどの音声教材でも可能であるが(実際に『英語ノート』ではCD教材も配布されていた)、画像が加わると、児童が学習に集中しやすいという特徴がある。前述のように、小学校の教員の中には、英語の音声を自分で児童に示すことに不安を持っている場合があり、デジタル教科書で正し

い音声を示すことで、教員の負担が軽減されるであろう（ただし、だからといって教員が英語の発音を全くしなくて良いということではなく、教員も積極的に英語を話して、児童と一緒に英語学習に関わる姿勢を示すことが大切である）。

また『Hi, friends!』では、チャンツが多く教材に含まれているが、ここではスピードをゆっくりにして練習する機能や、伴奏の音楽だけが流れる「カラオケ」モードがあり、児童の実態に合わせて練習することが可能である。

② 児童の解答を画面上に示すというのは、電子黒板を使うと、教科書の活動の部分を画面上に示して、児童が考えた解答をそこに書き込んで、その解答についてクラスみんなで考えることができるということである。従来も、児童に解答を答えさせてそれをクラスみんなで考えるということはできたが、電子黒板を使うことで、前の画面を見ながらみんなで考えることができ、またその解答を途中で修正したり、その部分の音声をもう一度流したりすることが簡単にできる。

① の正しい英語音声を児童に示すことについては、電子黒板がなくても、パソコンとプロジェクター（それに加えてスピーカー）があれば、授業で十分効果的に役立てることができる。また、② の児童の解答を画面上に示して、それについて意見を出し合うというのは、パソコンとプロジェクターだけの場合、教員がパソコンを操作して児童の解答を記入することでできるが、児童に前に出てきてもらって自分で解答を記入するなどの活動ができると、授業への参加感が増し、児童の学習意欲が高まることが期待される。

３．３．２．『Hi, friends!』の新機能

ここでは、『英語ノート』から『Hi, friends!』に代わった際に取り入れられた主な新機能を見ていく。① 発音の際の口元の様子が動画で提示されること、②「ロールプレイングスキット」として役割練習用のコーナーが追加されたこと、③ ビデオクリップの追加、という３項目である。

① 発音の際の口元の様子が動画で提示されるというのは、それぞれの単元の基本表現や語彙について、母語話者の口の動きを動画で表示するものである。上半身と口元の正面及び横からの動画を見ることができる。口の開け方や舌の位置、口の動きなどの特徴を少しずつ教えながら画面を見ることで、児童が英語の発音に対する理解をよりいっそう深めることができる。ただし、あまり発音の方法を詳しく扱いすぎたり、正しい発音を強調しすぎたりすると、英語を口に出してコミュニケーションを図る楽しさが損なわれることもある。発話の意味が伝わらないような発音に限定して矯正すること、また、発音の方法は少しずつ教えることなどを念頭に置いて指導すると効果

的だと考えられる。

②「ロールプレイングスキット」では、それぞれの単元の基本表現を、画面上の登場人物と一緒に対話をしながら練習する。対話の場面を見ながら練習する場合と、対話の相手と画面上で向かい合って練習する場合があり、どちらも臨場感を持って練習することができる。実際の授業では、まず、会話の場面を視聴して何を言っているかを確認し、会話のセリフをモデルの音声に合わせて繰り返し口に出して練習する。「ロールプレイングスキット」では音声が比較的ゆっくり流れるので、児童も無理なく練習できる。次に、ビデオを見ながらそれぞれの役割のセリフを言ってみる。最初は、クラス全員で役割を決めてセリフを言っても良い。十分練習ができたところで、児童一人ひとりが自分の役割を決めて、セリフを言ってみる。ビデオでの練習ができたら、今度は児童同士で役割を決めてペアでやることもできる。

③ ビデオクリップは、Book 1には「世界のあいさつ」「世界のじゃんけん」「世界の学校生活」「世界の給食」が収録されている。例えば「世界のあいさつ」では、8か国の子どもたちがそれぞれの首都で、最初は現代的な都市の中で、次にそれぞれの国の特徴的な場所で、まず自分の母語であいさつし、次に英語であいさつをする。児童は、自分たちと同じ子供たちが英語で自己紹介をすることに興味を覚えるだろうし、また、外国語活動の始まりにこれを見ることで、外国語学習の意欲が高まることが期待される。Book 2には、フランス、中国、オーストラリアの紹介、「世界の行事」として、韓国、タイ、アメリカ、オーストラリアが紹介されている。いずれのビデオクリップも、児童が海外の文化に関心を深めるように作られている。

3．4．指導者用デジタル教科書活用の利点

小学校外国語活動の教材は、今後しばらくは『Hi, friends!』が使われて、デジタル教材もこれまで同様無償で配布されることと思われるが、いつまでもこのやり方が続くという保証はない。これまで、指導者用デジタル教科書は一部の出版社から発売されていたが、学校にプロジェクター、電子黒板などのICT機器の整備が進められていること、また、新学習指導要領の実施に伴いデジタル教科書の出版が増えていることなど、これから小学校外国語活動のデジタル教科書も徐々に普及していくと考えられる。

海外でもデジタル教科書は普及し始めており、授業で使用するのに適切な内容はどういうものか、学習者の視点からどのように活用できるのかなどについての情報交換がなされている。より使いやすい指導者用デジタル教科書の開発が望まれる。

さて、小学校に続いて、2012年度から新中学校学習指導要領が実施され、新しい検

定教科書が配布された。今回は、全ての英語の検定教科書にデジタル教科書が発売されている（これ以前は1社のみの発売)。

中学校用のデジタル教科書の特徴としては、① 教科書の音読のための音声の様々な提示法、② 語彙指導のためのフラッシュカード機能、③ 静止画を見ながら本文の聞きとり、④ 関連内容のビデオクリップなどが挙げられる。

① 教科書の音読では、教科書のテキストを音読に伴って出していくのか、消していくのか、あるいはカラオケのように読んでいる箇所の色を変えていくのか、また、テキストをモデル音声の後について読む場合にはどのくらいの空白を空けるのかなど、きめ細かに設定できる。また、② フラッシュカード機能でも、それぞれのレッスンの新出語句だけでなく、教員が必要と考える語彙を追加できたり、提示方法で英語だけ、日本語だけ、英語から日本語（あるいはその逆）などを選択できたり、提示間隔を秒単位で設定したりすることができる。設定を工夫することによって生徒を飽きさせずに、何度も練習させることができる。③ については、教科書の本文を紙芝居のように静止画とともに聞かせることができ、その際、英語字幕、日本語字幕、英日の両方の字幕、字幕なしというように、生徒の理解度に合わせて字幕を提示することができる。④ は、その単元の内容と関連のある場面を動画で見るもので、生徒の関心を深めるために役立つ。

いずれの機能も、小学校の『Hi, friends!』と比較すると、「学習」に重点を置いたものになっている。中学校の場合には、デジタル教科書を使って音読をしたり、語彙を習得したり、あるいは文法項目を説明したりといった機能が重要視されている。指導者用デジタル教科書を使うと、これまでは生徒が机の上の教科書を見ながら練習していたのに対して、視線がスクリーン（黒板）上に上がり、教員からは生徒の理解度や授業への集中度が把握しやすくなる。特に、小学校でデジタル教科書を使って授業を受けてきた生徒たちは、同様の機器で学習を継続するわけで、スムーズに学習に取り組めることが期待される。

もし、教室にパソコンやプロジェクター、電子黒板などのICT機器が設置されているのならば、教科書の見開きページ、あるいはその一部をPDFファイルにして、それを電子黒板やホワイトボードで提示することで授業に役立てることもできる。電子黒板であれば、電子黒板の機能を使って、提示された教科書のページに下線を引いたり、その他の書き込みをすることも可能である。また、ホワイトボードに映すことでマーカーなどで書き込みできるようになる。黒板に本文の一部を書いて説明するより、時間も効率的に使えるようになる。

4．学習者用デジタル教科書

4．1．DiTTが想定するデジタル教科書に必要とされる機能

3．で説明した指導者用デジタル教科書に対して、一人ひとりの児童・生徒が情報端末を持って、そこに教科書をインストールするタイプの「学習者用デジタル教科書」も、現在開発が進められている。

2010年7月にデジタル教科書教材協議会（Digital Textbook and Teaching：DiTT）が発足した。DiTTは2015年までの3つの目標として、① 全小中学生に情報端末を配布、② 全教科のデジタル教材を開発、③ 全授業のうち約3割での利用を掲げている。実現までにはまだ不確定な要素もあるが、このような方向に進んでいくことは間違いないだろう。

DiTTはまた、『DiTT第一次提言書（改訂版）』を発表し、「デジタル教科書・教材に想定される基本機能」を説明している（デジタル教科書教材協議会，2011：pp.25-26）。この「基本機能」は、次の3点を前提に考えられた。まず、① 児童・生徒全員が持って毎日登校すること、次に、② 児童・生徒はこの情報端末を数年間にわたって使用し、義務教育9年間の途中で2回あるいは3回端末を交換すること。そして、③ 教科書のデータは年度ごとに入れ替えること。過年度の教科書をどのように保管するかも、併せて考えておく必要がある。

さて、DiTTが『DiTT第一次提言書（改訂版）』の中で発表した学習者用デジタル教科書の基本機能には次のものがある（デジタル教科書教材協議会，2011：pp.25-26から要約）。

⑴ 表示：文字や画像の拡大機能、見開きページ表示と単ページ表示の切替機能、など。

⑵ 入力：キーボードとマウスの入力装置に加えて、タブレットペンとタッチパネルに対応した機能が必要で、これは児童・生徒の発達段階に応じて交換する。入力内容は、メモ、ノート、付箋、ハイライトなどの書き込み機能が必要。なお、文字の入力に加えて、語学の発音練習や音楽の歌唱・演奏といった場面で利用できる音声録音、写真や動画の取り込みも情報端末の入力機能として必要。

⑶ 移動：目次、アウトライン、サムネイル、しおりといった表示から、デジタル教科書・教材内の特定の位置に、簡単な操作で素早く移動することができる機能が必要。

⑷ 検索：デジタル教科書・教材内のコンテンツや、添付されたマルチメディアの情報を検索できる機能。さらにインターネットを利用して、外部のコンテンツを検索・

取得できる機能も必要。

⑸ 出力：デジタル教科書・教材の内容やメモ等の書き込みを印刷できる機能、児童・生徒の情報端末の画面を、モニターや電子黒板機能付き大画面表示装置等へ外部出力する機能が必要。

⑹ マルチメディア：音声・動画コンテンツの再生や、２Ｄ/３Ｄグラフィックといったマルチメディアコンテンツを表示できる機能が必要。これに加えて、英語の聞き取り、体育での動きの確認、植物の成長観察などで、音声や動画の再生速度を簡単に変えられる機能も必要。

⑺ 学習支援：教員と児童・生徒間で、資料やコンテンツを配布、または相互に取得できたり、子どもの学習理解度に応じて学年を超えた関連単元を参照できるようにリンクされていること。また、採点の支援（自己採点、自動採点、教員側からの採点）が可能であること。そして、学習進捗や理解度を確認できる学習履歴を記録し、レポートを表示できることが必要。

⑻ アンケート：学習場面の必要に応じて、教員と子ども間、子ども同士の間で、アンケートの回収、集計、履歴管理できる機能が必要。

⑼ セキュリティ：誤操作やいたずらによって、コンテンツやデータが消滅することを防止する機能が必要。

４．２．デジタル教科書を使った新しい学習法

上記の９項目を念頭に置いて、英語の授業及び学習について、デジタル教科書をどのように活用できるかを考えてみよう。すでに現在使用されている指導者用デジタル教科書の機能が、そのまま学習者用デジタル教科書に組み込まれると便利であろう。しかしそれ以外にも、取り入れると便利だと考えられる機能がある。例えば、フラッシュカードを使って語彙の学習をする時に、英語を出してそれが正しく読めたか、さらに日本語を出して英語が正しく言えたかを、音声認識システムを組み込んで評価し、それを記録できるようにしておくことが考えられる。

音読でも、現在は自宅学習として「本文を５回読んでくること」といった課題を、「５回読んでそれを録音して、音声ファイルを学校に送信しておくこと」という課題に代えることも考えられる。提出された課題は、学校のサーバーに保存され、担当の教員に提出者一覧の形で報告される。音読の評価について、音声認識システムで第一次評価を済ませることができれば、教員は、提出していない生徒の確認、評価の低い生徒の提出物の確認などをまず行い、その後、評価の高い生徒の提出物を授業で聞かせる準備などを行うことができる。

さらに、教室内に無線LANが整備されていると、児童・生徒がデジタル教科書として使っている情報端末同士、そして教員側の情報端末といつでも情報のやり取りができる。協同学習（成果物の進行状況を教員が確認、あるいは児童・生徒の成果物を各自の端末からホワイトボードに送信して映す、あるいはグループ内での情報の交換など）が、現在よりもいっそう興味深い方法で可能になる。

これらはほんの一例であるが、学習者用デジタル教科書を使うと、現在できないことができるようになる。授業や学習の進め方を根本から見直し、新しい学習の進め方を考えるきっかけになるだろう。

５．これからの課題

５．１．ICT機器整備の課題

これまで述べてきたデジタル教科書の普及には、教室環境の整備が必要になる。具体的には、全ての教室にパソコン、プロジェクター、電子黒板が備えられていることである。これに加えて、これらの機器が教室に備え付けのスピーカーに接続できると、効率的に授業を進めることができる。2012年３月現在で、電子黒板のある学校の割合は全国平均で72.5%である。また、同じくデジタル教科書の整備状況は22.6%である。この統計では、学校に１台でも電子黒板があれば「ある」という数え方をしている。問題は、学校ごとに何台あるかである。

日本の学校では、プロジェクター、パソコン、電子黒板などが据え付けてある教室はそう多くない。ICT機器のない教室では、担当の教員が自分で機器を持ち込んでいる。授業が始まるまでに電源を確保し、機器をケーブルなどで接続し、プロジェクターの映り具合を調整する。たまにやることであればそれも楽しいかもしれないが、ICTの利活用ということは、特別な授業のためのものではなく、普段の授業で繰り返し実践して、それが当たり前になることである。授業のたびに機器を持ち込んで接続することを繰り返していると、「やる気」も落ちていくであろう。授業を始める時にスイッチを入れると、すぐに全ての機器が作動するように、教室にICT機器を整える必要がある。学校によって状況は様々であるが、日本の学校では、教員が気軽に自分の授業でICTを活用できる環境にはなっていないように思う。

５．２．デジタル教科書の価格

デジタル教科書が普及するためには、価格の問題も考慮しなくてはならない。

2012年度現在、小学校外国語活動の『Hi, friends!』のデジタル教科書は無償で配布されているので、小学校外国語活動を担当する教員は、価格のことを意識せずに使用できる。無償で配布されたからこそ、多くの小学校の教員がデジタル教科書を使って指導する経験を持てた。

しかし将来、小学校外国語活動が教科化された場合には、教材は他の教科と同様に、出版社が制作する検定教科書を使用することになる。デジタル教科書もそれぞれの出版社が制作することになるが、その場合、これまでの制度が継続されるならば教科書は無償での配布となるが、デジタル教科書は有料となる。

中学校の例を見ると、検定教科書を発行する出版社がそれぞれデジタル教科書を発売している。価格は出版社によって様々であるが、おおよそ１学年あたり６～８万円である。したがって、３学年分では18～24万円ということになる。現在、中学校英語のデジタル教科書を学校で１つ購入すると、校内のパソコンに何台でもインストールして良いことになっている。デジタル教科書は英語だけではなく、他の教科も同様に発売されているので、どの教科を購入するかは、それぞれの教科の必要性を考慮し、各学校あるいは市町村教育委員会などで予算のバランスを考慮して調整することになる。学校がICT機器を使った教育の研究指定校になっていて特別な予算が使える場合、市町村教育委員会が財政的に比較的裕福な場合、市町村が教育に対して特に力点を置いている場合などは、デジタル教科書を購入できる可能性があるが、それ以外の場合は難しいことが予想される。

だからといって、「お金がないから仕方がない」と諦めてばかりいるわけにはいかない。義務教育である小学校・中学校の教育環境が、それぞれの地域や学校の予算の有る・無しで決められるのは不合理である。デジタル教科書の普及にあたっては、例えば、採択した教科書に付属している指導者用デジタル教科書は必ず購入させることにして、その費用は市町村教育委員会が負担し、一定の割合（例えば半額）を国家予算で補うなどの方法を考える必要があるだろう。全ての学校で必ず購入することになれば、売れる数も多くなるので、デジタル教科書１セットあたりの価格もかなり下がることが期待できる。

【参考文献】

小柳和喜雄（2011）「電子教科書の運用に関する試行調査研究」『教育実践総合センター研究紀要』（奈良教育大学教育実践総合センター）20, pp.205-208.

文部科学省（2008）『小学校学習指導要領』東京書籍

文部科学省（2012a）『Hi, friends! Book 1』東京書籍.

文部科学省（2012b）『Hi, friends! Book 2』東京書籍.

奥田裕司（2010）「デジタル教科書を導入した英語学習環境の考察」『福岡大学人文論叢』42, 2, pp.399-431.

高橋美由紀・柳 善和（2011）『新しい小学校英語科教育法』協同出版.
高橋美由紀・柳 善和（2012）「韓国の小学校英語教育の現状 教材を中心に（新課程への移行期間に見る）」『外国語研究』（愛知教育大学外国語外国文学研究会）45, pp.1-19.
デジタル教科書協議会（DiTT）（2011）『DiTT第1次提言書（改訂版）』
http://ditt.jp/office/ditt_teigen_1kai.pdf
柳 善和（2013）「中学校用デジタル教科書」『英語教育』61, 12, 2月号, p.81.
柳 善和（2012）「新しいデジタル教科書の課題と現状」『新学習指導要領に対応した英語教育～小中のかけはしとなる理論と実践～』（愛知教育大学）pp.64-70.
柳 善和（2011）「近未来の教室」『英語教育』59, 12, ２月号, p.80.
柳 善和（2010）「ICTを活用した英語教育」『英語教育』59, 8, 10月増刊号, pp.40-41.
柳 善和（2009）「電子黒板」『英語教育』58, 8, 10月増刊号, pp.20-22.
『Sunshine English Course』（デジタル教科書）開隆堂.
『New Crown English Series』（デジタル教科書）三省堂.
『New Horizon English Course』（デジタル教科書）東京書籍.
「中央審議会教育課程部会におけるこれまでの審議のまとめ」（2007年11月７日）
http://www.mext.go.jp/b_menu/shingi/chukyo/chukyo3/siryo/07110606/001.pdf

第3章 文脈を大切にした外国語教育 ストーリーを使ったStory-Based Curriculum

アレン　玉井光江・青山学院大学教授

1．はじめに

2011年度、新学習指導要領のもと、公立小学校の高学年児童を対象に「外国語活動」が導入された。小学校における英語活動の実験が始まったのは1992年なので、19年の月日を経て、公立小学校において外国語に関する活動を行うことが義務化されたことになる。「国際共通語としての英語」を使える人材を育成することは国家として喫緊の課題であり、文部科学省は2003年３月31日、「『英語が使える日本人』の育成のための行動計画」を発表し、英語教育の改革を試みた。同省は2011年７月22日、「国際共通語としての英語力向上のための５つの提言と具体的施策」を発表し、行動計画の検証を含め、英語教育の更なる改革が必要であることを指摘した。このような時代の要請を受け、文部科学省は、2013年12月13日に発表した「グローバル化に対応した英語教育改革実施計画」において、小学校中学年では活動型のクラスを週１～２コマ程度設け、コミュニケーションの素地を養い、小学校高学年では専科教員を積極的に配置しながら教科型のクラスを週３コマ程度設けることを明言した。

本稿においては、外国語学習者としての児童の特徴を考慮し、確かな外国語能力を身につけることを目標として開発した Story-Based Curriculum（アレン玉井，2011）について述べていきたい。

2．児童を対象とした英語教育

まず、児童を対象にどのような外国語（原則的には英語）教育を施すのが望ましいのかについて考えてみよう。母語、外国語に関わらず、言葉を獲得するためには学習者が意味のある文脈のもとで言葉に触れることが大切である。当たり前のことであるが、私たちは「言葉は生きた文脈の中からしか育たない」ということを十分に理解する必要がある。意味のやり取りを通して言葉を身につけるのであり、それは外国語の場合も同じである。発達心理学者の内田氏（1999）は「ことばはそれが使用される文脈に埋め込まれ、生活経験と結びついてはじめて生きたことばとして使いこなせるようになる」（p.64）と文脈の重要性を強調している。繰り返しとなるが、文脈のないところ、意味のやり取りがないところでの言語習得はあり得ないのである。

そしてもう１つ大切なことは、学習者としての子どもの特質を理解することである。

大人の学習者と比べると、子どもは認知的、メタ認知的、言語的、メタ言語的能力がまだ十分に発達しておらず、大人の学習者より劣っている。つまり、客観的に言語のシステムについて考えたり、言語を論理的に分析しながら学習することは得意ではない。しかし反対に、そこに意味があれば、言葉のやり取りを丸ごと、体や感覚を使って学ぶことが得意である。彼らは言葉を丸ごと、体を使って吸収していく。問題は学んでいる言葉に意味があるかどうかである。単語や簡単なやり取りを機械的に提示し、練習するだけでは言葉に意味は生まれてこない。

例えば、What is your name? と聞く時には、誰が誰になぜ尋ねるのか、またどのような状況で尋ねているのかという文脈が必要である。お互いの名前を知っているクラスメート同士や先生に聞くのは不自然である。しかし物語の中では、例えば『赤頭巾』に出てくるオオカミが赤頭巾を見かけて話しかける場面では、自然と What is your name? という表現が出てくるのである。

以上見てきたように、児童にとって望ましい英語教育は文脈を大切にしたものであり、また学習者としての子どもの特徴を生かしたものだと私は考える。

３．文脈の大切さー意味のやり取りから見たお話の重要性

言語獲得に文脈が重要であることを認識すると、物語の読み聞かせが言語習得にいかに役立つか、簡単に想像できるだろう。物語が作り上げる文脈の中で、児童は知らない単語の意味を想像し、語彙力や表現力を養っていく。また、物語や昔話は想像力および情緒の発達、そして豊かな人間関係の構築に大きく貢献する。言語発達における物語の有効性については、国語教育にも取り組んでおられる小学校の先生方には容易に理解していただけるだろう。子どもたちは信頼する大人から物語を読んでもらいながら、人と人とのコミュニケーションの素晴らしさを体得していく。しかしながら残念なことに、最近の子どもたちはあまり物語を読んでもらっていないようである。筑波大学大学院教授の徳田氏の研究から、現在の子どもたちの物語に関する知識はとても乏しいことがわかった。徳田教授グループは、1990年より10年ごとに、子どもと昔話・童話の関係を調査している。調査結果によると、「桃太郎が鬼退治の時腰につけていたものは何」という問いについて、90％の年長児が「きびだんご」と正解していた1990年と比べ、2010年には51％の幼児しか正解しなかった。また、「浦島太郎は誰の背中に乗って行ったか」という問いに対しては、３歳児で理解していたのが62％から30％に低下していた（2010年４月24日，産経新聞）。親から絵本を読んでもらったり話してもらったりする経験が少なくなっているようである。

私は、物語や昔話は英語教育においても大きな意義を持っていると考えている。物

語や昔話は、言葉を育てるために不可欠な豊かな文脈を子どもたちに与えてくれるのである。それでは、物語を中心にどのように授業を展開させていくのかについて、具体的に述べていきたい。

4．Story-Based Curriculum

ストーリーを中心にした授業作りは、ホールランゲージ・アプローチ※1、コンテントベース・アプローチ※2、アクティビティーベース・アプローチ※3の理論に基づいている。お話を中心に置き、それに関連するトピックを選定し、活動を通して子どもたちが英語に触れ、そして吸収し、定着できるように授業を展開していく。カリキュラムの全体像を**図１**に示し、それぞれの段階を下に説明する。

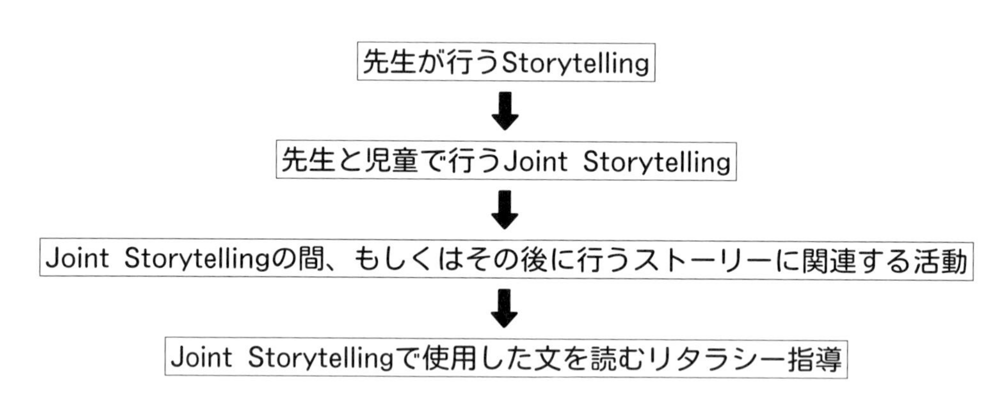

図１　Story-based Curriculumの全体像

4．1．Storytelling

例えば『３匹の子ブタ』を英語で話すと、多くの子どもたちは話のあらすじを知っているので、英語を聞いても不安に思うことが少なく、適切な視聴覚教材を使うと日本語に訳さなくても、彼らは「わかった！」と思うのである。さらに pig, house, wolf, または Help me! などの簡単な言葉や表現を繰り返し聞くことにより、子どもたちは自然に英語を習得していく機会を得る。つまり、Storytellingの活動を通し、学習者は第二言語習得で最も大切な「理解可能なインプット（comprehensible input)」を得ることができる。アメリカのクラッシェンという応用言語学者は、第二言語習得において最も重要なものは、学習者にとって少し難しくても理解できるインプットを与えることであると提唱した（Krashen, 1985)。児童が既に知っているストーリーを英語で聞くことは、自然な形で comprehensible input を与えていることになるのである。

ここで、StorytellingとBook Reading（読み聞かせ活動）の違いについて少し述べておきたい。Book Readingは、名前が示すように親や先生が本を読んであげる活動で、主体は本になる。どのような学習者を対象にしても、本の内容は一字一句変わることはない。音声言語を育てるというよりも文字言語への気づきを育てる良い活動であり、初期のリタラシー能力を伸ばす重要な活動である。しかしStorytellingは、語り手と聞き手が相互的に交わり作り上げていく芸術なので、語り手は聞き手に合わせて、聞き手とともにお話を作り上げていく。したがって、お話の筋が変わることはないが、聞き手によってお話の色合いが大きく変わる。つまり、５歳児に話す『３匹の子ブタ』と、10歳児に話す『３匹の子ブタ』は異なるのである。この「聞き手」を中心とした口頭芸術の素晴らしさが、Storytellingの魅力である。Storytellingをする時の留意事項として、下記のようなことが考えられる。

① 児童がお話を聞くことに集中できるように環境を整える。
② 長すぎる前置きは避け、お話をメインにする。話し始めてからは話の流れから逸れないようにする。
③ 話し終えてすぐに授業活動に移るのではなく、余韻を残した終わり方をする。
④ 聞き手としての子どもを尊重し、彼らの反応を十分に読み取りながら話す。

4．2．Joint Storytelling

子どもたちは、英語で話の内容を理解できても話すことはできない。そこで、英語学習のためには、彼らの注意が語彙、文などに向くように指導する必要がある。Storytellingの時は、意味を理解することに意識を向けていた子どもたちであるが、Joint Storytellingでは、自分が「語り手」になるので、言葉としての英語（単語、表現、文法等）に意識を向けるようになる。

この活動では、物語を再話できるように指導していくが、聞くだけでなく話す、つまりインプットだけではなくアウトプットしていくことで、子どもたちは英語に対してより深い理解を得ることができる。また、「話すことでしか話すことは学べない」というのがこの活動を支える理念である。子どもたちは、先生と友達、または友達同士でストーリーを再話することができるようになる。また、Joint Storytellingでは効果的に、母語である日本語も使用することがある。そこでこの活動を、児童と児童、または児童と先生をジョイントさせる、また、第一言語（日本語）と第二言語（英語）をジョイントさせるという意味から、Joint Storytellingと名付けた。

Joint Storytellingを指導する時は、子どもたちが英語を言いやすいように、また覚えやすいようにリズムを強調した言い回しを使ったり、替え歌を使ったりする。また題材として使用するお話の中で、そのお話ならではの言い回しがある場合は、なるべくそれらを残すようにしている。そして特に注意するのは、それらの言語材料に合わせてジェスチャー、体の動きを多く取り入れることである。子どもたちは体を通して言葉を学んでいく。次にいくつかのJoint Storytellingの例を紹介する。

４．２．１．Joint Storytellingの教材例

⑴ 子どもたちに馴染みのあるメロディー（Pease Porridge Hot）を使用し、物語を進める例１【赤頭巾】

森で出会った赤頭巾とオオカミの会話　(c) allentamai

オオカミ：　1　Hello, little girl. How do you do?
赤頭巾：　2　Hello, Mr. Wolf. How do you do?
オオカミ：　3　Hello, little girl, what's your name?
　　　　　4　Hello, little girl, where are you going?
赤頭巾：　5　I am Little Red Riding Hood.
　　　　　6　I'm going to see my grandmother.

⑵ 子どもたちに馴染みのあるメロディーを使用し、物語を進める例２【桃太郎】

童謡「桃太郎」の内容を英語に訳したもの。(c) allentamai

1　Momotaro-san, Momotaro-san.
2　Can you give me kibidango?
3　Then I'll go to Onigashima.
4　Here you are. Here you are.
5　You can have my kibidango.
6　Now, let's go to Onigashima.

⑶ リズムをつけて言えるように工夫したやり取りの例【おおきなかぶ】

大きなかぶを抜くためにおばあさんを呼ぶおじいさん　(c) allentamai

おじいさん：1　Grandma, Grandma, where are you?
おばあさん：2　I'm here, Grandpa. What's the matter?
おじいさん：3　Come here quickly, and look at this turnip.
おばあさん：4　Oh, my. Oh, my. What a big turnip!
おじいさん：5　I want to pull it out. Can you help me?
おばあさん：6　Sure, I'll help you.

⑷ そのお話ならではの言い回しを使った例１【The Gingerbread Man】

Gingerbread Manがおばあさんやいろいろな動物から逃げるところ。

Gingerbread Man：　1　Run, run, run, as fast as you can.
　　2　You can't catch me.
　　3　I'm a Gingerbread Man.

⑸ そのお話ならではの言い回しを使った例２【３匹の子ブタ】

オオカミが子ブタの家をたずねるところ。

オオカミ：　1　Little pig, little pig, let me come in.
子ブタ：　2　Not by the hair of my chinny chin, chin.
オオカミ：　3　Then I'll huff, and I'll puff, and I'll blow your house in.

４．２．２．Joint Storytellingの授業での活用方法

Joint Storytellingでは、子どもたちが英語で再話できるように指導していくが、話のすべてを一度で教えることは不可能である。彼らの英語能力や年齢、またクラスサイズにもよるが、私はおおよそ毎回７～10分くらいをJoint Storytelling関連の言語活動にあて、10～12回の授業で彼らがStorytellingできるように指導している。残りのクラス時間では、ストーリーに関連した活動（例：『３匹の子ブタ』の場合は「狼」について学ぶ）や、アルファベットや語彙の基礎的な英語学習を行う。

私は口頭練習の動機付けとして、Joint Storytellingを劇の形で他学年の児童の前で発表させている。人の前で英語を話すというプレッシャーが良い効果をもたらし、彼らは自主的に練習を行う。また、演じた後には高い達成感を感じるようで、それ以降、彼らは英語学習に対して積極的に取り組むようになる。

ただ、ここで留意したいのは、この活動はあくまでもJoint Storytellingを劇の形で発表するというものであり、通常の劇とは違うということである。劇については、小学校の先生から「英語の劇をしたいけれど十分な時間が取れないし、台詞が難し過ぎるのでどうしたらいいですか」と尋ねられることがある。劇の練習となると、指示はほとんど日本語になり、台詞を覚えるように個別の指導をする先生が多く、子どもたちは自分の台詞を覚えることに精一杯で、相手の台詞の意味が理解できず、とても不安そうにしている。その場合、仲間と一緒に何かを創りだすという劇本来の魅力をなくしてしまうこともある。それに対し、Joint Storytellingでは、毎回少しずつ時間をかけて指導し、発表も授業の一環として行うので特別な練習は必要ない。また、全員が全てを語ることができるように時間をかけて指導しているので、子どもたちは誰が何を言っているのかを把握しており、また、どの役の英語も言うことができる。相手の言っていることを十分理解した上で自分のパートを言い、相手が忘れてしまったらそれを補ってあげることもできる。Joint Storytellingでは、子どもたちは多くの英語のインプットをゆっくりと自分の中に定着させていくのである。通常の劇の発表では、個々の子どもが獲得する英語は少なく、劇が終わってしまうとほとんどの台詞を忘れてしまうようだが、Joint Storytellingでは、１年経っても台詞を覚えており、再話することができる。

ここで、実際にJoint Storytellingを実践された担任の先生がどのように授業を展開されたのかを紹介する。

> 今年は、アレン玉井光江先生のご指導の下、１年生も初めてジョイントストーリーテリングに挑戦しました。展覧会のパフォーマンスでお見せした『うさぎとかめ』です。９月からこの教材に取り組みました。週１回の授業で、毎回20分間程度、約12回（３ヶ月）かけて学習しました。ストーリーは、国語の『昔話をよもう』で『うさぎとかめ』の読み聞かせをしました。海がめや陸がめの違い、野うさぎやうさぎの違いなども学習しました。毎回の授業では、絵や紙芝居など視覚情報を補いながら進めました。ストーリーをいくつかに分け、少しずつ、くり返し進めていきました。ナレーターの部分は、音楽で学習した童謡を使用して構成を考えました。言葉を理解するためや登場人物の気もちになるために、ジェスチャーをふんだんに取り入れました。子どもたちは、友達を応援するなど、最初のフレーズを言っただけで次の言葉が自然と出てくるようになってきました。パフォーマンスの感想では、「毎日、家でも口ずさみ楽しく学習できていることを嬉しく思います」という（保護者からの）評価をいただき、子どもたちの頑張りが伝わってきました。（Ａ小学校「学校便り」より）

４．２．３．Joint Storytellingを経験した児童と先生の感想

この節の最後として、Joint Storytellingを体験した児童と先生の反応について報告したい。『大きなかぶ』を体験した50名の小学校５年生に対し、「Joint Storytellingは楽しかった」と「Joint Storytellingは英語の学習に役立つ」という点について４件法で尋ねた。平均で「楽しい」が3.29、また「役に立つ」が3.40と良い評価を得た。彼らの感想としては「かぶの勉強が印象に残った。いろいろなことができて楽しかったです」「おおきなかぶの劇が１年で一番印象に残った。せりふと動作がわかった」

「おおきなかぶをやって、１年生に見せたことが一番楽しかった。なぜならしゃべることが大切だと思うから」「おおきなかぶをやったことで、英語を体でおぼえるからいい」という声が寄せられた。

担任の先生からは、「リズムがついていることで、一度インプットされてしまえば頭に英語が残り、何かをきっかけにフレーズが丸ごと出てくるので、単なる暗記とは違い、すごい学習方法だと思っている。自分自身も最初は四苦八苦したが、必死にならなくてもいつの間にかストーリーが頭に焼きつき、自然に出てくるようになったので、自分でも驚いた。子どもは覚えるのが早いので、なおさらだったと思う」という感想をいただいた。

単元ごとにレッスンを考えなければならない授業展開とは異なり、Story-Based Curriculumでは毎回ストーリーに関する活動を行い、年間を通して「帯」で時間をとる。最初は英語の量と難しさに児童は驚くようだが、Joint Storytellingの活動を通して少しずつ英語に親しんでいくので、あまり負担を感じることなく、最終的には多くの英語を言うことができるようになる。そのことに児童はとても高い達成感を得ているようである。その過程で、一緒にJoint Storytellingを経験される担任の先生方は、児童の変化に大きな驚きを感じられるようである。

最初は、指導者が言う英語をしっかり聞いて繰り返すという機械的な活動に見えるが、児童は何度も繰り返しているうちに、自分が物語りの主人公になった気持ちになり、自分の言葉として英語を発話するようになる。その頃、彼らは、「わかったような気がする」「おもしろくなった」と言うようになる。その間、日本語の訳を与えているわけではないので、この「わかった！」は日本語で意味がわかって理解したというものではない。それでは何故、子どもたちは「わかった」と思うのだろうか。私はそれを「language ownership」を達成し、子どもがJoint Storytellingに出てくる英語を「My English」としたからだと解釈している。つまり、言葉を自分のものとするという言葉の「personalization」を経験しているのである。もちろん、この時達成している「My English」は、大人の英語能力と比べると低いものであるが、「私の言葉」と決めるのはその本人であり、まわりが決めることではない。最初は先生の言っていることをただ繰り返して言っていた、または言わされていた児童たちが、徐々に興味を持って何を言っているのかを想像し、自分の想像がおおよそあっていることを確信していく。その間、口頭作業は何度も繰り返されるので、自分の言っている英語の意味を自分なりに納得していく。この過程で子どもたちに大きな変化が見られるが、それが私は「学び」だと思うのである。

5．お話に関連した活動

Joint Storytellingと並行して、またはその後に、取り扱っているストーリーに関連するトピックについて学習する。例えば、**図2**のようにどの写真がかぶなのかを考える活動であるが、これは『おおきなかぶ』の話と合わせて使用するようにしている。この活動では、葉っぱを見ただけでかぶを当てるものであるが、理科や家庭科で得た知識を使うことができる。

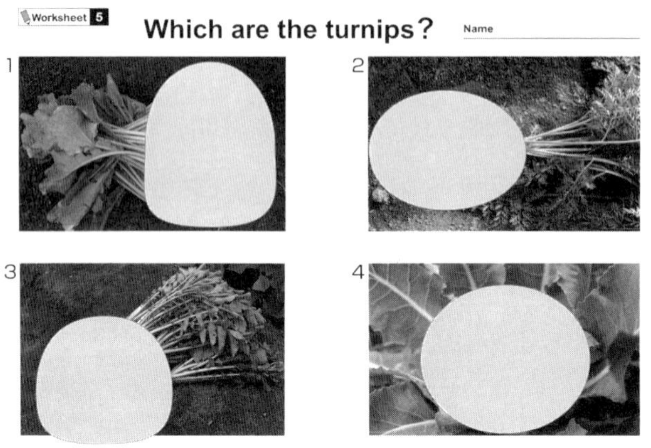

（アレン玉井，2011 p.44）

図2　かぶはどれ？

また、オオカミが出てくるお話、例えば『赤頭巾』『3匹の子ブタ』『七匹の子ヤギ』などを行った後に、**図3**のようなワークシートを使って、オオカミについて学習する。これは、オオカミの標準的な大きさや走る速度などについて英語で聞き、空所を補充するというタイプの活動である。オオカミという動物について知ることを目的として、英語でオオカミについて学習する。この時、英語はあくまでも学習の道具となり、英語を学習しているわけではない。私は、時間がある場合は絶滅したといわれるニホン

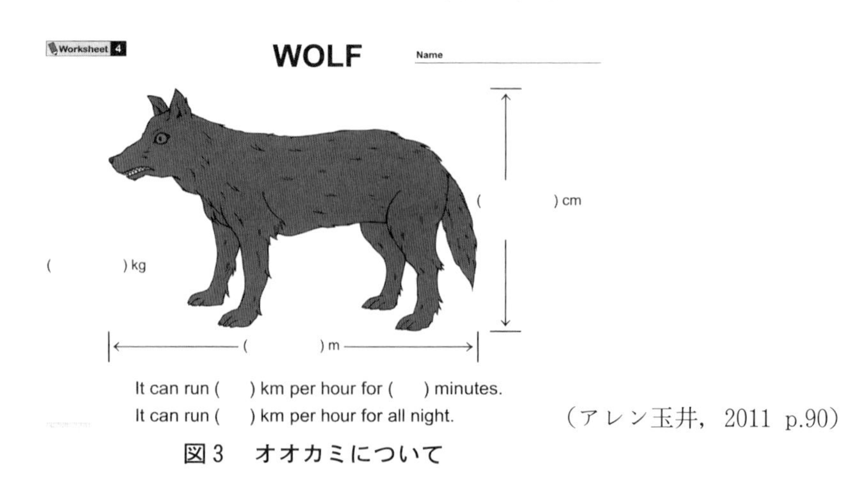

（アレン玉井，2011 p.90）

図3　オオカミについて

オオカミについて話したり、農耕民族であった古代日本人はオオカミを「大神」として大事にしていたことなどを話すことがある。その場合は視覚教材を使って英語で説明したり、日本語で話をしたりなど臨機応変に対応している。

6．ストーリーを使ったリーディング活動

母語を獲得する過程においては、通常8、9歳を境に情報の中心が「話し言葉」から「書き言葉」へ移行するといわれている（Cameron, 2001)。母語の獲得過程を見ると、「書き言葉」を獲得するためには「話し言葉」が十分に発達していることが前提条件であることは明らかである（Whitehurst & Lonigan, 2002)。全国学校図書館協議会と毎日新聞は共同で調査をしているが、その結果、子どもたちの「読み聞かせ」をしてもらっていた経験と小学校以降の読書体験には相関関係があると報告している（毎日新聞, 2008年10月27日）。お話を聞いて楽しむ、または自分でお話の好きなところを繰り返し言う ── そんな体験を積むと、自然に物語を読むことに興味を持ち、読書を始めるようになるのであろう。一方、子どもたちは成長するにつれ、認知能力も高まり、次第に昔話の不合理な筋立てに気付き始め、またその心理描写の少なさに物足りなさを感じ始める（脇, 2008)。そのため、子どもたちは徐々に昔話から物語に興味を移していくが、その移行を可能にするのがリタラシー能力である。どちらにしても子どもたちは、「読み聞かせ」で育まれた力を使って「読書」好きな子どもへと成長していくのである。

Story-Based Curriculumにおいても、最終段階では、口頭でしっかり言えるようになったお話を「読む」活動を行う。子どもたちは、すでに諳んじることができるほど覚えきっている単語や文に対応する字を見ていくのである。この活動を可能にするためには、学習者は少なくとも大文字、小文字のアルファベットを確認する力と、ある程度の音韻認識能力（phonological awareness※4）を持っていることが前提条件となる。子どもたちは自分が言っていた英語を目で確認していくことにより、句や文レベルという大きな単位で英語を「読む」体験をし、書き言葉に対して大きな関心と自信を持つようになる。

4．2．1．の例に書いているように、Joint Storytellingの原稿にはそれぞれ番号をふっている。口頭で十分に言えるまでは、この原稿を子どもたちに見せることはない。全ての英語を十分に言えるようになった後に、原稿を渡し、私は次のような活動をしている。

1．例えば、“Read sentence number 10.” などと言って、指定する番号の文を読むように指示する。

2．“Doubt Game：Listen to me carefully and say “Doubt!” when I say something wrong.” と言い、敢えて誤った単語や文を言う。その時児童は “Doubt!” と言う。
3．Joint Storytellingに出てくる頻出度の高い単語をカードに書き出し、学習する。

以上見てきたように、ストーリーを中心にした授業では、子どもたちは言葉を育てる上で大切な「意味のある文脈」の中で、自然に多くの英語に触れていく。またストーリーを聞くだけではなく、自らが再話する活動を通して、彼らはたくさんの英語を言う練習をし、それを自分の中に定着させていく。更には、口頭で十分に語ることができるようになったストーリーの言葉を、「読む」ことができるようにもなる。

7．おわりに

前述したように、公立小学校では2020年より外国語（英語）が教科として高学年の児童を対象に導入される予定である。積極的に小学校段階から外国語教育を進めている諸外国と比べると、日本の取り組みは量的にも質的にも劣っていると言わざるを得ない。国内外で進んでいる多文化化、多言語化に対応するためにも、小学校でどのような形の外国語教育を導入していくのかについて、国民的なレベルで真剣に議論するべきだと私は考える。そのような状況のもと、公立小学校の児童が英語に接する際、お話を通して豊かな英語の世界に触れることができるようにと思う。

【本文注】

※1　このアプローチは教育哲学であり、全人教育的な言語教授法である。
※2　このアプローチは、第二言語はその言語を使ってコンテント（内容）を学ぶ時に最も効率的に学習されるという言語教育観を基軸にしている。
※3　このアプローチは活動を中心としており、目的は言葉を教えることではなく、言葉を使って実際の課題を解決する力を育てることである。
※4　話されている単語の音を理解し、それを操ることができる力。

【引用・参考文献】

アレン玉井光江（2011）『ストーリーと活動を中心にした小学校英語』東京：小学館集英社プロダクション
アレン玉井光江（2013）『Story Trees』東京：小学館集英社プロダクション
アレン玉井光江（2014）『Golden Seeds』東京：小学館集英社プロダクション

Cameron, L (2001). *Teaching Languages to Young Learners.* Cambridge: Cambridge University Press.

Krashen, S. D. (1985). *The Input Hypothesis: Issues and implications.* New York: Longman.

内田伸子（1999）『発達心理学　ことばの獲得と教育』東京：岩波書店

脇明子（2008）『物語が生きる力を育てる』東京：岩波書店

Whitehurst, G. J. & Lonigan, C. J. (2002). Emergent literacy: development from prereaders to readers. In S. B. Neuman, & D. K. Dickinson, (Eds.), *Handbook of Early Literacy Research.* New York: The Guilford Press.

1．『「英語が使える日本人」の育成のための行動計画』，平成15年３月31日文部科学省（http://www.mext.go.jp/b_menu/houdou/15/03/03033102.pdf）

2．「国際共通語としての英語力向上のための５つの提言」，平成23年７月22日文部科学省（http://www.mext.go.jp/b_menu/shingi/chousa/shotou/082/houkoku/1308375.htm）

3．「グローバル化に対応した英語教育改革実施計画」，平成25年12月12日文部科学省（http://www.mext.go.jp/b_menu/houdou/25/12/__icsFiles/afieldfile/2013/12/17/1342458_01_1.pdf）

4．毎日新聞社と全国学校図書館協議会が第54回学校読書調査（http://current.ndl.go.jp/node/9241）

第1部

第4章　音声習得のための文字学習のすすめ

西尾 由里・岐阜薬科大学教授

1．はじめに

小学校で2011年から外国語活動が必修となり、5年生から主に担任の教員を中心に、外国語活動が行われている。文部科学省（2008a）の学習指導要領によると、外国語とは英語を想定しており、この外国語活動の目的は、コミュニケーション能力の素地を作るということで、次の3つである。(1) 言語や文化について体験的に理解を深める、(2) 積極的にコミュニケーションを図ろうとする態度の育成、(3) 外国語の音声や基本的な表現に慣れ親しむ、というものである。

(3) の「慣れ親しむ」ということは、何度も同じような単語や表現がインプットされ、完全ではないが、それをある程度記憶し、そして、使うことができるということであると推測される。学習指導要領では、音声を取り扱う場合には、CDやDVDなどの視聴覚教材を積極的に活用することと述べられており、できるだけ英語母語話者が使う音声（authentic speech）のインプットを行うようになっている。さらに、文部科学省（2008b）は、小学校段階での外国語の学習について多くの英語の表現や文法項目を学習することには否定的だが、聞くことなどの音声面でのスキル（技能）の高まりはある程度期待できると述べている。ここで明らかなことは、小学校の段階で英語のインプットを通し、ある程度の音声面でのスキルの習得が期待されているということである。

本論では、音声がインプットされ習得するとは理論的にはどのようなことなのか、また、音声インプットを中心に学習している小学校での実証データは何を示すのかについて概説する。さらに、音声のみのインプット学習では欠点となる点を補完する音声文字同時インプット学習法を紹介する。現状の文字指導についてみてみると、学習指導要領では、外国語活動における文字指導は「大文字・小文字の習得」と「文字を音声面の補助として使う」こととされている。高橋・柳（2011）によると、文字学習を制限するのは、文字指導を行うことで「英語嫌い」を作ることを懸念しているのではないかということである。小学校教員の中では、文字学習に消極的なだけでなく、文字を学習してはいけないのではという意見も聞かれる。しかしながら、本論では、文字と音声の同時学習が音声習得にも有効に作用することを述べ、その具体的な指導方法について述べる。

2．音声インプットによる習得

2．1．英語の母語習得と日本語の母語習得の場合

音声インプットにおける代表例としては、母語の習得が考えられる。そこで、英語と日本語の母語習得はどのように行われるのかを説明する。通常、母語習得においては、妊娠20週目から聴覚の髄鞘化※1が進むといわれ、胎児の時からすでに、母親やまわりの大人からの母語の音声インプットがあり、自然に母語の音韻体系を習得する。

英語母語話者では、生まれて4日目から2音節単語か3音節単語かの弁別が可能になり、かなり早い段階で、英単語の音かどうか、さらに、単語の長さの違いがわかる（Nazzi, Bertoncini & Mehler, 1998）。Werker & Tees（1983）によると、あらゆる子どもは、どのような言語音も知覚できる能力があるが、生後4～6ヶ月から次第にインプットされない音の知覚ができなくなるといい、すなわちその時期に、母語の音素のインベントリー※2が確立する。その後、7.5ヶ月では、一連の発話から単音節語を分節したり、ストレスを知覚できたりする（Jusczyk, Houston & Goodman, 1999）。さらに、8ヶ月では、英単語の音の連続のうち、train のようにtrは単語の始めにくるが、tlの組み合わせは単語の始めにはこないという統計的頻度の高い音節の知識を使い、連続する発話を音節に分節することができるようになる。9ヶ月になると、英語音の特徴である強弱のリズムを認識していく（Mattys, Jusczyk, Luce & Morgan, 1999）。

また、日本語母語話者でも同様に、音素の弁別に関しては、6～8ヶ月の乳幼児は /ra-la/、/wa-ya/ の弁別ができるが、10～12ヶ月では、日本語には /r/・/l/ の対立がなく、その対立を弁別する必要がないため、/ra-la/ の弁別ができなくなる（河野，2001）。8ヶ月になると、母語方言を好んで知覚するようになり（麦谷・林・桐谷，2002）、8～10ヶ月になると、「まんま」、manma のように特殊モーラ※3をより好んで知覚（林，2003）するようになる。さらには、日本語母語の子どもは、特殊モーラから構成されるCVCのような音節の知覚から、かな文字学習をすることにより、モーラ（CV）の知覚に移行する（Inagaki, Hatano & Otake, 2000）といわれる。以上のように英語母語話者、日本語母語話者ともに、生後1年未満で、ほぼ母語の音韻体系の習得が行われているといっても過言ではない（詳しくは西尾，2011参照）。

2．2．第二言語習得の場合

L2習得（第二言語習得）において、子どもの方が大人より言語習得で優位であると考えられているのは、ある時期を過ぎると目標言語が習得しにくいという臨界期仮

説※4（Lenneberg, 1967）に端を発している。しかし、今までの先行研究では、バスク語を母語とする子どもが英語を第二外国語として学習した場合、4歳から始めた子どもより、8歳、11歳から英語を学習した子どもの方が、600時間の英語学習修了後のテストにおいて有意に成績が高かったという結果が報告されている（Cenoz, 2003; García Lecumberri, & Gallardo, 2003)。一方、発音面では、アメリカの移民などのようなL２環境では、英語学習開始年齢が6歳以前の方が有利であるとしている(Asher & Garcia, 1969; Oyama, 1976; Uematsu, 1997)。

日本での外国語学習環境においては、西尾（1998, 2000）が /l/・/r/ など音素の聞き取りと発音の正確さについて、音声インプットを中心に、英語活動を１年生時から行っている公立小学校で１年生から６年生まで調査した。この小学校では、１年生から週１回定期的に英語の授業を行っている。発音では、/rak/ などの無意味語を聞き、それと同じように発音できるかというタスクを行った結果、7歳〜9歳までに英語学習を開始した群が他の年齢に比べ、正確な音素の発音に有利であった（西尾, 2000 **図１**）。また、聞き取りに関しては、次のようなタスクを行った。まずX音 /lak/ を聞き、その後A音 /rak/、B音 /lak/ を聞き、X音と同じ音がA音とB音のどちらであるかを選び回答用紙に○をつけるというものである。その結果、9歳〜10歳の学習者が音素の聞き取りに有利であったことが報告されている（西尾, 1998 **図２**）。このように、音素の発音に関しては、7歳から9歳までに英語学習を開始すれば、より正確な発音になり、聞き取りに関しては、実験時の年齢が３・４年生（9・10歳）が音素の弁別に対して敏感で、５・６年生（11・12歳）でも同等の力を持っているといえる。この両実験でいえることは、小学生、特に9歳前後は英語音声のインプットにより、音素の違いを弁別し、さらに正確な発音ができる能力が十分あるといえる。

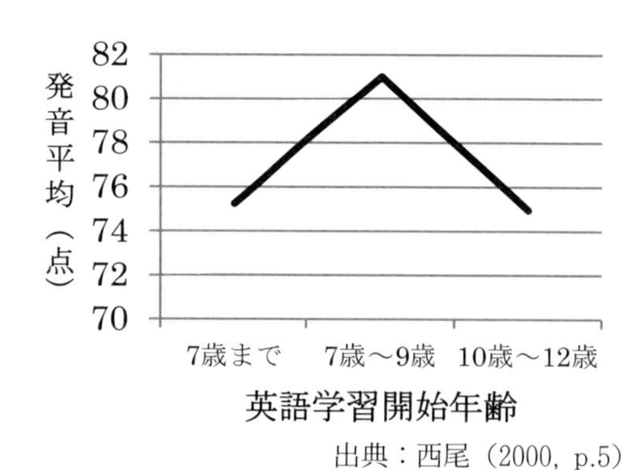

出典：西尾（2000, p.5)

図１　発音の正確さと英語開始年齢

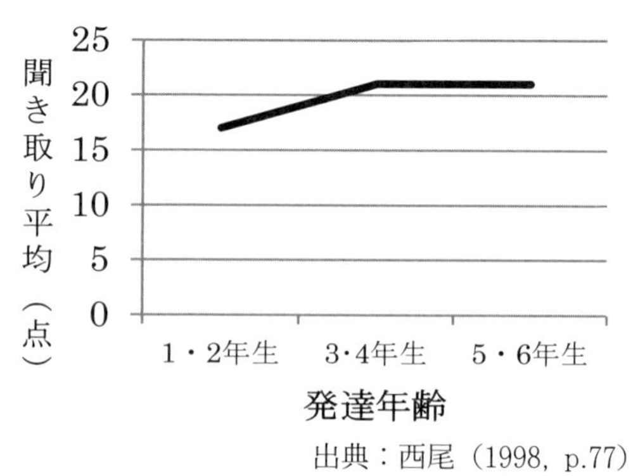

出典：西尾（1998, p.77)

図２　聞き取りと発達年齢

3．音声インプットの学習方法

3．1．理論的枠組み

音声インプットによる習得に関する理論と教授法であるインプット仮説とTPR（Total Physical Response）を紹介する。インプット仮説（Krashen, 1985）とは、学習者の現時点で持っている能力をiとし、それに1段階増やしたi+1の学習者に理解できる（Comprehensible）インプットをすることにより、言語の習得を促すというものである。よく小学校の英語活動では、実物を提示したり、絵カードを使ったりしている。例えば、実際のリンゴを見せたり、リンゴが書かれた絵カードを見せて、“What's this?”“It's an apple”というように、具体的な意味と音声インプットを一致させることにより、音声インプットが理解可能となり、言語の習得に役立つと考えられる。

TPRはAsherが提唱した方法で、目標言語の命令文を使い、具体的な動作を行うことにより、意味を理解し、意味と動作が一致し、記憶の定着を促すというものである。例えば、“Stand up”“Sit down”のような指示語を聞き、自然に立ち上がったり、座ったりすることは、音声インプットを理解し、習得させる効果的な方法だと考えられる。

3．2．問題点

理解可能な音声インプットだけで、果たして正確な音声習得が可能なのであろうか。音声習得のひとつには、rice は /r/ であり、lice は /l/ であるという音素のカテゴリー化ができることがある。例えば、3．1．で述べた絵カードを使った学習を例にとってみよう。お米の絵を提示して rice と教員が発音する時、西尾（1998, 2000）の実験結果からすると、9歳前後の学習者は rice と lice の音の違いが弁別できているであろうと仮定される。しかし、rice の最初の音が、/r/ であり、liceの最初の音が /l/ であると明確に認識できているかどうかは明らかではない。日本語のra ri ru re ro の音素は、よく似た音素である英語の /l/・/r/ の区別はなく、/r/ [ɾ] のみである。したがって、rice とlice のように音声の違いが弁別できる音声インプットを行えば、両者の音声の違いがわかるが、rice という音声を単独で提示した場合、r の音素が /r/ なのか /l/ なのかという音素のカテゴリー化が十分できているかどうか疑問である。もともと日本語の音素体型は、母音は5つで子音は15であるが、一方、一般米語では、英語母音は14または15あり、子音は24である。このように英語の音素体系と日本語の音素体系が大きく違うことが、音声インプットのみの学習法では、正確な音声のカテゴリー化に結びつきにくいと想定される。

また、単語内の位置の違いにより音素の音声が変わる、すなわち異音という現象が音声インプットで音声のカテゴリー化を困難にしている。例えば、/l/ の音を例にとると、leaf, feel, play の /l/ は音素としては同じであるが、厳密に発音記号で表せば違う音である。leaf の場合の /l/ は母音の前にあるので明瞭な [l] になり、feel は語末であるためダーク [ɫ]、play は無声音の /p/ の後に続くため、無声化が起こる [l̥] 。このように、同じ /l/ の音声でも、単語内の位置や前後の音によって、音声は異なっている（Collins & Mees, 2007)。

さらに英語の場合、What time is it? が「ほったいもいじるな」、What do you say? が「わだっやせい」と聞こえたりするというように、センテンスになると単語のみの発音の場合とは、大きく発音自体が異なり、聞こえが異なる場合がある。例えば、What do you say? を単語ごとに発音すれば、[hwʌt duː juː seɪ] であるが、通常は、[hwʌdəjəseɪ] のように発音される。これは、連続する単語の結合で音の省略（脱落, deletion）が起き、what do [hwʌ(t) duː] の[t] が発音されなくなる現象と、文中の強勢（ストレス）がつかない単語は弱くなり（弱化, reduction)、do [duː] や you [juː] の [uː] が [ə] と発音される現象が起こるからである。このような音の変化には、他に、消失（elision)、短縮（contraction)、連結（linking または liaison)、同化（assimilation）がある。消失とは、station [ˈsteɪʃ(ə)n] のように強勢のある音節の後の強勢のつかない音節の [ə] が省略されることである。短縮とは、ある特定の単語と単語が組み合わさり、短縮される場合で、例えば、I am が I'm [aɪm] になることである。連結とは、語尾の子音、語頭の母音をひとまとめにして発音することであり、Stand up は [stænd] [ʌp] ではなく [stændʌp] となる。同化は前後の連なる音の影響を受け、別の音に変化することであり、birds [bəːrdz] の複数形の s の

図３　音声知覚イメージ

発音が d の影響を受け [z] と発音されることである（詳しくは山田・足立・ATR人間情報通信研究所, 1999参照）。

音声のインプットのみを受け、カテゴリー化が十分に行われていない状態は、図3に示される。この図のように、すべての音声が単語やセンテンスごとに異なった音として聞こえることになり、学習者は、すべて別の音声として覚えようとする。また、/l/ や /r/ のような音素がどちらも日本語の /r/ [ɾ] の音であるとして、区別できない場合もある。したがって、少し違って聞こえる音であっても、ひとつの同じ音であるという認識、あるいは非常によく似た音でも違う音素であるという認識、すなわち音素カテゴリーが学習者には非常に重要である。次節では、その音素のカテゴリー化を促進する学習法として、文字を１つの記号と考え、文字と音を一致させる方法を紹介する。

４．音声文字同時インプットによる習得

４．１．理論的枠組み

認知心理学において、文字と音声の同時提示が記憶に有効であるというのは、デュアル・チャンネル・モデル（Dual channel model: Mayer, 2001）で説明できる。デュアル・チャンネル・モデルとは、文字あるいはイメージと音声の同時提示がワーキングメモリー※5に有効に作用し、長期記憶にも結び付くというものである。さらに、文字を読むという行為は、文字と音声をマッピングすることであり、訓練により熟達した読み手は、文字をみたら自動的に音声がわかるようになる（Ehri & Wilce, 1983; LaBerge & Samuels, 1974）。

実証研究では、小学生を対象に、音素の習得に関して、/l/・/r/ などの音素のカテゴリー化に文字の有効性の可能性を示している（Nishio, 2001）。実験群では、英単語の文字・音声・単語を表す絵・発話者の顔のVTRを見せ、統制群では、音声・単語を表す絵・発話者の顔のVTRを見せ、文字だけを除いた。その結果、文字があった実験群も文字がなかった統制群も同様に音素の聞き取り・発音が上昇したが、アンケート調査などから、文字を事前に学習している学習者は文字を音声の弁別に役立てていたと推測された。

４．２．指導法

英語母語話者は、学齢期になり文字と音の一致をフォニックス（phonics）いう方法で学習する。フォニックスとは、基本的な英単語のつづりと発音のルールを覚え、英単語を読むというものである。例えば、“b says b b b boy boy boy” などのよ

うに、アルファベット文字 b が /b/ の音を持ち、例えば boy の最初が /b/ の音であるという教え方である。フォニックスの学習方法については竹林（1981)、ハイルマン（1981）など多くの著書がある。

ハイルマンでは、まず子音字のルールから教え、母音のルールを教える。学習する順番は、b, d, f, h などの子音字、blackのような bl, br, sc などの２個、または３個の子音でできているブレンド、二重文字（ダイアグラム）と呼ばれる２つの文字を組み合わせて１つの音をつくるもの、例えば、ck /k/、wh /h/、ph /f/ などである。次に、母音は、/a/ /e/ /ɪ/ /o/ /u/ などの単母音から教え、長母音・二重母音のルールを教える。このようなフォニックスのルールに従えば、かなりの基本的な単語が読めるようになる。しかしながら、hour などの規則とは外れる単語は、１つ１つ読んで暗記する必要がある。

本論では、学習者が十分アルファベットの読み書きができない状態の学習において、音声と文字の対応を教えるフォニックスだけでなく、その文字の書き方もあわせて指導する学習プランを紹介する。

４．３．音声文字同時インプット学習プラン

学習の目的としては、(1) 大文字・小文字が読める、(2) 音声と文字の対応がわかる、(3) 大文字・小文字・単語が書けるようになる、(4) 単語が読める、である。学習者の年齢に応じて、学習する文字数を調整する。

まず、大文字・小文字のカードを用意します。５年生を想定して、大文字は５枚、小文字５枚を用意します（学習者の負担にならない程度の文字数を選択します)。
大文字と小文字を順番に提示しながら、アルファベット読みを確認します。
(T=Teacher, S=Student)

T: Let's look at the card.
　What's this? (How do you read?)
S: A /eɪ/
T: Yes. A /eɪ/ , it's a capital A, or a big A.
　What's this? (How do you read?)
S: a /eɪ/
T: Yes, a /eɪ/, it's a small a.
このように、B b, C c, D d, E e と続けます。

次に b と d のようによく似た文字を提示して、比較して覚えさせます。

b　d

T: Which is “b” ?
S: This.（指で指し示しながら）
T: Good.

次に音声と文字の対応を提示します。
T: “a” says /æ/ /æ/ /æ/
S: “a” says /æ/ /æ/ /æ/
b, c, d, e と続ける

絵文字カードを提示し、文字を指で追いながら覚えます。

T: ant /ænt/.
S: ant /ænt/.
T: “a” says a a a, ant, ant, ant.
/eɪ sez æ æ æ ænt, ænt, ænt/
S: “a” says a a a , ant, ant, ant.
/eɪ sez æ æ æ ænt, ænt, ænt/

アルファベットの書き方の指導を行います。
まず、大文字Aと小文字 a が関連していることを示すために、Aの書き方を指で示してから、小文字の a を大文字のAの上に書き、それを小さく書くと小文字になると伝えます。

生徒に、指を使って書き方を真似させます。
次にワークシートに書かせます。
T：Let's write “A” three times.
大文字A、小文字 a , 単語 ant の順に書く。
B b bat, C c cat, D d dog, E e egg と続く。

A
a
ant

最後に、ant の単語だけを提示して、読めるかどうか確認します。

bat, cat, dog, egg と続く。

以上のような学習法であれば、５・６年生でも無理なく音声・文字の対応を覚えられ、かつ単語も読み書きできる。小学校１年生であっても、一度の学習を大文字２つ、小文字２つくらいに限定すれば、容易に覚えられる。このように、英語活動初期の段階から、アルファベットの文字と音声の対応を無理なく導入することができると考える。

５．まとめ

小学校英語活動の目的の大きな柱である「音声に慣れ親しむ」とは、実はそれほど容易ではなく、学習者にとって、音声のみのインプットが英語音の正確な習得を困難にしているといえる。

現在の学習指導要領では、英語の文字指導に関しては、積極的ではないが、アルファベットということであれば、2011年より小学３年生でローマ字を学習している。すなわち、日本語の「か」がkaとアルファベットで表記され、/ka/ という２つの音素を持っていることが学習されている。したがって、５・６年で、英語文字の読み書きを導入したからといって、「英語ぎらい」を作るということの根拠は薄いと考えられる。

文字と音を同時に提示し、読み方・書き方まで教えることは、音声と文字の正確な定着を促す。年間35時間という限られた外国語活動において、「慣れ親しむ」ためには、ある程度のインプット量と、それを効果的に習得に結び付けていく指導が必要である。それにより、５・６年で行う外国語活動の目的であるコミュニケーション能力の素地を作ることになり、中学校での英語学習への橋渡しになると考える。

謝辞：本論の挿絵は名古屋大学大学院国際開発研究科の同窓の藤岡由希子氏が描いてくださいました。ここに感謝いたします。

【本文注】

※1　髄鞘化（ずいしょうか）とは、神経の軸索のまわりにミエリン鞘ができ神経の伝達速度が向上することで、髄鞘化が完成して初めて神経は本格的に機能すると考えられる（小泉，p.55, 2011）。

※2　音素とは、1つの言語において2つの単語を区別できる最小の音の単位である。たとえば、pan /pæn/ と ban /bæn/ は /p/ と /b/ の音素が異なっている。なお、インベントリーとは、1つの言語が持つ音素の体系のことである。なお、音素は / / で表し、発音記号は [ ] で表す。

※3　モーラとは、日本語「あ」/a/、「か」/ka/ のようにV（母音）、CV（子音＋母音）を1つの単位とした言い方である。特殊モーラとは、「まんま」/manma/ の「ん」、「かって」の「っ」、「カーテン」の「ー」のように1つの音の単位を持つ音のことをいう。

※4　言語の発達には、ある時期が言語習得に適切であると考えられており、Lenneberg によれば、思春期（12・13才くらい）が適切であり、それ以降は脳の一側化が起こるため困難であるといわれる。

※5　ワーキングメモリーとは、Baddeley（1986）による短期記憶の概念を発展させた記憶モデルのことである。判断、推理、言語処理などの高度な認知処理を行い、それを短期間の記憶として貯蔵する。

【引用・文献】

Asher, J.J., & Garcia, R.(1969). The optimal age to learn a foreign language. *Modern Language Journal*, 53, pp.334-341.

Baddeley, A. (1986). *Working memory*. Oxford, New York: Clarendon Press.

Cenoz, J. (2003). The influence of age on the acquisition of English: General proficiency, attitudes and code mixing. In M.P. Garcia Mayo, & M.L. Garcia Lecumberri (Eds.), *Age and the acquisition of English as a foreign language* (pp.77-93). Clevedon: Multilingual Matters Ltd.

Collins, B., & Mees, I. M. (2009). *Practical phonetics and phonology, Second edition.* London: Routledge.

Ehri, L. C., & Wilce, L. S. (1983). Development of word identification speed in skilled and less skilled beginning readers. *Journal of Education Psychology*, 75, pp.3-18.

ハイルマン, A, W. (1981). 松香洋子（監訳）『フォニックス指導の実際』東京: 玉川大学出版部.

林安紀子 (2003).「乳児における言語のリズム構造の知覚と獲得」『音声研究』, 7, pp.29-34.

Inagaki, K., Hatano, G., & Otake, T. (2000). The effect of kana literacy acquisition on the speech segmentation unit used by Japanese young children. *Journal of Experimental Child Psychology*, 75, pp.70-91.

Jusczyk, P. W., Houston, D., & Goodman, M. (1998). Speech perception during the first year. In A. Slater (Ed.), *Perceptual development: Visual, auditory and speech perception in infancy* (pp.357-388). East Sussex: Psychology Press Ltd.

小泉英明 (2011).『脳の科学史 フロイトから脳地図、MRIへ』東京: 角川書店.

河野守夫 (2001).『音声言語の認識と生成のメカニズム：ことばの時間制御機構とその役割』東京: 金星堂.

Krashen, S. D. (1985). *The input hypothesis: Issues and implications.* New York: Longman Inc.

LaBerge, D., & Samuels, S. J. (1974). Toward a theory of automatic information processing in reading. *Cognitive Psychology*, 6, pp.293-323.

Lenneberg, E.H. (1974). 佐藤方哉・神尾昭雄（訳）『言語の生物学的基礎』東京: 大修館書店.

Mattys, S. L., Jusczyk, P. W., Luce, P. A., & Morgan, J. L. (1999). Phonotactic and prosodiceffects on word segmentation in infants. *Cognitive Psychology*, 38, pp.465-494.

Mayer, R.E. (2001). Multimedia learning. New York: Cambridge University.
文部科学省（2008a).『小学校学習指導要領』東京: 東京書籍.
文部科学省（2008b).『小学校学習指導要領解説　外国語活動編』東京: 東洋館出版社.
麦谷綾子・林安紀子・桐谷滋. (2002).「乳児の養育環境にある方言音声選好の手がかりとなる音響特徴の検討―乳児行動実験及び音響分析を用いて―」『音声研究』, 6, pp.66-74.
Nazzi, T., Bertoncini, J., & Mehler, J. (1998). Language discrimination by newborns: Towards an understanding of the role of rhythm. *Journal of Experimental Psychology: Human Perception and Performance*, pp.756-766.
西尾由里（1998).「音素の聞き取りと年齢要因－公立小学校を対象として－」『中部地区英語教育学会紀要』, 28, pp.75-80.
西尾由里（2000).「年齢要因および学習経験が音素の発音に及ぼす影響について－公立小学校を対象として－」『児童英語教育学会紀要』, 19, pp.1-15.
Nishio, Y. (2001). Perception and production of English phonemes by Japanese elementary school students: the effect of training using two kinds of videoaids, a video with letters and a video without letters. JASTEC, 20, pp.27-46.
西尾由里（2011).『児童の英語音声知覚メカニズム　L2学習過程において』東京: ひつじ書房.
Oyama, S. (1976). A sensitive period for the acquisition of a nonnative phonological system. *Journal of Psycholinguistic Research*, 5, pp.261-283.
高橋美由紀・柳善和（編著）(2011).『新しい小学校英語教育法』東京: 協同出版.
竹林茂（1981).『英語のフォニックス改訂版』東京: ジャパンタイムズ.フォニックス.
Uematsu, S. (1997). The effects of age of arrival on the ultimate attainment of English as a second language. *JACET Bulletin*, 30, pp.161-175.
Weaker, F. J., & Tees, R. (1983). Developmental changes across childhood in perception of nonnative speech sounds. *Canadian Journal of Psychology*, 37, pp.278-286.
山田恒夫・足立隆弘・ATR人間情報通信研究所（1999).『英語スピーキング科学的上達法』東京: 講談社.

第1部

第5章 外国語活動に適した教授法とそれを踏まえた活動

高橋 美由紀・愛知教育大学教授

1．はじめに

2011年度に新設された小学校外国語活動において、導入の趣旨の１つに「小学校段階で外国語に触れたり、体験したりする機会を提供することにより、中・高等学校においてコミュニケーション能力を育成するための素地をつくることが重要と考えられる。」と明示されている（文部科学省，2008a：p.5)。そして、「中学校段階の文法等を単に前倒しするのではなく、あくまでも、体験的に「聞くこと」「話すこと」を通して、音声や表現に慣れ親しむこととしている。」（文部科学省，2008a：p.8)、また、「あいさつや自己紹介などの初歩的な外国語は、小学校段階での活動がなじむものと考えられる。」（文部科学省，2008a：p.4）等、児童の発達段階を考慮して外国語活動を行うことも言及されている。

本稿では、小学校外国語活動での効果的な指導について、教授法の理論とその理論に基づいた具体的な指導方法について述べる。

2．小学校外国語活動と音声指導

小学校外国語活動では、「コミュニケーション能力の素地を育成する」ための目標の一つの柱に、「外国語を通じて、外国語の音声や基本的な表現に慣れ親しませる」ことが掲げられている。これは、小学校段階では、児童の柔軟な適応力を活かした指導を行うこと、とりわけ、「聞くこと」等の音声面でのスキルの高まりがある程度期待できることから、体験的に「聞くこと」「話すこと」を通して、音声や表現に慣れ親しむこととしている（文部科学省，2008a：p.8)。そして、これらの活動の順序として、『小学校外国語活動研修ガイドブック』では、「外国語活動を考える際に、児童の負担や発達段階なども考慮すると、音声から言葉を学び始めるよう授業を構成することには必然性があると考えられる。そこでは、歌やALTの話等を利用して、じっくり聞かせる活動を優先し、それに基づいて話す活動へと進めていくことが望ましい。」（文部科学省，2009：p.27）と言及している。

一方、子供の言語習得のプロセスでは、全てのスキル活動、「聞くこと」「話すこと」「読むこと」「書くこと」の中で、「聞くこと」が最も早い段階で行われる。したがって、小学校外国語活動においても、子供の言語習得理論を踏まえて、「聞く活動→認識する活動（理解する活動）→話す活動」といったプロセスで行うと効果的である。そして、コミュニケーション活動を通して、相手を理解するために、「じっくり聞くこと」が、また、相手に自分のことを理解してもらうために、「はっきり話すこと」が必要であることを児童に認識させていく。

３．小学校外国語活動と文字指導

学習指導要領では、小学校外国語活動において文字指導は、「アルファベットなどの文字の指導については、例えば、アルファベットの活字体の大文字及び小文字に触れる段階にとどめるなど、中学校外国語科の指導とも連携させ、児童に対して過度の負担を強いることなく指導する必要がある。さらに、読むこと及び書くことについては、音声面を中心とした指導を補助する程度の扱いとするよう配慮し、聞くこと及び話すこととの関連をもたせた指導をする必要がある。外国語を初めて学習する段階であることを踏まえると、アルファベットなどの文字指導は、外国語の音声に慣れ親しんだ段階で開始するように配慮する必要がある。」と言及されており、文字指導は「音声面の補助」としての扱いである。

一方、『小学校外国語活動研修ガイドブック』では、外国語活動で文字を指導する利点と導入の時期について、以下のように明示している。

文字の利点としては、⑴ 文字が記憶の手だてとなり、記憶の保持に役立つ、⑵ 音声による聴覚情報に、文字による視覚情報が加わることで、内容理解が進み、外国語に対する興味を促すことができる、⑶ 児童の知的欲求に合致している、ことが挙げられている。また、時期としては、「児童が文字に興味を持ち始める頃（絵カードに書かれた文字を意識したり、自分の名前をアルファベットで書きたいという欲求が出てくる頃）が適している。」と言及されている（文部科学省，2009：p.53)。

したがって、思春期に差し掛かった高学年の児童の外国語活動としては、音声指導だけでなく、文字指導も加えた活動を行う方が効果的である。また、中学校の英語教育へ円滑に繋げるためにも、体験学習を通して、かつ、児童が楽しく外国語活動ができるような文字指導を行うことが大切である。

４．『Hi, friends!』

『Hi, friends!』は、外国語活動の教材として文部科学省が作成し、2012年度から全国の小学校高学年の児童を対象に無償配布された。

『Hi, friends!』では、各単元全てに「Let's Listen」「Let's Sing/Chant」「Let's Play」「Activity」が設定されている。具体的には、「日本語と英語の相違点、言葉

の面白さや豊かさに気づく、更に、繰り返し聞いて、設定された語彙や表現に慣れ親しんだりするための聞く活動（Let's Listen）」、「英語独特のリズムやイントネーションを感じながら、繰り返し聞いたり言ったりして、表現に慣れ親しむ活動（Let's Sing/Chant）」、「ゲーム等の中で聞いたり話したりする活動（Let's Play）」、「慣れ親しんだ表現を使ってコミュニケーションする活動（Activity）」として挙げられている。

図１　活動の説明と記号『Hello, kids! １』：p.1

小学校外国語活動を想定した多くの他教材も同様な活動内容であり、ここでは、著作権の関係上『Hi, friends!』ではなく、**図１**のように同様の内容である他教材を提示し、活動を紹介する。そして、『Hi, friends!』はページ数等を示すのみとし、絵や図等は、『Hello, kids!』『Sunshine Kids』等を使用する。

５．小学校外国語活動の効果的な教授法

小学校外国語活動の効果的な教授法として『小学校外国語活動研修ガイドブック』では、⑴ オーディオ・リンガル・メソッド（Audio-lingual Method）、⑵ トータル・フィジカル・レスポンス（Total Physical Response：TPR 全身反応教授法）、⑶ コミュニカティブ・ランゲージ・ティーチング（Communicative Language Teaching： CLT）が挙げられている※1（文部科学省，2009：p.27）。

ここでは、これに加えて、外国語活動の文字指導において効果的な教授法であると思われる、⑷ ランゲージ・エクスペリエンス・アプローチ（Language Experience Approach：LEA 体験に基づいた言語活動）について、それぞれの特徴と具体的な活用法を述べる。

５．１．オーディオ・リンガル・メソッド（Audio-lingual Method）

この教授法は、「言葉は刺激に対する反応が習慣化されて習得されるという習慣形成理論」に基づいている（文部科学省，2009：p.29）。

はじめに、指導者が示す目標言語の音声体系と文型（structure）を学習者が繰り返し練習し、その後、学習者が意識しないで口をついて出てくることを目指す教授法である。日本では、1970年代に会話力を習得することを目的とした英会話学校や、音声重視の教育を行っていた学校現場で多くみられた。この教授法を基にした代表的な

指導法として、以下のような模倣と記憶練習（ミム・メム：Mimicry-Memorization）と、文型練習（パタン・プラクティス：pattern practice）がある。

① 指導者は、正しい文のモデルを学習者に示し、学習者はそれを復唱する（ミム・メム）。

② 特定の文構造の練習において、指導者は文法の解説等は行わない。学習者が単純に「型」（パタン：pattern）を記憶するという方法で、それを意識しないで用いることができるようになるまで続ける（パタン・プラクティス）。

③ 指導者によって新たな単語が提示され、学習者は文の一部を置き換える（代入：substitution）。また、指導者の指示で、文の構造を疑問文や否定文に転換したり（転換：conversion）、語句や節を加えて拡大したり（拡大：expansion）して、学習者がミム・メムで記憶した同じ文構造を自然に発話できるようにする。

外国語活動の学習時間は、週1回、年間35時間と限られている。また、日本では、英語は外国語として教育されており、教室外では英語でコミュニケーションを図る場面は容易に得られない。そのため、児童が「外国語の音声や基本的な表現に慣れ親しむ」ためには、この教授法の「模倣」→「繰り返し」→「記憶」→「置き換え」→「型の記憶」を応用した活動が効果的である。

5.1.1　オーディオ・リンガル・メソッドを活用した外国語活動のアクティビティ

オーディオ・リンガル・メソッドを活用した活動としては、例えば『Hi, friends!』では、「Let's Listen」と「Let's Sing/Chant」の活動等がある。「Let's Listen」では、学習者はCDやALT等の指導者が発話する語彙や表現を聞いて理解する活動であり、「Let's Sing/Chant」では、学習者が聞いて理解した語彙や表現を、発話に繋げる活動を行う。

【Let's Listen－数の言い方を聞く活動】

「Let's Listen」の指導例として、『Hi, friends! 1』の「Lesson 3　数の言い方を聞く活動」を挙げる。この単元では、「積極的に数を数えたり、尋ねたりしようとする」「1～20の数の言い方や数の尋ね方に慣れ親しむ」「言語には、それぞれの特徴があることを知る」ことが目標として掲げられている。学習者が、「1～20の数の言い方や数の尋ね方に慣れ親しむ」ために、オーディオ・リンガル・メソッドを使用して、以下の指導を行う。

① 指導者は、学習者が外国語（英語）での数の言い方が理解できるように、**図2**のような視覚教材をともなって音声を提示する。

② 学習者は、その音声を聞いた後に、真似をして発話する。

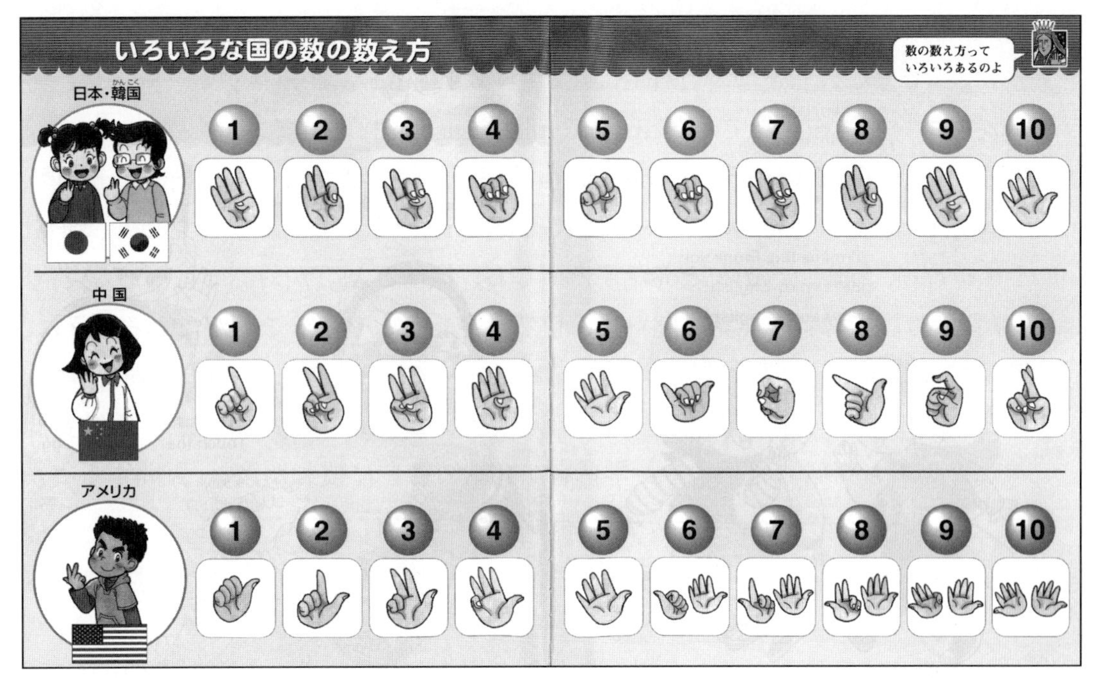

図２　いろいろな国の数の数え方（『Hello, kids! 1』：pp.28-29）

③ 学習者が自然に発話へと繋げることができるように、「聞く、真似して発話する」活動を何度も繰り返して行う。

④ 学習者が無意識で発話ができるようになったら、指導者は、「１～20」の順での発話を、順序を逆にして「20～１」の順で発話する。更に、あらかじめ数を決めておいて、その数の時には、発話の代わりに「手を叩く」等の動作を行う。
(例)「１、２、(手を叩く)、　４、５、(手を叩く)、７、８、(手を叩く)、10、11、(手を叩く)、…20」

⑤「いろいろな国の数の数え方」として**図２**を参考にして、指で数を数えるジェスチャーをしながら発話することで、「外国語を通じて体験的に言語と文化を理解する学習」にもつながる。

【Let's Chant－Can you swim? できることを尋ねよう】

「Let's Sing/Chant」の指導例として、『Hi, friends! 2』の「Lesson 3『Can you swim?』の活動」を挙げる。この単元では、「積極的に友達に『できること』を尋ねたり、自分の『できること』や『できないこと』を答えたりしようとする。」「『できる』『できない』という表現に慣れ親しむ」「言語や人、それぞれに違いがあることを知る」ことが目標として掲げられている。学習者が「『できる』『できない』という表現に慣れ親しむ」ために、オーディオ・リンガル・メソッドを使用して、以下の指導を行う。

① 指導者は、サッカーをしている絵を見せて “Can you play soccer?” と発話し、次に、「できない」という動作をして、“No, I can't.” と発話する。同様に、野球をしている絵を見せて、“Can you play baseball?” 、ピアノを弾いている絵を見せて、“Can you play the piano?” と発話し、「できない」という動作で “No, I can't.” と発話する。その後、料理と水泳をしている絵を見せて、“But I can cook and swim!” と発話する。なお、担任とALTが対話で行っても良い。

② 学習者は、指導者の発話を聞いて、自然に発話へと繋げることができるように、真似て発話する。なお、対話文になっているので、はじめは、簡単な表現 “No, I can't.” のみを真似て発話する。その後、“Can you play soccer?” 等の質問文についても真似て発話する。学習者が発話の練習に慣れた後、「質問するパート」と「答えるパート」に分かれて練習を繰り返し行う。

③ 友達に「できること」について尋ねるために、様々な絵カードから一枚を選び、（例）“Can you play tennis?” 等と尋ねる。

④「できることの絵カード」を黒板に貼り、以下の「Canチャンツ」を使用して、“Can you play（けん玉やお手玉等の遊び）?” “Can you play（スポーツ）?” “Can you play the（楽器）?” を、違いが理解できるようにして、繰り返し練習する。また、“Yes, I can.” “No, I can't.” の表現に慣れる活動を行う。

図３　Canチャンツの活動例（『Hello, kids! 2』：p.20）

⑤ スポーツや楽器等のできることについて、友達に尋ねたい語彙を使って、“Can you play～?” “Yes, I can.” “No, I can't.” の表現に慣れる活動を行う。

⑥ 絵カードを play 以外の動詞に変えて、（例）“Can you swim?” “Can you ski?” “Can you dance?” 等で繰り返し練習する。

Canチャンツ（『Hello, kids! 2』：p.20）

Can you, can you, can you play kendama?

Yes, I can. No, I can't.

Can you, can you, can you play otedama?

Yes, I can. No, I can't.

Can you, can you, can you play soccer?
Yes, I can. No, I can't. Yes, I can. No, I can't.
Can you, can you, can you play tennis?
Yes, I can. No, I can't. Yes, I can. No, I can't.
Can you play the recorder? Can you play the recorder?
Yes, I can. No, I can't. Yes, I can. No, I can't.
Can you play the piano? Can you play the piano?
Yes, I can. No, I can't. Yes, I can. No, I can't.

図４　play以外の活動の絵カード（『Hello, kids! 2』：p.20）

５．２．トータル・フィジカル・レスポンス（Total Physical Response＝TPR）

TPRは、学習者に「話すこと」より「理解すること」を優先させ、指導者の指示（発話）を聞いて、言語ではなく動作で反応するという教授法である。幼児だけでなく、成人の入門期の学習者にとっても有効であるとされている。

学習者は、発話を強制されないことから、緊張感や不安感等の心理的な負担は少ない。また、身体を使いながら楽しく学ぶことができるため、学習内容も定着しやすいと言われている。

1960年代に、アメリカの心理学者アッシャー（J.Asher）は、幼児の母語の習得過程に着目し、彼らが聞くことのみで言語を習得している期間（沈黙の期間 silent period）を経て、動作と結びつけながら言語を覚え、やがて話すことができるようになることを、第二言語習得にも応用してこの教授法を提唱した。

この教授法は、母語を介さないで、全て目標言語でインプット（input）からアウトプット（output）まで指導する。input 段階では、指導者の指示を目標言語（英語）で「聞いて理解すること」に重点を置く。学習者は、指導者の指示通りの動作をしたり、他人が反応するのを観察したりすることにより、指導者の指示の意味を理解するようになる。

一方、output 段階では、学習者は、発話は強制されず、動作で表現する。すなわち、学習者が行動やジェスチャーで答えることができれば、「学習者は、目標言語を理解して、コミュニケーションが図れている」と考えられている。そして、学習者は発話に対して緊張感を持たないので、気軽に発話することができる。また、学習者は、言語に対して動作で反応することにより、動作が発話の手がかりとして有効であり、更に、学習内容を長期記憶に留めるための手段とすることができる。

しかしながら、TPRは、動作で反応することができる単純明快な内容以外の表現や、動作化できない抽象的な表現を扱うことは困難である。

以下はTPRの指導法の手順の具体例である（Larsen-Freeman，2000：pp.111-113)。

① 指導者は、目標言語で指示をし、学習者にその指示を理解させるために、指導者自身がお手本としてその指示の動作を表現する。
② 学習者は、何も話さない。一方、指導者は指示のスピードを速くする。
③ 指導者は、学習者に指導者と一緒に動作で表現させる（真似させる)。
④ 指導者は、指示を出すのみで、学習者だけで動作を表現させる。
⑤ 学習者の理解能力が十分についた段階で、学習者は、指導者の発話を真似て動作とともに発話を繰り返す。
⑥ 指導者は、学習者が動作をマスターしたことを確認し、新しい指示をする。
⑦ 指導者は、指示の順序や指示内容にバリエーションを持たせて、学習者に繰り返し動作で表現させる。
⑧ 学習者自身で相互に指示を出し合い、動作で表現させる。

５．２．１ トータル・フィジカル・レスポンスを活用した外国語活動のアクティビティ

TPRを活用した活動としては、音声と視覚教材を関連づけた方法で、学習者に豊富なinputを与えて「聞くことの理解能力の育成」から始める。その後、学習者が動作で反応できる活動へと繋げる。例えば、『Hi, friends!』では、「Let's Listen」「Let's Sing/Chant」と「Let's Play」の活動等がある。これらの活動において、学習者が、語彙や表現を「聞いて理解すること」、更に、「動作で反応すること」を重視した活動を行う。

以下は、TPRを活用した指導の一例である。

【Let's Play－ポインティングゲーム】

「Let's Play」の指導例として、『Hi, friends! 1』の「Lesson 7　What's this?」を挙げる。この単元では、「ある物について、積極的にそれが何かと尋ねたり、答えたりしようとする。」「ある物が何かと尋ねたり、答えたりする表現に慣れ親しむ」「日本語と英語の共通点や相違点から、言葉の面白さに気付く」ことが目標として掲げられている。TPRの指導例として、「ポインティングゲーム」を挙げる。

『Hi, friends! 1』の指導書によれば、「ポインティングゲーム」の目的は、「児童

に設定された単語などを繰り返し聞かせること」であると述べられている。そして、ゲームの説明として、「音声を聞いて、聞き取ったものを指し示す」と明示されている。また、その指導形態としては、以下のように、児童の実態に応じて、単独、ペア、グループ等様々な方法が挙げられている（文部科学省，2012c：pp.23-28)。

① 指導者は、CDやALTの音声に合わせて、「dog 犬」「hat 帽子」「cat ネコ」等の語彙の絵カードを学習者に示す。または、これらの絵カードを示しながら、指導者が発話する。

② 指導者は、テキストの絵にある語彙を発話し、学習者がそれを聞いて、その語彙の絵を指し示す。

③ ペアで1つのテキストを使用し、学習者は、指導者が言う語彙の絵を2人で指し示す。（応用として、4人グループで1つのテキストを使用して行う。）

④ ③をペアやグループで競争する。速く指し示した方が1ポイントを獲得する。

図5　ポインティングゲームのテキストの絵（『Sunshine Kids Book 1』：pp.26-27)

【Let's Play－スリーヒントクイズでカルタ取り】

『Hi, friends! 1』の「Lesson 8　I study Japanese」では、「時間割について積極的に尋ねたり答えたりしようとする」「時間割についての表現や尋ね方に慣れ親しむ」「世界の小学校の学校生活に興味をもつ」ことが単元目標として挙げられている。そして、「Let's Play」の活動では、3つのヒントを聞いて教科等を当てる「スリーヒントクイズ」が挙げられている。なお、TPRを活用するために、学習者は、答えを口頭ではなく、「絵カードを取る（カルタ取り）」や「絵を指し示す」活動で行う。

「教科あてスリーヒントクイズ」（『Sunshine Kids Book 2』：pp.18-19、指導書p.24）

① 教科チャンツのリズムに合わせて、絵カードを指し示しながら、各教科の英語での言い方に慣れ親しませる。

② 指導者がスリーヒントクイズを、例えば、No. 1 ：number, （間を空けて）ruler, （間を空けて）compass といったように、１語彙ずつヒントを発話する。学習者は、最後までヒントを聞いて、絵カードを取る。または、絵カードを指し示す。

指導者：No. 1 ：number, … ruler, … compass … What subject is this?

学習者：It's Math. （絵カードを取る。または絵カードを指し示す。）

同様に、以下の活動を行う。

No. 2 ：textbook, dictionary, Kanji workbook　Japanese

No. 3 ：map, glove, history　Social Studies

No. 4 ：piano, recorder, songs, (notes)　Music

No. 5 ：paint, brush, scissors　Art and Crafts

No. 6 ：test tubes, microscope, astronomical telescope　Science

No. 7 ：games, songs, alphabet　English

No. 8 ：bars, box horse, jump rope　P.E.

No. 9 ：needles, cloth, sewing, (cooking)　Home Economics

No.10：inkwell, brush, kanji　Calligraphy

図６　教科あてスリーヒントクイズのカード（『Sunshine Kids Book 2』：pp.18-19）

５．３．コミュニカティブ・ランゲージ・ティーチング（Communicative Language Teaching：CLT）

CLTは、実際にコミュニケーションを図る活動を通して、学習者のコミュニケーション能力（Communicative competence）を育成することに重点を置いた教授法である（Savignon, 1983, 1997, 2001; Canale & Swain, 1980, Canale, 1983; Bachman and Palmer, 1996）。

コミュニケーション能力は、「言語を正確に理解し、実際の状況の中で適切に使用する能力」であり（白畑他，2009：p.59）、この要素として、① 文法的能力（語彙や文法、言語形式、音韻、綴り等に関する言語の知識や文法的に正しい文を使用できる能力）、② 社会言語学的能力（知識として得た言語表現を、コミュニケーションを図る相手やその社会文化的な背景や状況、場面を判断して、適切に言語使用や言語表現ができる能力）、③ 談話能力（談話の状況や文脈を理解し、一貫性のある談話とするために、言語の構造と言語の意味を関連づける知識や、談話を文の羅列ではなく意味のある文章として作り出す能力）、④ 方略的能力（コミュニケーションの効果を高めたり、円滑にコミュニケーションを進めたりするために、また、学習者の不十分な言語知識を補うための方法としてジェスチャーなどを使用してコミュニケーションを図る目的を達成するための対処能力）等が必要であると言われている（Canale & Swain, 1980, Canale, 1983）。

したがって、CLTは、コミュニケーション能力を育成することを目的として、語彙や文法、言語構造の習得、母語話者の発音の模倣等、言語の知識のみを教えるのではなく、学習者が様々なスキルを組み合わせてコミュニケーションの手段として相互作用を図ることや、言語を意味的に、かつ、適切な談話構造の中で使用することにも焦点を当てて指導する。Brown（2007：p.241）は、CLTの特徴を次のように挙げている。

① 授業のゴールは、文法や言語の能力に限らず、コミュニケーション能力の全ての要素に焦点を当てる。

② 言語技術は、意味のある目的に対して、語用論的で、本物の、かつ機能的な言語使用において、学習者がコミュニケーションできるようにデザインされる。組織的な言語形式は、中心的な焦点ではなく、むしろ、学習者にとって言語技術を習得するための言語の側面である。

③ 流暢性と正確性は、コミュニケーションの基になる技術の下で、相補的な原理であると考えられる。しばしば、学習者に意味のあるコミュニケーションを維持し続けるようにさせるためには、流暢性が正確性よりも重視されるかもしれない。

④ コミュニケーションを目的とする授業では、学習者は最終的には、前もって準備をしない状況で、受容的（「聞く」「読む」）であれ、産出的（「話す」「書く」）であれ、（相手の話すことを聞いて理解し）豊富な、受容的な言語を使用して、その言語を使用しなければならない。

5．3．1 コミュニカティブ・ランゲージ・ティーチングを活用した外国語活動のアクティビティ

CLTの授業では、学習者に教室で目標言語（英語）を積極的に使用させることが中心であり、言語構造に関わる知識の習得それ自体を学習対象の中心とすることはない。

Nunan（1991：p.279）は、CLTの授業に対する特徴として、以下の5つの点を挙げている。

① 目標言語を使用し、インタラクションを通してコミュニケーションを図る学習を重視する。
② 学習場面においては、実際のテキスト（実物・本物教材）を導入する。
③ 学習者に、言語だけでなく、学習過程にも焦点を当てる機会を与える。
④ 教室での学習における寄与する重要な要因として、学習者自身の個人的な経験を強化する。
⑤ 教室内での言語学習と教室外での言語活動を関連づけることを試みる。

これらのことから、CLTの有益な指導とは、学習者が実際の場面でコミュニケーション能力を図る活動に関連づけて、ペアワークやグループワーク等で学習者同士の交渉（negotiation）や協働（cooperation）が必要な活動を行うことである。そして、言語の正確性（accuracy）よりも、流暢性（fluency）を重視して行うことである。具体的な活動としては、発話の状況や内容を明確にするためのロール・プレイ（role play）、問題解決活動（problem-solving activity）、情報格差活動（information-gap activity）、情報転送活動（information-transfer activity）等があり、これらの活動を行うと同時に、その活動の中で文法や発音についても学ぶ必要がある。

小学校外国語活動では、語彙や基本的な表現に慣れ親しんだ後に、それらを使用して、コミュニケーションの疑似体験を行うことができる。具体的には、「ごっこ遊び」や「インタビューゲーム」「挨拶ゲーム」「変身なりきりゲーム」（role play）、「条件に合った仲間を探すゲーム」「犯人探しゲーム」（problem-solving activity）、「ペアで情報を伝え合いながら、同じ町を作ろう」「間違い探し」「国際電話で相手の状況を知る活動」（information-gap activity）、「情報を図やグラフで示す」「聞いたことを

絵で伝える」「友達の好みを尋ねてオリジナルＴシャツを作ってあげよう」(information-transfer activity) 等である。これらの活動は、ペアやグループワークで行うため、１時間の授業の中で児童がコミュニケーションを図る機会が多く取れることが利点である。児童が学習した語彙や表現を活用することで、自分の伝えたいことについてコミュニケーションを図ることを最終目標とすれば、授業での彼らの興味関心も高いと思われる。

【Activity－わたしの１日】

『Hi, friends! 2』の「Lesson 6　What time do you get up?」では、「積極的に自分の１日を紹介したり、友達の一日を聞きとったりしようとする」「生活を表す表現や、１日の生活についての時刻を尋ねる表現に慣れ親しむ」「世界には時差があることに気付き、世界の様子に興味を持つ」ことが単元目標として挙げられている。そして、「Let's Listen 2」では、「さくらの起床、登校、就寝の時刻を聞いて、時刻を書く」、「Activity 1」では、「先生の起床、登校、就寝の時刻を予想して書き、実際の時刻を尋ねて回答を書く」、「Activity 2」では、「日課表に自分の生活時刻を書き込み、１日を紹介する」活動が挙げられている。

「わたしの一日」－インタビューゲーム（『Sunshine Kids Book 2』: p.8)

① 児童に絵カードと時計を順番に目で追わせながら、時刻の言い方を確認させる（図７）。

② 絵カードを示しながら、CDで「毎日することチャンツ」を行う。

(Good morning!)

Get up, (get up), get up, (get up),

Put on my clothes, (put on my clothes), put on my clothes, (put on my clothes),

Have breakfast, (have breakfast), have breakfast, (have breakfast),

Go to school, (go to school), go to school, (go to school),

・・・・・・（省略）・・・・・・・・・・

(Good night!)

③ 自分の１日の生活時刻を「美香の１日」の時刻の横に書き、比べてみる。

④ CDの後について、「対話」を練習させ、児童が慣れたら、児童に尋ねて自分の生活時刻を答えさせる。

A：What time do you get up?

B：I get up at ＿＿＿.

Ａ：What time do you go to school?

Ｂ：I go to school at ＿＿＿.

Ａ：What time do you have lunch?

Ｂ：I have lunch at ＿＿＿.

・・・・・・（省略）・・・・・・・・・

図７　私の１日の絵カード（『Sunshine Kids Book 2』：p.8）

「世界の友達の１日」－予想してインタビューする（『Sunshine Kids Book 2』：p.9）

① 世界の友達のくらしについて、英語での言い方をCDを聞いて知る。

（例）play football, ballet lesson, help my（your）mother 等

② 図８のワークシートを使用して、ビリーとナターシャ、ミンの生活時刻を予想して書く。

③ 世界の友達に１日の生活を聞き、聞いた時刻を予想した時刻の下に書き、自分の予想と比べよう。

（Billy）

Ａ：What time do you go to school?

Ｂ：I go to school at seven thirty.

Ａ：What time do you have lunch?

Ｂ：I have lunch at twelve forty-five.

Ａ：What time do you play football?

Ｂ：I play football with my friends at four ten.

Ａ：What time do you have dinner?

Ｂ：I have dinner at seven.

（Natasha）と（Ming）については省略

④ 実際に、クラスの友達に１日の生活についてインタビューしよう。

⑤ 自分の生活時刻と比べてみよう。

図８　世界の友達の１日を尋ねるワークシート（『Sunshine Kids Book 2』：p.9）

５．４．ランゲージ・エクスペリエンス・アプローチ（Language Experience Approach）

LEAは、「絵本等の文字が学習者の日常言語と経験に関連しているならば、彼らはそれらの文字を読むことができる」という理論を基にした指導法である。つまり、学習者が音声で慣れ親しんだ身の回りの言葉に対して、体験的な活動を通してリテラシー（読み書き）、とりわけ「読むこと」を育成するという指導法であり、母語や第二言語学習の教授法として活用されている（Reutzel & Cooter, 1999：p.373, Brewster and Ellis, 2004：p.111）。そして、LEAは読むことの指導であるが、全てのコミュニケーション技能（読むこと、書くこと、聞くこと、話すこと）を組み入れており、活動形態についても、個人で読む活動から友達に説明する活動やプレゼンテーションをする活動へと繋げることができる。また、第二言語学習では、母語習得よりも教師からのより強い指導が許容されるが、リーディングテキストを作るために、できるだけ児童の体験や彼ら自身のことばを使用するという基本理念は、母語習得と同じである。

Peregoy & Boyle (2004) は、児童のリテラシー教育の目標として、以下の5つを挙げている。

① Awareness and appreciation of the variety of purposes reading and writing serve in everyday life（日常生活における様々な目的での読むことと書くことに対する気づきや識別）

② Understanding of relationships between print and oral language, including the alphabetic principle（アルファベットの規則を含めた、文字と音声の関係の理解）

③ Knowledge of print conventions, such as left-to-right, top-to-bottom sequencing（文字は左から右へ、上から下に読む等、文字の規則の知識）

④ Knowledge of specific sound/symbol correspondences, or phonics（特定の音声と文字の対応、またはフォニックスの知識）

⑤ Ability to recognize a growing number of words on sight（発達段階に応じ、多くの言葉を直ちに認識する能力）

(Peregoy & Boyle, 2004：p.182)

5.4.1 ランゲージ・エクスペリエンス・アプローチを活用した外国語活動のアクティビティ

LEAは、学習者がこれまでの経験を文字学習に活かし、はじめに、学習者の言語知識の範囲で文レベルでの読み書きを始めて、その後読解活動に移ることが特徴である。

小学校外国語活動では、文字は「アルファベットの大文字と小文字を習得すること」、「文字を音声面の補助として扱う」ことと言及されている（文部科学省2008a：p.22)。現在、小学校外国語活動から中学校の英語教育へ円滑に繋げるための課題の一つに、文字学習のあり方が挙げられている。外国語活動のコミュニケーション能力の素地を養うことを目標にして、中学校の前倒しの文字学習ではなく、体験的な文字活動を行うことと、(前倒しの学習ではなく) 中学校の英語教育に繋がるような効果的な指導を行うことが求められている。

LEAを活用した指導法では、児童が日常生活で音声に慣れ親しんでいる文字について、実際に読む場面を設定し、その中で導入することが望ましい。そして、児童の発達段階を踏まえた体験的な文字の指導を行うことである。例えば、アルファベットの歌や、banana、orange、car、goodbye、Happy birthday 等和製英語となっているもの、お菓子の包装紙や衣服に印刷された文字等、児童が身近に感じている文字から導入する。また、絵の下に文字が提示してある絵カードを使用し、音声の補助としての文字に気づかせることで、児童は文字を容易に認識することができる。さらに、「メモを読む」「友達の名札探しゲーム」等の活動や、listening や speaking 活動で児童が体験的に学んだ定型表現を、readingやwriting 活動でも指導する「絵本で定型表現の箇所を読む」ことが適している。

【Let's listen/Let's play/Activity－アルファベットの大文字をさがそう。見たことがあるアルファベットの表示を書き写そう】

『Hi, friends! 1』の「Lesson 6　What do you want?」では、「積極的にアルファベットの大文字を読んだり、欲しいものを尋ねたり答えたりしようとする」「アルファベットの文字とその読み方を一致させ、欲しいものを尋ねたり答えたりする表現に慣れ親しむ」「身の回りにアルファベットの大文字で表現されているものがあることに気付く」、また、『Hi, friends! 2』の「Lesson 1　Do you have “a” ?」では、「積極的にある物を持っているかどうかを尋ねたり答えたりしようとする」「31～100の数の言い方やアルファベットの小文字、ある物を持っているかどうかを尋ねる表現に慣れ親しむ」「世界には様々な文字があることを知る」ことが単元目標として挙げられている。『Hi, friends! 1』では、児童が初めてアルファベット文字を知り、慣れ親しむ活動から導入し、『Hi, friends! 2』では、第3節で示した文字指導の利点を活かして、中学校の英語教育に繋げる活動を行う。

「アルファベットの大文字を知り、その読み方に慣れ親しむ」活動

① アルファベットの音と大文字とを一致させるために、**図9**の「ABCチャンツ」を使用して慣れ親しむ活動を行う。様々なリズムでチャンツを行う（児童に作らせて発表させる）。

② チャンツのリズムを聞きながら、TPRを使用して「大きく描かれた文字（G, P, S, V, W, X, Y, Z）では「手を叩く」、「青い文字（A, E, H, N, Q, T, Z）では指を鳴らす」等を決めて、その動作を行う。「ZからA」の逆バージョンや様々なチャンツのリズムで繰り返し行う。**図10**のように「BINGO」の歌等も利用して、文字カードを上げる活動等を行う。

③ 町で見かけた看板（例）「JR」「ATM」「OPEN」等を教師が見せ、児童が**図11**の絵があるテキストからアルファベット文字を見て、その文字を「JR」「ATM」「OPEN」を指し示す。

同様に、「ポインティングゲーム」「キーワードゲーム」を行う。

④ 児童の持ち物にあるアルファベットの文字について、その文字カードを集める。

⑤ 集めた文字カードを見て、薄紙を上に載せて書き写す。その後、見ながら書き写す。

⑥ 身のまわりにあるアルファベットの文字を書いて、友達にその文字が何を示しているかを尋ねる。

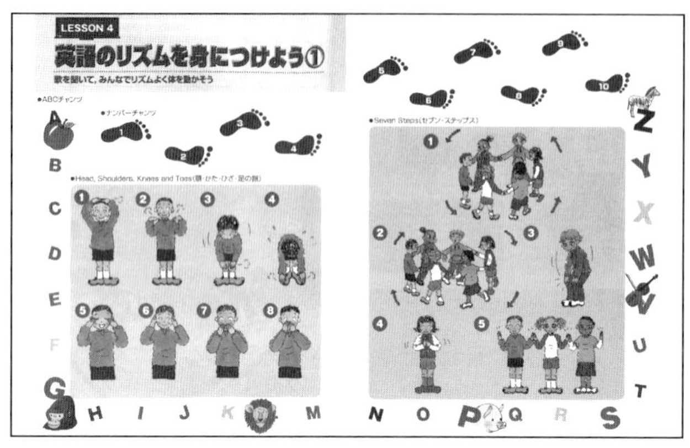

図９　ABCチャンツ（『Sunshine Kids Book 1』: pp.8-9）

図10 「BINGO」の歌で文字活動（『Sunshine Kids Book 1』: p.12）

図11　文字をさがす活動の絵（『Sunshine Kids Book 1』: pp.38-39）

「アルファベットの小文字を知り、英語の文字に慣れ親しむ」活動

① 大文字の活動と同様に、小文字の活動も行う。

② 大文字から小文字への学習がスムーズに進むように、「大文字と小文字の併記」された文字カードを使用する。児童が小文字を習得するまで、文字カードを半分に折り、裏返すと大文字で理解できるようにして使用する（**図12**）。

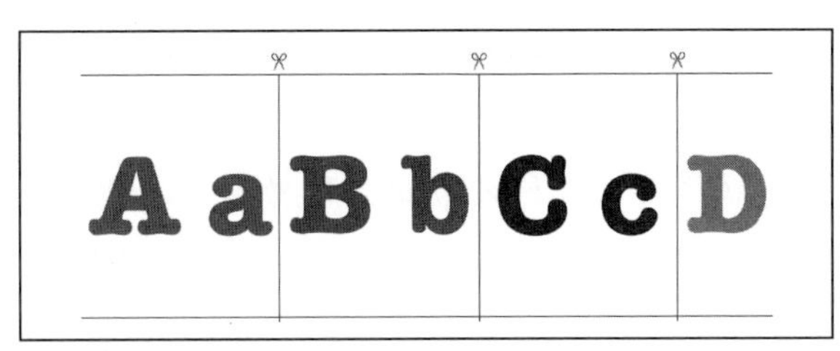

図12　大・小文字併記のアルファベットカード（『Sunshine Kids Book 2』: p.61）

③ 英語の絵本を用意する。下記のテキストの絵から物語の登場人物をさがす。そして、絵本のタイトル（例）「Little Red Riding-Hood」「Halloween」等を文字カードで並べる。英語の絵本でこれまでに習った文字を読んでみる（**図13**）。

図13　世界の物語が隠れているテキストの絵（『Sunshine Kids Book 1』: pp.22-23）

6．おわりに

小学校外国語活動は、児童に外国語の言語や文化に気付かせること、外国語の音声や表現に慣れ親しませること、そして、慣れ親しんだ語彙や表現を使ってコミュニケーションを図ることを目的としている。そして、児童が外国語活動で学んだことを中学校の英語教育へと繋げることも重要な目的である。

筆者が指導助言をさせていただいている多くの小学校では、これらのねらいを的確に押さえた上で、指導がなされている。また、それぞれの教師が、自分の専門性を活かし、目の前の児童の能力をうまく引き出し、かつ、彼らの興味・関心を抱く活動を行っており、教師の実践指導力の高さにいつも感動している。このベースには、教師が児童を把握していることと、学習指導要領や教授法の理論を理解していることが大きく影響している。

本章では、小学校外国語活動における効果的な教授法の理論を紹介し、その教授法を使用して、『Hi, friends!』等のテキストをどのように活動できるかを具体的に示した。一つの教授法だけでなく、それぞれの教授法を組み合わせて用いることで、より効果的な指導ができると思われる。

【本文注】

※1 『小学校外国語活動研修ガイドブック』は、これまで日本の英語教育の中心であった文法訳読教授法（Grammar Translation Method）にもふれている。

【参考文献】

Bachman, L. F. & Palmer, A. S. (1996). *Language Testing in Practice: Desinging and developing useful language test.* Oxford: Oxford University Press.

Brewster, J. & Ellis, G. (2004). *The Primary English Teacher's Guide, New edition.* Penguin English Guides.

Brown, H. D. (2007). *Principles of Language Learning and Teaching 5th ed.* New York: Pearson Education.

Cameron, L. (2001) *Teaching Languages to Young Learners.* Cambridge University Press.

Canale, M. (1983). From communicative competence to communicative language pedagogy. In Richards, J. C. & Schmidt, R.W. (Eds.), *Language and Communication,* pp.2-27. London: Longman.

Canale, M. & Swain, M. (1980). Theoretical bases of communicative approaches to second language teaching and testing. *Applied Linguistics,* 1 (1), 1-47.

Curtain, H. & Dahlberg, C. A. (2010). *Language and Children 4th ed.* Pearson Education.

Larsen-Freeman,D. (2000). *Techniques and Principles in Language Teaching 2nd ed.* Oxford: Oxford University Press.

Lightbown, P. M & Spada,N. (2006). *How Languages are Learned 3rd ed.* Oxford: Oxford University Press.

文部科学省（2008a）『小学校学習指導要領解説　外国語活動編』東京：東洋出版社

文部科学省（2008b）『中学校学習指導要領解説　外国語編』東京：開隆堂出版.

文部科学省（2009）『小学校外国語活動研修ガイドブック』東京：旺文社

文部科学省（2012a）.『Hi, friends! 1』東京：東京書籍.

文部科学省（2012b）.『Hi, friends! 2』東京：東京書籍.

文部科学省（2012c）.『Hi, friends! 1』指導書. 東京：東京書籍.

文部科学省（2012d）.『Hi, friends! 2』指導書. 東京：東京書籍.

Nunan, D.(1991). Communicative Tasks and the Language Curriculum. *TESOL Quarterly,* 25(2): pp.279-295.

Pinter, A. (2006). *Teaching Young Language Learners.* Oxford:Oxford University Press.

Peregoy, S. F. & Boyle, O. F. (2004). *Reading, Writing, and Learning in ESL: A Resource Book for K-12 Teachers 4th ed.* Needham Heights, MA: Allyn & Bacon.

Reutzel, D. R. & Cooter, R. B., Jr. (1999). *Balanced Reading Strategies and Practices: Assessing and Assisting Readers with Special Needs.* Columbus, OH: Merrill.

Savignon, S. J. (1983) *Communicative Competence: Theory and Classroom Practice.* Reading, MA: addition-Wesley Publishing Company.

Savignon, S. J.(1997). *Communicative Competence: Theory and Classroom Practice.* New York: McGraw Hill.

Savignon, S. J. (2001). Communicative language teaching for 21st century, In M. Celce-

Murcia (Ed). *Teaching English as a second or Foreign language*, pp.13-28. Boston, MA: Heinle & Heinle.
白畑知彦・冨田祐一・村野井仁・若林茂則 (2009)『改訂版　英語教育用語辞典』東京：大修館書店.
高橋美由紀（2008)「Language Experience Approach (LEA)を活用した『英語ノート』の文字指導」『中部地区英語教育学会紀要』38：pp.385-392.
高橋美由紀（他）(2009a)『Hello, Kids! 1』東京：開隆堂出版.
高橋美由紀（他）(2009b)『Hello, Kids! 2』東京：開隆堂出版.
高橋美由紀（他）(2009c)『Hello, Kids! 1』指導書. 東京：開隆堂出版.
高橋美由紀（他）(2009d)『Hello, Kids! 2』指導書. 東京：開隆堂出版.
高橋美由紀（編著）(2010)『小学校英語教育の展開』東京：アプリコット.
高橋美由紀・柳善和（編著）(2011)『新しい小学校英語科教育法』東京：協同出版.
高橋美由紀・山岡多美子（2002)『Sunshine Kids Book 2』東京：開隆堂出版.
山岡多美子・高橋美由紀（2001)『Sunshine Kids Book 1』東京：開隆堂出版.

第6章 知的好奇心と動機付けを高める指導法 ～英語力育成を視野に～

清水 万里子・愛知淑徳大学非常勤講師

1．はじめに

本稿に関しては、2011年４月に小学校外国語活動（実質の小学校における英語教育）が必修化されて約２年経過していることを背景において記述する。筆者は2011年６月以降、月に１～２校のペースで小中学校を訪問しているので、実際の学校現場からの視点で本稿をまとめる。

これまでに訪れた小学校は50校（各市町で１校）になる。訪れた公立小学校の外国語活動では、ほぼすべての学校において文部科学省発行の補助教材、2011年度は『英語ノート１＆２』、2012年度は『Hi, friends! １＆２』が使用されていて、高学年の外国語活動はどの小学校を訪れても指導マニュアルに沿った活動内容であった。つまり、ターゲットセンテンスはもちろんのこと、ゲーム活動の内容までも同じで大差なく実践されていた。必修化以前は、研究実践校などを数多く訪れたが、当時はまだ補助教材の利用がない時期で、各校で独自カリキュラムを作成して実践されていた。現在は『Hi, friends!』で外国語活動の「一定基準」が明示されているので、高学年の外国語活動ではこれに沿った活動が一般的である。授業を参観して感じることは、やはり指導マニュアルの存在が大きいということである。小学校の教師の多くは、英語に苦手意識があり外国語活動も消極的という実態があるため、指導マニュアル、準備された教材教具は有効である。また、これまでの学校訪問では、低学年、中学年、特別支援学級の英語での活動を参観することもあり、こちらの活動は学校独自のカリキュラムで実践され、英語に親しむ児童の姿が見られた。

2．コミュニケーション能力の育成

外国語活動は「コミュニケーション能力の育成」が広義のねらいである。筆者が学校訪問して、現場で活動している教師たちに成果を尋ねると、「確かに外国語活動をすると、児童たちのコミュニケーション能力は上がっていると感じる」という返事をもらう。その根拠として以下の事項が挙げられた。

- 意外な友だち同士で遊んでいる姿を見かける。
- 外国人講師に積極的に話しかける。
- 誰とでも気軽にあいさつができるようになった。

● 学級の雰囲気が良好になり学級運営に良い影響がある。

児童たちの姿を毎日見ている教師たちであるから、その微妙な変化を感じ取っているようである。しかしながら、外国語活動はコミュニケーション能力の育成に成果をもたらすものであると言い切るには時期尚早で、いくつか調査や検証が必要と思われるが、児童たちのコミュニケーション能力を測る具体的なテストがあるわけでもないため、教師たちの現場感覚として出てくる言葉から得られる確かな成果への感触を信じるしかない。教師たちのこのような言葉から考えられる意味は、「良い人間関係を育てる上で外国語活動は役に立っているようだ」ということなのだと思われる。つまり、小学校内で行われる小さなコミュニケーションの練習である。コミュニケーション教育の授業を全国の小中学校で展開している大阪大学の平田（2012：p.16）は、

> 異なる文化、異なる価値観を持った人に対しても、きちんと自分の主張を伝えることができる。文化的な背景の違う人の意見も、その背景（コンテクスト）を理解し、時間をかけて説得・納得し、妥協点を見いだすことができる。そして、そのような能力を以て、グローバルな経済環境でも存分に力を発揮できる。

と、異文化理解能力のイメージを書いている。これはまさに文部科学省が定めているねらいである。

では、外国語活動のもう１つのねらいについてである。冒頭にも書いたが、小学校外国語活動は実質の「小学校における英語教育」である。言語習得が主たるねらいではないとしても、2003年３月の文部科学省の施策「英語が使える日本人の育成のための行動計画」では、第一歩目の英語教育として小学校英会話活動推進が挙げられている。必修化してまだ２年であるが、コミュニケーション能力の育成に確かな手応えも感じられることから、第二の目的である英語教育についても意識しても良い頃だと考える。

３．高学年児童への英語指導の難しさ

小学校における英語教育に関しては、30～40年ほどの長い歴史を持つ民間の英語教室等の児童英語教育で培われた歌、チャンツ、ゲームなどの手法が少なからず影響を与えている。また、この民間分野で指導経験豊富な著名な先生方が小学校における英語教育に対して様々な意見や提案をしている。

民間の英語教室で英語を学ぶ子どもたちの多くは、幼稚園から英語を習い始め、４～５年生まで通う。その後は学習塾へ移って「読み・書き」ができるように中学校英語の準備に入る。つまり、高学年では「読み・書き」が中心になってくるのが自然の流れである。

しかしながら、小学校外国語活動では、音声による指導に重点が置かれていて、民間の英語教室の高学年対象の手法はさほど参考にならない。彼らの発達段階を考慮すると、「読み・書き」を取り入れても無理ではないと思われるが、実際の外国語活動は「聞く・話す」が中心の指導で、「読み・書き」は特に意識されてはいない。小学校外国語活動は高学年児童のみを対象に、5年生で初めて英語に接するという条件になっているので、小学校における英語教育としては、民間の児童英語教室の方法を踏襲できず、まったく独自の新しい内容を作らなければならない。この状態だと、読みたい、書きたいという自然な知的欲求がある高学年児童には、少し物足りない内容かと思われる。

以下の例のように、現在の小学校外国語活動の内容は次のようにパターン化されている。

指導例（1）　6年生

■Hi, friends! 2 Lesson 5　Let's go to Italy.「友だちを旅行にさそおう」

① 国の名前の英語を覚える。
② その国の世界遺産の英語を覚える。
③ 自分が行ってみたい国、その理由を考える。
④ その国の特徴とその国でやってみたいことを考える。
⑤ Where do you want to go?（どこへ行きたいですか？）という質問文を覚える。
⑥ I want to go to Italy.（イタリアへ行きたいです。）という返事を覚える。
⑦ ⑤と⑥のフレーズを使って、友だちに質問し合う。
⑧ 本時の振り返り。1～2名の児童が日本語で発表する。

活動例（2）　5年生

■Hi, friends! 1 Lesson 9　What would you like?「ランチメニューを作ろう」

① フルーツの名前を英語で覚える。
② 料理の名前を英語で覚える。
③ どこの国の給食（食事）か考える。
④ 自分のランチメニューを考える。
⑤ What would you like?（ご注文は？）という質問文を覚える。
⑥ I'd like an omelette.（オムレツをください。）という返事を覚える。
⑦ ⑤と⑥のフレーズを使って、友だちとレストランごっこをする。
⑧ 本時の振り返り。1～2名の児童が日本語で発表する。

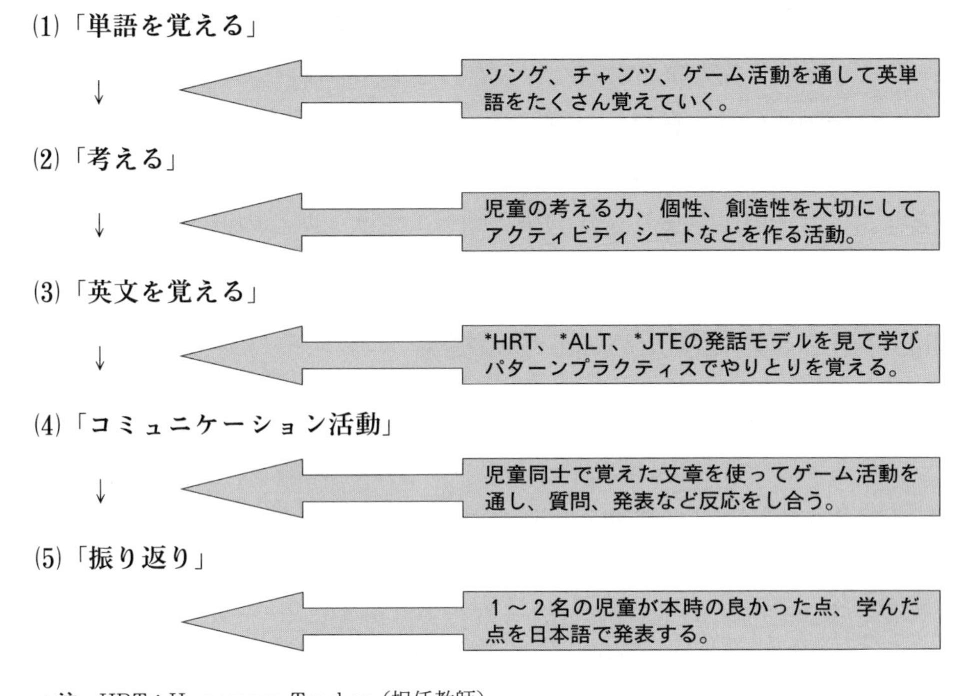

＊注　HRT：Homeroom Teacher（担任教師）
ALT：Assistant Language Teacher（外国語指導助手）
JTE：Japanese Teacher of English（日本人英語講師）

図１　パターン化された小学校外国語活動

指導例（１）、指導例（２）は、外国語活動の流れである。英語学習という視点からまとめてみると、一定のリズムがあることに気付く。⑥の部分の英単語に下線を引いたが、ここを入れ替えることでいろいろな会話の種類が生まれる。この英語指導の手法は、パターンプラクティスと呼ばれる。これは、英語文型を学習するために使われるもっとも一般的な方法である。パターンプラクティスは、言葉を入れ替えるだけで様々な表現を学ぶことができるが、学習活動自体が単純なため、知的な刺激を求める高学年児童たちには、学習方法を工夫しないと飽きが来るのが早いようである。

「導入～展開～活動～まとめ」は、従来の授業の型に当てはまるものである。このような授業の型は指導する教師側のメリットが大きく、英語を教科として導入している岐阜県大垣市の外国語活動では、外国語活動の市カリキュラムと授業の流れが決まっているため、教師が市内のどこの小学校に赴任しても、同じように外国語活動に取り組むことができるシステムが出来上がっている。

訪問したある小学校で、外国語活動を参観した直後に、「英語（外国語活動）は好きですか？　楽しいですか？」と質問すると、手を挙げる児童はクラスの約半数であった。さらに質問を続けて、「将来は何となくでも、どんな仕事でも英語は必要だろうと思いますか？　また、英語を話せたらいいなと思いますか？」には全員が手を挙げた。実は、１つ目の質問をした時に筆者が期待していたのは全員挙手であった。きっと楽しいだろうという先入観があったからであるが、半数という意外な人数であった。２つ目は、学習動機付けも意識した質問だったから全員挙手という結果になったのだと考えられる。今後、児童へのアンケート調査などを通して最初の質問で半数しか手が挙がらなかった理由、つまり、外国語活動への意欲・関心の低下が見られた理由を深く考える必要がある。

４．知的好奇心を満たすための５つの提案

筆者は、児童自身が外国語活動を体験して「自己成長をしているという実感」「知らなかったことを知った喜びと満足感」などがあれば、動機付けも高まり、意欲をもって学習すると考えている。前１節で示したような外国語活動においては、不十分なインプットで、完璧な文章を話すコミュニケーション活動をやや強いている感があるので、高学年児童の知的好奇心を満たすような指導部分をいくつか作るとよいと考える。伊藤（2004：pp.129-131）は高学年児童の発達段階を踏まえて、英語の指導留意点を次のように挙げている。

表１　高学年児童の発達段階

＜５年生の発達段階＞
① 興味・関心のあることには積極的に関わろうとする。
② 知識や経験をほかの人と分かちあおうとする。
③ 新しいことや未知のことに知的好奇心をもつ。
④ 緊張や不安があると活動が低下する。

＜６年生の発達段階＞
① 自己が確立し、羞恥心が強くなる。
② 自己表現や自己活動が活発となる。
③ 知性的となり、理論的に納得しないと行動しなくなる。
④ 学習したことに達成感や満足感を感じるようになる。

表2　高学年児童の英語指導の留意点

<5年生の指導留意点>
① 各人の関心事や価値観に結び付けて自己表現させる。
② 知っている単語や表現を使ってスピーチをし、知識・体験を分かちあう。
③ 外国の生活、習慣、文化などを調べて発表させる。
④ 間違うことへの不安や緊張があると活動が低下するので、あまり細かな注意はしない。

<6年生の指導留意点>
① 羞恥心が強いので人前で恥をかかせたり、無理に異性と組ませたりしない。
② 発表会に向けて自分たちで劇の練習をしたり、英語の歌の練習をしたりして自己表現をする喜びを感じさせる。
③ 何のためにやり、これをやると何ができるようになるかをあらかじめ話して活動に入る。
④ 劇や歌、スピーチなどの発表会では、その努力と成果を認め、十二分に達成感や満足感を与える。

以上を考慮して、高学年児童の知的好奇心を満足させて、英語学習への動機付けを高めるためにできる5つの提案を挙げる。

⑴ 知らない内容を新しく知る活動 ～驚き・発見～

高学年児童の知的好奇心を満足させる効果的な活動である。これは、内容重視の英語教育（Content Based Approach, Content Related Instruction）になり、副産物的に英語能力が育つ方法である。しかしながら、小学校の英語教育においては誰もができる指導法ではないため、導入の難しさがある。さらに『Hi, friends!』の内容で利用するには難しい取り組みである。唯一、光村図書が出版しているテキストの『Junior Columbus 21』の内容ならば、算数、理科、社会的内容にクロスカリキュラムされた内容重視の英語教育に近いことが実践できるものだと思われる。これは私立小学校で、日本人講師による実際に行われた授業が基になっている。指導する準備さえ整えれば、公立小学校でも実践できるレベルの内容である。また、岐阜県多治見市立笠原小学校で、2003年度から実践されている「笠原型コンテントベイストの手法」を用いる英語教育もある。

⑵ 目的達成で何ができるかを明確に理解して行う活動 ～達成感～

理論的に納得して知的に行動することに、意欲をもって取り組む高学年児童であるから、英語劇、スキット、舞台パフォーマンスなど、発表会を設定してそれに向けて英語のセリフを暗記する学習ができる。6年生用の『Hi, friends! 2 Lesson 7に桃太郎の話があるが、桃太郎の話そのものが6年生の発達段階には簡単すぎるので、6年生児童自身に「その後の桃太郎」などと新しいストーリーを考えさせて、簡単なスキットを作り、そのパフォーマンスを小学校低学年児童に披露するという設定をさせると面白いと思われる。低学年児童にわかるような英語のセリフ、わかりやすい動きを考えることが英語の学習になるからである。

(3) 文字への興味・関心を高める活動 ～文字認識～

現在の外国語活動には「読み・書き」はないが、2012年度の中学校1年生の英語教科書にはフォニックスが含まれており、実際に中1の1学期にフォニックス指導がある。小学校で音声を中心に活動し、中学校で音と文字をつなげるフォニックス指導、次に本格的な英語学習へ入るという流れである。しかしながら、第3節で述べたように、高学年児童への文字指導は無理ではない。文字指導に関する現在の状態は、「読めないが、言える」である。これを「書けないが、読める」という段階まで指導して、中学校英語につなげると良いと思われる。

6年生児童の発達段階を考慮すると、文字指導は知的好奇心も満たせる自然な学習の流れだと思われる。『Hi, friends! 1』Lesson 6には「アルファベットの大文字を書き写そう」、『Hi, friends! 2』Lesson 1には大文字、小文字も含め、「見たことのあるアルファベットの表示を書き写そう」というコーナーで書く行為もあるので、文字学習の扱いについては、今後、徐々に変化していくと思われる。文字指導に関しては、十分な音声のインプットをした後にフォニックスへつなげることが注意点である。

(4) 活動にもっとInformation Gapの手法を！ ～本物のコミュニケーション～

狭い教室の中で、クラスの限られた人間関係において行われる外国語活動であるから、本物のコミュニケーションをとりにくい環境であり、また、児童同士がお互いよく知っている間柄である。楽しい活動にするためにも、第3節の図1の(3)(4)で行われるやりとりにInformation Gapの手法を取り入れたい。

Information Gapとは「情報の格差」である。教室の中で「偶然に起きる情報の格差」が本物のコミュニケーションを生み、知的好奇心を満足させる活動が可能になる。また、あらかじめ誰も知らない情報、質問を決めておき、その活動で初めて知る方法も良い。機械的な英語反復練習など、例えば、How old are you?（何歳ですか？）I am eleven years old.（11歳です。）などでは、高学年児童の満足を得るのは難しい。

(5) 慣れ親しんだSongs、Chantsでオリジナルを創作 ～プレゼンテーション～

答えのない自由な創作活動は、児童たちが興味をもって活動できる。グループで創作活動する方が楽しめるであろう。外国語活動では、歌やリズムチャンツが毎授業で多く使われているから、その歌を替え歌にしたり、リズムチャンツでオリジナルチャンツを作り、その後に必ずプレゼンテーションをする場面を作るようにする。

アメリカ、カナダの学校では、毎日のようにShow & Tell（何かを見せて話すこと）が行われている。これは「人前で話す練習」である。創作した歌やチャンツのプレゼンテーションは、「人前で話す練習」になる。誰もが皆、まだまだ習いたての英語なので、上手下手関係なく、英語を使って人前で話すことにも慣れていく。英語教育とともに、他の能力の育成も同時に期待できる。

5．英語学習への動機付け

第3節で述べたような、児童の外国語活動への意欲・関心の低下が見られる理由として、決まりきった活動の繰り返しによる飽きがあるのではないかと考えられる。児童に意欲・関心はあるものの、やる気に関しては日によって気分の上下の変化も関係するが、場面に合わせて、動機付けをうまく仕組むことで解決できるであろう。外国語活動では、ゲーム活動による「楽しい、おもしろい、やってみたい」などの内発的動機付けが生まれることで、児童の意欲・関心を高めて活動が行われるわけであるが、これらの言葉には2つの意味がある。ゲーム自体のテンポ、リズム、スピード感を楽しんだこと、そして、ゲームを通して学んだ内容を楽しんだことである。

2002年に「総合的な学習の時間」が学習指導要領に含まれた時に、研修会などで、単に「ゲームが楽しかった」では英語活動（当時の呼び方）の目的が達成されないと頻繁に注意されていた。高学年児童のやる気を高めてそれを維持するための具体的な解決策は、持続可能な内発的動機付けに変化させていくことである。そのためには、もっと「その活動の目的」を明示し、活動を通しての「達成感」の頻度が多い方が良い成果を与える要因になると思われる。白井（2012：p.86）は、小学校における英語教育では動機付けが大事だと次のように述べている。

> 小学校ではまず外国語や国際的なものを学ぼうとする意欲、いわゆる国際的志向性（international posture）を高めることを動機づけ面での目標にするべきでしょう。つまりアメリカ、イギリス等のアングロサクソン文化にとどまらず、英語を使うことで世界につながっていくということを体験させていくべきです。

年間35時間のうち数時間の活動には、ALT（外国語指導助手）が授業参加する。国際的志向性を高めるための授業方法として、ネイティブ、ノンネイティブ関係なく、外国人講師をクラスに迎えた時には、彼らを中心にした文化的な内容で、英語を使って活動すると良いであろう。そこにいるだけで異文化の香りのする外国人講師なので、児童にはとても気になる存在である。

必修化以前に、小学校教師とともに筆者が実践した英語活動では、カナダ人教師を迎え「カナダのお茶、日本のお茶」をテーマにして、実際にカナダのお茶（Maple Tea）を味わう時間があり印象深い体験活動となった。別の機会には、エジプト人のALTとともに、日本でも人気の食材であるモロヘイヤの葉を使ってエジプト食文化について体験活動をした。

また、白井（2012：p.95）は、小学校における英語教育のまとめの中で、「インプット（聞くこと、読むこと）を中心に」と述べている。筆者が第4節で提案した、「書けないが、読める」レベルの文字認識の実践は、高学年児童の知的好奇心を満足させる方法の1つとなると思われる。

6．おわりに

必修化後の学校現場を実際に参観すると、外国語活動は基本の指導マニュアルに沿った方法で確実に実践されていた。これで平成4年の研究開発スタートから、約20年で全国すべての公立小学校に英語がやってきたわけであるが、今後は教育の質が問われるようになるであろう。すでに評価に関する研究も始まっている。

外国語活動用に配布された『Hi, friends!』を利用すれば一定レベルの授業を展開できる。しかしながら、『Hi, friends!』は使っても使わなくてもいい教材なので、もっと学校の地域性や市町村の特徴を生かしながら、英語教育に取り組むとよいと思われる。本稿の知的好奇心、動機付けを高める指導法は、教師の指導力が最も重要な要素である。教師にできることは、児童をやる気にさせて自律的に学習できる環境作りである。最後に、小学校における英語教育で育てることが可能である能力を挙げる。

- **十分な音声インプットで養うことができる「英語を聞く力」**
- **活動時に見せることで養うことができる「文字認識」**
- **少しのアウトプットで養うことができる「英語コミュニケーション能力」**

パターンプラクティスのみでは児童が飽きてしまうので、現状の活動方法にプラスαとして第4節で挙げた5つの提案を織り交ぜて、学校独自の外国語活動に取り組むと良いだろう。小学校における英語教育に必ず実りがあることを願って。

【参考文献・引用文献】

伊藤嘉一（編著）（2004）『小学校英語学習指導指針』東京：小学館
小川隆夫（2007）『高学年のための小学校英語』東京：mpi
清水万里子（2002）『子供のための英語』東京：金星堂
白井恭弘（2012）『英語教師のための第二言語習得論入門』東京：大修館

東後勝明 他（2004）『Junior Columbus 21 Book 1, 2』東京：光村図書
平田オリザ（2012）『わかりあえないことから～コミュニケーション能力とは何か～』東京：講談社
松川禮子（1997）『小学校に英語がやってきた！』東京：アプリコット
Brinton, D.M., Snow, M.A.,& Wesche, M.B. (1989). *Content-Based Second Language Instruction*.NY, USA: Newbury House.
Chamot, A.U., Cummins, J.,Kessler, C., O'Malley, M. & Fillmore, L.W. (2001). *ESL Sunshine Edition Grade K-5*, NY, USA: Scott Foresman, Pearson Longman Education.

第1部

第7章 小学生にできるプレゼンテーション活動—簡単な英語で自己発信しよう

稲葉 みどり・愛知教育大学教授

1. はじめに

本稿では、プレゼンテーションを取り入れた小学校外国語活動の方法を取り上げる。ここで言うプレゼンテーションとは、パワーポイントを用いてスライド（作品）を作り、コンピュータとプロジェクタを使って発表することを指す。作品制作、発表、フィードバックまでの一連の過程を、ここでは「プレゼンテーション活動」と呼ぶこととする。

プレゼンテーションというと難しく聞こえるかもしれないが、実はとても簡単にできて、児童も教師も一緒になって楽しめる学習活動である。そして、プレゼンテーション活動は、「国際的コミュニケーション能力」「実践的コミュニケーション能力」「発信型コミュニケーション能力」の3つの力を培うのにとてもよい方法である。以下では、プレゼンテーション活動の意義と効果、授業の構成や授業づくりの方法について述べ、活動例を用いて具体的な授業の進め方を紹介する。

2. プレゼンテーション活動の意義と効果

2.1. プレゼンテーション活動の3つの柱

プレゼンテーション活動では、「国際的コミュニケーション能力」「実践的コミュニケーション能力」「発信型コミュニケーション能力」の3つの力を培うことを目的としている。

「**国際的コミュニケーション能力**」とは、どのような国・地域の人々とも容易にコミュニケーションができるように、論理的で説得力のある話し方をすることである。ここでいう「国際的」とは、国際的に通用するという意味で、文化の異なる人々の立場を理解して尊重しつつ、自分の考えや意思を筋道を立ててわかりやすく表現できる能力を表す。

「**実践的コミュニケーション能力**」とは、外国語を使って、自分の考えや意思を表現したり、相手の意向を理解したり、必要な情報をやりとりできる能力である。ここでいう「実践的」とは、意味内容を伝え合う真のコミュニケーションを行うことである。

「**発信型コミュニケーション能力**」とは、自分の考えや意思、自国の文化等を言葉で積極的に発信できる能力である。ここでいう「発信型」とは、自分の考えや意思を一方的に発信するだけでなく、他の国・地域の思想や文化にも目を向け、広い視野から考えや情報を適切な方法や表現を用いて伝えることを表す。

これらの3つの能力の育成は、1996年7月の中央教育審議会答申「21世紀を展望した我が国の教育の在り方について（第一次答申）第3部第2章 国際化と教育」の中で求められる能力や資質に基づいている。答申では、次のように要望されている。

(a) 広い視野を持ち、異文化を理解するとともに、これを尊重する態度や異なる文化を持った人々と共に生きていく資質や能力の育成を図ること。

(b) 国際理解のためにも、日本人として、また、個人としての自己の確立を図ること。

(c) 国際社会において、相手の立場を尊重しつつ、自分の考えや意思を表現できる基礎的な力を育成する観点から、外国語能力の基礎や表現力等のコミュニケーション能力の育成を図ること。

注：下線は筆者加筆

国際的コミュニケーション能力は、(a)の「広い視野を持つ」「異文化を理解する」「相手を尊重する」を踏まえてコミュニケーションする力という点で関わっている。

「共に生きていく資質」とは、考えや意思を相手にわかるように言葉で論理的にはっきりと伝え合うことができることが基礎になる。

実践的コミュニケーション能力は、(c)の「自分の考えや意思を表現できる」能力である。そのためには、まず、自分の考えや意思を持たなければならない。自分の考えや意思を持つには、(b)の「自己の確立」が必要となる。

答申では、日本人としての自己の確立とは、「自分自身が何ものであるのかを知ること、すなわち自分自身の座標軸を明確に持つこと」、そして、「このことなくしては、相手からも理解されず、また、相手を理解することもできない」と記されている。さらに、「日本人としての自己の確立の前提には、まず、子供たち一人一人の個の確立がなければならない」としている。個の確立とは、自分に備わっている資質や能力を発見することで、「自分で考え、自分で判断し、表現することによって確立される」と記されている。

発信型コミュニケーション能力は、相手の立場を尊重し、自分の考えや意思を積極的に相手と通い合わせることのできる資質や能力である。上述の2つのコミュニケーション能力が備わって、真の発信型コミュニケーションが実現できると考えられる。

２．２．プレゼンテーション活動で培う能力

プレゼンテーション活動は、児童が作品を制作し、それを発表し、フィードバックするという形態の学習である。この活動には、上述の「国際的コミュニケーション能力」「実践的コミュニケーション能力」「発信型コミュニケーション能力」の３つの力の素地を養うことができる機会が多く含まれている。

プレゼンテーション活動では、作品の発表を通じて聴衆（聞き手）と真のコミュニケーションを行う。よって、作品の制作の段階では、テーマを選び、スライドを作成し、言語表現の方法を考える等、すべて自分の考えや意思なしでは進めることができない。

作品発表では、自分をどのように表現したら聞き手にうまく伝わるかを考えていく。言葉と共に絵や図や写真を用いて、自分の考えをわかりやすく伝える工夫をすることにより自己表現力を高める。プレゼンテーションでは、スライドのデザインも表現力の１つと考えている。実際の会話の場面では、言葉のみでなく、まわりの情報を手がかりにコミュニケーションが成立する場合も多いからである。

質疑応答では、質問を正確に理解し、自分の立場や意思を明確にし回答することが求められる。例を挙げたり理由を説明したり、ほかと比較したりすることは、具体的かつ論理的に考え、話す練習になる。

フィードバックでは、聞き手や教師からの感想やコメントをもとに、自分の作品や発表をふり返り、作品を改訂したり、新たな作品の制作に生かしていく。

このようにプレゼンテーション力は、現代社会の中では有用な技能の１つであり、自己発信型の活動として、外国語教育の中にも積極的に取り入れていく価値がある。特に、考える力、考えを構成する力、発信する力の養成は、外国語でのコミュニケーションに限らず、生活の様々な面でまわりの人と積極的にコミュニケーションをしようとする態度を育てる上でも効果がある。

以下では、本稿で紹介する３つの活動を例として、どのような思考過程や意思決定が必要になるかを説明する。

活動例１の「自分紹介：５つの質問」では、「今ほしいものは？」「行ってみたいところは？」「得意なことは？」「やってみたいことは？」「自分を動物にたとえると何？」等の５つの簡単な質問を通じて自分を紹介する。ここでは、質問に答えるために自分を見つめ直し、自分を知ることが求められる。「得意なことは何？」では、自分の特質や長所を見いだす。「自分を動物にたとえると何？」では、自分の性格や行動をふり返り自己分析をする。そして、自分の考えや意思を明確にして作品を作っていく。

活動例２の「私の好きなもの」では、「自分の好きな食べ物、動物、テレビ番組、

遊び、お気に入りのもの」等を紹介する。好きになったきっかけやそれとの関わりを話せば、さらに内容が深まる。自分の個性を自分で考え、判断し、表現することにより、個人としての自己の確立を促すと考えられる。そして、自分の個性をまわりに発信する力を培う。

活動例3の「日本紹介」では、世界に紹介したい日本のものを提示する。日本独自のものを探すには、日本と世界の国・地域の違いや特色に目を向ける必要がある。これにより、広い視野を持ち、異文化を理解する姿勢が培われる。また、ほかの人の発表を聞くことにより、日本や異文化に関する理解や知識を共有することができる。

3．プレゼンテーション活動の構成と指導手順

3．1．プレゼンテーション活動の全体構成

ここで提案するプレゼンテーション活動を取り入れた授業では、児童が行う作業は「作品制作」「作品発表」「フィードバック」の3つの部分に分けられる。**図1**はプレゼンテーション活動の全体構成を表す。

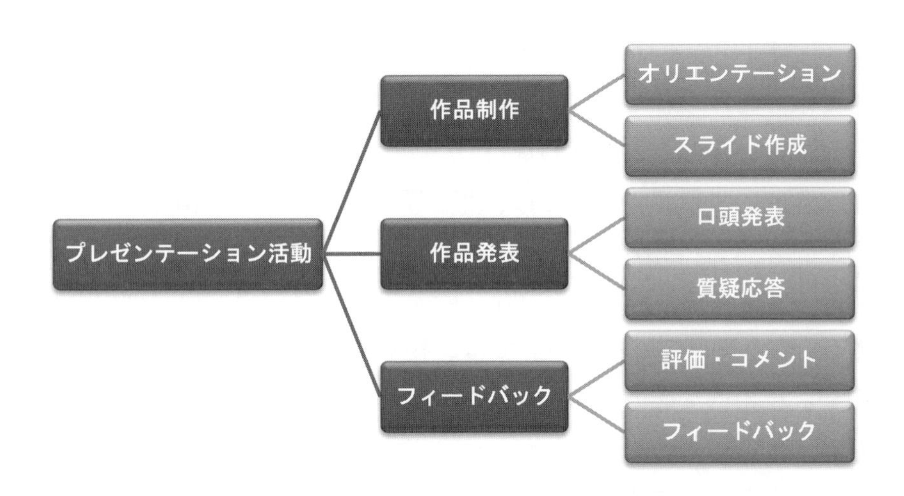

図1　プレゼンテーション活動の全体構成

3．2．プレゼンテーション活動の指導方法

3．2．1．「作品制作」の段階での指導

プレゼンテーション活動を行うには、児童が発表できる環境を整えることが必要である。事前準備として、制作と発表に必要な機器を揃える。コンピュータ、プロジェクタ、発表内容（作品）を保存するメディア（USBメモリ等）で、電子黒板を利用することも可能である。作品の制作に、学校のコンピュータ室を利用できるように手配することも必要である。

作品制作では、最初に教師が「オリエンテーション」をしてプレゼンテーション活動でどのようなことをするかの全体像を児童に説明する。次に、作品の規定を示すことになるが、発表時間５分、質疑応答５分、フィードバック５分の、全体15分の作品の大枠は**表１**の通りである。

表１　全体15分の作品の大枠（作品制作の方法）

① テーマを決める
② パワーポイントを使って作成する
③ スライドの枚数はタイトルを入れて６枚
④ スライドの中には画像（写真、図、動画）等を入れる
発表５分／質疑応答５分／フィードバック５分（計15分）

楽しい作品がプレゼンテーション活動の最も重要な部分である。まず、テーマは、「自己紹介（自分紹介）」、「家族旅行の話」、「私のペット」、「私の集めているもの」、「我が家の晩ご飯」、「今ほしいもの」等、児童に親しみやすいもがよい。特定のテーマを決めなくても、「みんなに見せたい５枚の写真」といったものや、ふだんの外国語活動の中で取りあげられている話題から選んでもよい。児童全員が同じテーマでも異なるテーマでも、どちらでも構わない。

「スライド作成」で留意することは、聞き手にとって新しい情報を含むようにすることである。例えば、「自分紹介」では、あまり知られていない自分の一面を盛り込むと興味深いものになる。「我が家の晩ご飯」では、自分の家の料理の写真を撮って紹介したり、「私の集めているもの」では、秘蔵のコレクションの写真をみんなに見せると面白い。技術的な能力があれば、スライドに音声や動画を挿入することも可能である。

スライドができたら、説明の言葉を考える。この段階では、児童の案を見て、教師が言語表現の指導を行う。既習の文型や語彙を利用して、短い文や簡単な表現を用い、知らない語彙は辞書で調べる。１枚のスライドに１～３文くらいが目安である。児童の言語能力に合わせて調整できるが、時間的な制約から、１枚のスライドで１分が限度なので、話す内容を厳選する。

３．２．２．「作品発表」の段階での指導

「口頭発表」では、姿勢、表情、声の大きさ、話すスピード、聞いている人がわかるかどうかに気を配るようにする。聞き手が知らない語彙は、説明や翻訳をつけるよ

うに工夫をする。コンピュータの操作をする児童を別に設けるとスムーズな場合もある。その場合、作品制作の段階からペアを組んで、指導していくことも考えられる。

「質疑応答」のときは全部のスライドが見えるようにスライド一覧の画面にする。そうすると発表内容が見えて、質問がしやすくなる。スライドが全部で６枚なので、そう見にくくはならないだろう。

質疑応答で一番気がかりなのが英語である。英語の質問がわかるかどうか、また、質問に英語で答えられるかが心配になる児童も多いであろう。筆者は、児童のプレゼンテーション活動では、すべてを英語でやろうとしなくてもいいと考えている。学習した範囲の英語をできるだけ使う努力を大切にしたい。あらかじめ準備できる口頭発表は英語で表現し、質疑応答は日本語でもいいことにすると負担が軽くなる。例えば、英語で質問できる人からの質問を先に受け、できれば英語で答え、できない場合は、「その質問には日本語で答えさせていただきます。(Let me answer your question in Japanese.)」等の断りを入れて、日本語で答えるようにする。断りを入れるのは、あくまでも発表というフォーマルな活動をしていることを意識させ、私語的なやりとりになるのを防ぐためである。

ここで大切なのは、自分が英語で答えられなかった内容をどう表現するかを後で学習することである。難しい表現でなくてもいいので、簡単な英語で答えられるようにしていくことが進歩につながる。この活動はフィードバックで行う。

「質疑応答」はプレゼンテーションではとても大切な役割を果たす。時間の許す限り、日本語でもいいのでやりとりをすると、活動が楽しくなる。ここでは、児童同士の真のコミュニケーションが行われるわけであるから、あまり言語にこだわらず、教員も児童も発表を楽しみたい。

３．２．３．「フィードバック」段階での指導

作品発表の後にはフィードバックを行う。プレゼンテーション活動では、聴衆となる児童に感想、質問、コメント等を書いてもらうシートを用意して配布する。シートは冊子にして活動後に発表者に渡すとともに、複製をクラスで閲覧できるようにしておく。筆者の経験では、発表に対するほかの人の感想や意見に関心を持つ人は多い。授業内では、全員の質問、意見、感想を紹介する十分な時間はないので、こうして情報を共有すれば、自分が作品を制作する際にも参考になる。

筆者は、「質問」「新しく知ったこと」「おもしろかったところ」「発表の参考になったこと」「全体の感想」「発表者へのコメント」等の項目を設けた「感想を書こう」(p.95 **図６**参照) というシートを作成している。シートには教師によるコメントも加

える。感想シートを書くことは、プレゼンテーション活動において聞き手の大切な活動の１つであり、良いコメントを書ける人は、視点が豊かで、発表も上手になると思われる。この点については、「５．２．聞き手の活動とフィードバック」で詳述する。

発表者にとって、感想シートは一番のフィードバックになる。シートをもとに発表内容をバージョン・アップしたり、別バージョンを作ることができ、別の機会に発表することも可能である。

３．２．４．プレゼンテーション活動の位置づけと進め方

プレゼンテーション活動を外国語活動全体の授業の流れの中でどのように位置づけるかは、現場の状況に応じて決まる。例えば、毎回１～２名ずつ児童を選び授業のはじめや終わりに発表するやり方、ある程度まとめて時間を設けて行うやり方、または、その折衷案である。授業の回数や時間には制約があるので、折衷案にすると無理がないと思われる。最初にやりたい児童を募り、いない場合は、教師の判断で学力が中程度でできそうな児童を選び、授業外で教師が指導する。この児童の作品は、ほかの児童のモデルとなるので大切である。モデルといっても完成された傑作である必要はなく、ほかの児童に「これくらいなら、自分にもできる」と思わせるような発表でよい。それが学力が中程度の児童を選ぶ理由である。

人前で発表と聞いて、不安になる児童もいると思われるが、プレゼンテーション活動をうまく進めるには、無理に指名してやらせないことである。きちんと発表の日程を組んでおくのが理想であるが、やりたい児童、準備が整った児童から発表してもよい。ほかの児童の発表を見て、「自分が次にやりたい」と思う児童が必ず現れるので、そういう児童が増えてきたら、時々まとめて発表し、１学期間で全員できるようにする。

プレゼンテーション活動では、児童はほかの人の発表を見て多くのことを学ぶ。作品はあわてて作らなくても、人の発表からアイデアをもらって作ればいいことを児童に伝えるようにする。このような進め方をすると、教師も児童を随時指導していくことができる。コンピュータの操作方法等については、最初の発表者に教え、次の発表者に順次伝授させるようにするとよい。筆者はさらに、カメラ撮影係、ビデオ撮影係等の役割を決めて、発表を録画するようにしている。

プレゼンテーション活動の評価の観点は活動を授業全体の流れの中でどのように位置づけるか、指導（到達）目標は何かを考慮に入れて設定する。例えば、ある単元の仕上げなら、そこで導入した表現等を使えたかどうかを評価の観点に含める。全体の総仕上げ的な位置づけならば、総合的な言語運用力を評価することになる。ただし、

活動をどのように位置づけても、プレゼンテーション活動の評価で忘れてはならないことは、発表者がどれくらい自己発信ができ、聴衆にどれだけ伝わり、聴衆とどれくらいインタラクションが進んだかという観点だと考えている。

4．プレゼンテーション活動の例

4.1. 活動例1：「自分紹介：5つの質問」のプレゼンテーション

最初に、「自分紹介」のプレゼンテーション活動の例を紹介する。5つの簡単な質問を通じて、児童が現在の自分について発信するものである。この活動のねらいは、自分の思っていることをうまく表現し、ほかの人に伝える力（発信力）の素地を培うことである。ポイントは、人にあまり知られていない自分の一面を紹介することである。

表2は質問の例で、10程度の質問を用意し、その中から5つ選ぶようにすると、ある程度自由に構成できる。反対に質問を限定すれば、ほかの人と比較できるという点で面白くなる。質問の回答を写真、絵、文字等でスライドに表現し、口頭発表する際は理由等を付け加えるとよい。特に発表者の考えがわかるような話題は聴衆の興味を引きつける。

図2は自分紹介の例で、質問①～⑤に対して筆者自身が番号順に答えたものである。

表2　「自分紹介」の質問例

① 今ほしいものは？	⑥ モットーは？
② 行ってみたいところは？	⑦ 集めているものは？
③ 得意なことは？	⑧ 大切なものは？
④ やってみたいことは？	⑨ 今はまっていることは？
⑤ 自分を動物にたとえると何？	⑩ 尊敬する人は？

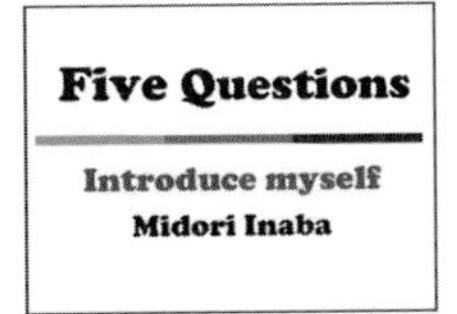

図2　「自分紹介」の作品例

4．2．活動例2：「私の好きなもの」のプレゼンテーション

次に「私の好きなもの」のプレゼンテーション活動の例を紹介する。この活動では、児童が自分の好きなものを5つ選んでスライドを作成する。ねらいは I like～ などのやさしい表現で、自分の個性を発信することである。ここでもトピック例を用意すると、児童の発想が広がりやすい。嫌いなもの・苦手なものを組み合わせることも可能で、その理由やそれにまつわるエピソードを話すと楽しい発表となる。

表3はトピック例、**図3**は「私の好きなもの」の例である。トピック①～⑤について、筆者自身が番号順に答えたものである。

表3　「私の好きなもの」のトピック例

① 好きな食べ物	⑥ 好きな言葉
② 好きな動物	⑦ 好きな数字
③ 好きなテレビ番組	⑧ 好きなスポーツ
④ 好きな遊び	⑨ 好きなアーティスト
⑤ お気に入りのもの	⑩ 好きなアルファベット

図3　「私の好きなもの」の作品例

4．3．活動例3：「日本紹介」のプレゼンテーション

次に、「日本紹介」のプレゼンテーション活動の例を紹介する。ここでは、日本の社会、文化、習慣、自然等の中から世界の人に紹介したいものを5つ選んでスライドを作成する。ねらいは、日本の伝統や文化を正しく理解し、国際的な視点から物事をとらえ、世界の人々にわかりやすく紹介する力の素地を培うことである。考えるヒントになるように、いくつかのジャンル例を**表4**に紹介する。

発表では、どのように紹介したら世界の人々にわかりやすく伝わるかを考える。そのため、発表をALTや外国の人に聞いてもらえると励みになる。このテーマは発展

表4　「日本紹介」のジャンル例

① 学校行事	⑥ 服　装
② 料　理	⑦ スポーツ
③ 自　然	⑧ ポップカルチャー
④ 伝統文化	⑨ 生活習慣
⑤ 遊　び	⑩ 観光地

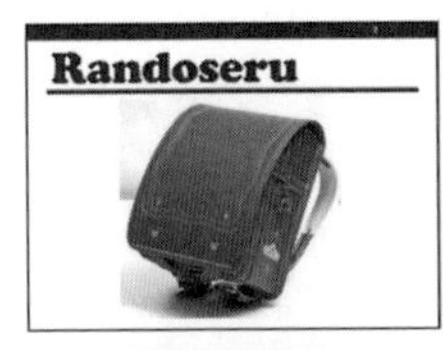

図4　「日本紹介」の作品例

学習に適しており、多くのスライドを追加したり、テーマを絞って内容を深めることもできる。

活動に出てくる未習語彙や表現は、発表者が聴衆に説明することが大切である。発表内容の概略を作成して配布してもよいが、発表の中で補足説明をしながら進める方が口頭でのコミュニケーションを促進する。幸いこの活動では、写真や絵などの視覚情報が理解を助けるので、視覚情報のないスピーチ等よりも発話はずっと理解しやすいであろう。

5．プレゼンテーション活動の質を高める工夫

5．1．「準備ノート」の利用と文字指導

作品の制作では、まず発表で使いたい写真や絵図を5枚程度用意し、それを5枚のスライドにはめ込んでいく。あらかじめ台紙となるパワーポイントファイルを教師が作成しておくとスムーズに進む。スライドができたら、説明の言葉や表現を考える。できるだけ既習の表現を使うようにして、どこまで表現できるかを考えさせ、既習の表現を用いるのは、聞き手にも理解できる配慮であることを教える。必要な語彙は辞書で調べる。

また、**図5**のように、パワーポイントの「ノート」を利用して、教師が発表の「準

備ノート」を作成する。これを用いてコメントや児童への質問等を書き込むことができるので、指導に便利である。「準備ノート」は発表の際のメモにも利用できる。

ここで懸念されることは、小学校外国語活動では、基本的に文字の指導をしていないということである。準備する言語表現をどのように表記したり、記録するのか、この点は大きな課題であるが、完璧さを求めなければ十分に対応できると思われる。例えば、書ける範囲で文や単語を書いてみる、カタカナで音声を表記する等である。筆者の知るところでは、自分の考えや気持ちを文字で表したいと思っている児童は多い。また、高橋（2011）は、高学年の児童の知的欲求を満たすためには、小学校外国語活動では文字も使用した方が効果的であると述べている。自分の発表原稿であり、意欲的に取り組める児童もいるはずなので、ここでの判断は児童の能力と指導にあたる教師の裁量に委ねられる。

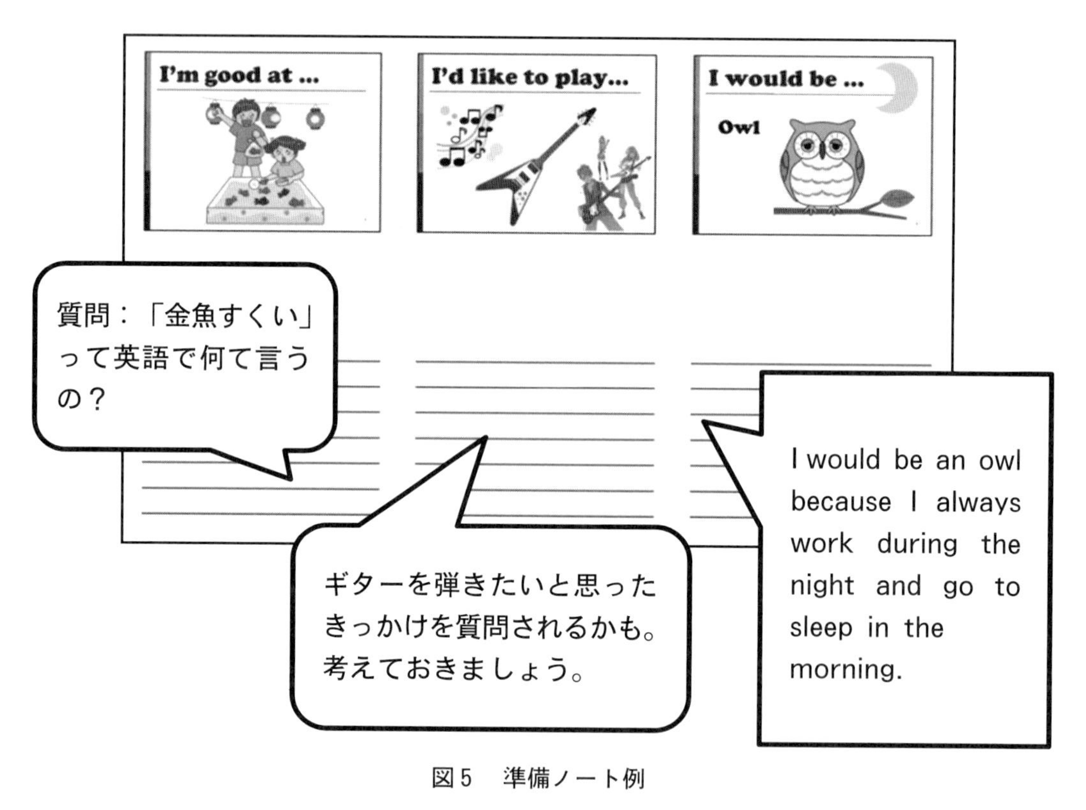

図5　準備ノート例

5．2．聞き手の活動とフィードバック

感想シートの記入は、聞いている児童にとって大切な活動である。発表を聞いて、それに対して自分の疑問、意見、意思等を持ち、それを言葉で表現して、文章で発信する練習である。発表者との文字によるコミュニケーションであるとともに、聞き手が主体的に自分の活動をふり返ることを促す。

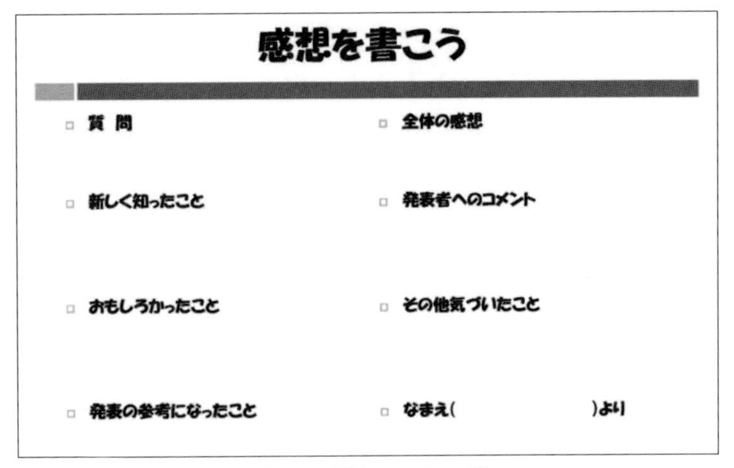

図６　感想シートの例

「質問」には、発表者に聞きたいことを書く。発表を聞いて疑問に思ったこと、質疑応答を聞いてさらに知りたくなった点等を自由に書いていく。話題を深めたり、広げたりできる質問ができることも、コミュニケーション能力の要素と考えている。

「新しく知ったこと」では、発表を聞いて初めて知ったことや気づいたことを書く。聞き手は、発表からどのようなことを学んだかをふり返るのである。この記述から、発表者は、聞き手にとってどのような内容が新鮮だったかを知る手がかりが得られる。

「おもしろかったこと」では、興味、関心を持った点を書く。これらを考えることによって、聞き手は主体的に聞く態度を身につける。発表者は、自分の作品のどのような点に聞き手が興味・関心を持ったかを知り、次に作品を作る際の参考にできる。

「発表の参考になったこと」では、聞き手が自分の発表（作品制作も含めて）をするときの参考になったことを書く。テーマの選び方、話題の提示の仕方、スライドの構成等の作品に関すること、説明の仕方、声の大きさ、話す速さなどの発表の態度に関わることでもよい。

「全体の感想」では、聞き手が思ったことを自由に書く。「発表者へのコメント」では、よかったところや提案等、発表者に贈る言葉を自由に書く。「その他気づいたこと」では、まだ書き残したこと、さらに追加したいこと、発表者に伝えたいこと等を書く。

最後に、「なまえ（　　　　）より」を書く。感想シートは、聞き手が発表者に贈る大切なメッセージである。筆者の経験では、発表者は発表後に感想シートを読むことを楽しみにしている。感想には様々なものがあるが、自分の作品や発表を客観的にとらえることができるし、そして、たいていは頑張って発表した人への温かいコメントが書かれている。同じ立場の、聞き手である友だちからのコメントは、発表者に勇気と感銘を与え、教師の目線から見たコメントとは異なる大切なものを多く含んでいる。感想シートを受け取って目を通したとき、発表者のそれまでの緊張は解け、笑顔がほころびる。「やってよかった」という喜びの気持ち、充実感、成就感からだと解釈している。

５．３．プレゼンテーション活動のメリット

ここで、プレゼンテーション活動のメリットを考えてみたい。「私の好きなもの」では、児童が好きなものを紹介するので、それなら、“Show and Tell”と同じではないかと思われるかもしれない。筆者も、活動自体はそんなに気張らずに、“Show and Tell”を少し発展させた形から始めればよいと考える。児童もそれくらいの気持ちの方が取り組みやすいと思われる。

プレゼンテーション活動と“Show and Tell”との違いは、見せるものが実物ではなく、画像等をコンピュータ（パワーポイント）に取り込み、テーマのある作品にする点である。そして、事物の紹介や説明だけでなく、それにまつわる話、取り上げた理由や根拠などを、できる範囲で発信することをめざしている。また、作品の構成を通じて論理的な思考や上手な発信の方法が身につくと考えられる。さらに、ファイルとして保存することができるので、１回限りで終わらず、繰り返し発表でき、後ほどフィードバックすることも可能である。このほかにも、自分のレベルに合わせて調整したり、発表を主活動として位置づけ、発展的に実施することも可能で、プレゼンテーション活動には様々なメリットがある。

発表はあらかじめ準備しておけるので安心である。授業中にリアルタイムで行う会話練習、コミュニケーションゲーム等と異なり、事前に調べたり、準備したりすることができる。授業外で準備するので、自分に必要なだけじっくり時間をかけて調べたり、構成したり、指導を受けたりすることができる。ふだんはおとなしい児童が、すばらしい発表をすることもある。

発表中は一方的に話すことができるので、十分に準備すれば安心して進められ、メモを見れば忘れることを恐れる必要もない。質疑応答が日本語でも可となれば、負担も減るであろう。

５．４．楽しいプレゼンテーション活動

次に、プレゼンテーション活動は、とても楽しい活動である。その理由を考えてみると、まず、自分で主体的に取り組む活動であることが挙げられる。児童は自分でテー

マを決め、題材を集め、スライドを作成し、提示の順番や方法を考えていく。この過程で、自分のアイデアを生かしたり、個性を発揮することができ、これは与えられた教材で学ぶのとは反対の活動である。

プレゼンテーション活動の楽しさに、発表で自分が主役になれることも挙げられる。人前で堂々と発表する機会が与えられ、友だちが聴衆になってくれる。聴衆は、質問をすれば脇役にもなれる。自分の用意したスライドを見て、聴衆が驚いたり、面白がったりするのを見るのは楽しいものである。

また、発信する喜びを感じる児童も多い。発表は「伝える、伝わる」という楽しさを味わうことができるからである。スライドを提示しながら行うので、言葉が少なくても内容が伝わり、言葉だけに頼るスピーチよりも容易である。視覚的な情報（絵図・写真等）が言葉によるコミュニケーションの助けとなるからである。

言葉の学習が第一だという考えもあるが、小学校外国語活動では、積極的にコミュニケーションを図ろうとする態度や素地を培うことを掲げている。この態度や素地が培われれば、言葉の学習は少しずつそれに伴ってくると思われる。自分の発表にはどのような表現や語彙が必要かということに気づいたとき、児童はそれを求めるであろう。そうして獲得した表現や語彙は、本当にその児童のものとして身につくと考えられる。

6．おわりに

本稿では、プレゼンテーション活動を取り入れた小学校外国語活動の授業を提案した。児童の主体的な活動を通じて、国際的に通用し、実践的、かつ、発信型コミュニケーション能力の素地を楽しく身につけられる可能性を理解していただけただろうか。プレゼンテーション活動は英語活動に限らず、他の外国語教育（例えば、日本語教育）や他の教科活動でも取り入れられる学習形態である。自分で考え、意思決定し、論理的に組み立て、適切な言語表現を用いて積極的に発信する力は、現代社会を生きていく上で誰もが求められている能力だと思われる。よって、本稿では、「英語」と特定する必要がある場合を除き、すべての説明に「言語」「言葉」「外国語」という表現を用いてきた。プレゼンテーション活動は日本語で実施しても、十分に３つの能力の素地を培うことができると考えている。英語活動においては、児童ができる部分を英語で発表してみるという気持ちで取り入れてはどうだろうか。

最後に、筆者は大学において様々な形でグローバル教育を進めている。稲葉（2011）は、留学生の日本語教育にプレゼンテーション活動を取り入れて行った授業の実践報告である。稲葉（2012）は、外国からの招聘研究者のプレゼンテーション活動を利用して、グローバル人材の育成をめざした研究報告である。稲葉（2008）は、国際交流を通じて大学生のグローバル・リテラシー（国際対話能力）の向上がどれくらい進んだかを調査した研究である。これらの研究は、どれも異文化理解を扱っているので、プレゼンテーション活動の実践の参考になればと思い紹介させていただき、筆を置きたい。

【参考文献】

稲葉みどり（2008）.「国際交流と学生のグローバル・リテラシーの向上－アンケート調査による効果の分析」『愛知教育大学教育実践総合センター紀要』11, pp.33-40.

稲葉みどり（2011）.「アウトプット重視の日本語授業の構想創り－自己紹介のプレゼンテーション作成と発表」『教養と教育』11, pp.1-8.

稲葉みどり（2012）.「愛知教育大学におけるグローバル人材の育成の取り組み－タイからの招聘研究者を人的資源として－」『愛知教育大学教育創造開発機構紀要』2, pp.19-27

高橋美由紀（2011）.「文字指導とリテラシー（読み書き能力）」高橋美由紀・柳善和（編著），『新しい小学校英語科教育法』pp.160-171, 協同出版.

中央教育審議会（1996）. 中央教育審議会答申「21世紀を展望した我が国の教育の在り方について（第一次答申）第3部第2章 国際化と教育」.

第1部

第8章 異文化理解をめざした外国語活動—ゲストを活用した授業の進め方

稲葉 みどり・愛知教育大学教授

1．はじめに

ここでは、異文化理解を主目的とした小学校外国語活動の方法を取り上げる。この授業では、外国人のゲストを迎え、その国・地域や文化等についてICTを利用したプレゼンテーションをしてもらい、文化、習慣、考え方の違い等に関して理解を深めることを目的とする。ゲストを迎えて行う異文化理解の授業には、大きく分けて3つの活動方法が考えられる。ゲストに自分の国・地域等を紹介してもらい、児童はそれを聞く着信型の活動、児童がゲストに何か紹介したり、意見交換したりする発信型の活動、ゲストと一緒に歌う、話す、遊ぶ等の交流型の活動である。ここでは、プレゼンテーションを聞くという着信型の活動を主軸とし、質疑応答や意見交換を行う発信型の活動と外国語体験や交流活動を組み合わせた異文化理解の授業づくりを考える。この授業は、異文化理解の活動を通じて、児童の異文化に対する興味・関心を高め、世界への外向き志向を促進し、グローバル人材の基礎的資質を培うことをめざしている。

以下では、異文化理解教育の必要性と意義、授業の指導目標、授業構成と指導手順や授業づくりの方法について述べ、活動例を用いて具体的な授業の進め方を紹介する。

2．異文化理解教育のめざすもの

2.1．グローバル人材の基礎的資質を培う

グローバル化が加速する21世紀においては、豊かな語学力・コミュニケーション能力や異文化体験を身につけ、国際的に活躍できる「グローバル人材」を我が国で継続的に育てていくことが求められている（内閣官房，2012)。文部科学省（2011）では、グローバル人材とは日本人としてのアイデンティティを持ちながら、広い視野に立って培われる教養と専門性、異なる言語、文化、価値を乗り越えて関係を構築するためのコミュニケーション能力と協調性、新しい価値を創造する能力、次世代までも視野に入れた社会貢献の意識などを持った人間であり、このような人材を育てるための教育が一層必要であることと提言されている。

しかし、2004年以降、海外へ留学する日本人学生の数は減少に転じ、特に米国の大学に在籍する日本人学生数は大きく落ち込んでいる。さらに、新入社員に対するアンケートでは、海外での勤務を希望しない者が増えていることが報告されている（内閣

官房，2012)。若者の内向き志向はますます高まる傾向にあり、日本の学校ではグローバルに活躍する人材の育成が急務となっている。このような人材の育成は、大学などの高等教育機関に入ってからでは追いつかず、小学校の段階から海外に目を向け、日本と異なる社会や文化に興味・関心を持ち、自国との考え方や価値観の違いに気づき、お互いを認め、尊敬し合うような人間関係を築いていける素地を培うことが必要である。小学校外国語活動は、その意味で、大きな役割を担っていると言える。

2．2．異文化理解の授業の指導目標

グローバル人材育成戦略（内閣官房，2012）では、「グローバル人材」の概念を「語学力・コミュニケーション能力」「主体性・積極性、チャレンジ精神、協調性・柔軟性、責任感・使命感」「異文化に対する理解と日本人としてのアイデンティティ」という3つの要素を含むものと定義している。異文化理解はこの中の3番目の要素に相当する。小学校学習指導要領（文部科学省，2008a）の外国語活動の目標・内容は、これらの要素を指導の中軸とし、異文化理解に関わる内容2では以下のように記されている。

第2　内容

2．日本と外国の言語や文化について、体験的に理解を深めることができるよう、次の事項について指導する。

⑴ 外国語の音声やリズムなどに慣れ親しむとともに、日本語との違いを知り、言葉の面白さや豊かさに気付くこと。

⑵ 日本と外国との生活、習慣、行事などの違いを知り、多様なものの見方や考え方があることに気付くこと。

⑶ 異なる文化をもつ人々との交流等を体験し、文化等に対する理解を深めること。

ここで取り上げる授業は、学習指導要領の内容2の3つの指導内容に準拠している。具体的には、ゲストによる国・地域の伝統や文化等の紹介により、文化の多様性や考え方の違いを知ることができる。ゲストが母語とすることばを聞いたり、言ったりすることにより、日本語とは異なる発音や表現等を体験する。プレゼンテーション、質疑応答、意見交換、会話等を通じて異なる文化を持つ人と直接交流する機会を提供する。

また、小学校学習指導要領の内容の取り扱いの項目では、CD／DVD等を活用することが示されてるが、ここでは、パソコンとプロジェクタというICTを活用し、パワーポイント等を用いて作成したプレゼンテーションを行う。ICTを活用すれば、教室に

持ち込めないものを提示することができ（柳，2011）、児童の興味や関心をより一層高めることが期待できる。

2．3．英語はどうするの？

ゲストのプレゼンテーションによる異文化理解の授業は、英語でも日本語でも、両言語の併用でも実施することができる。教師は、対象となる学習者（ここでは児童）の語学のレベルに応じて、使用する言語の難易度を調整したり、使用する場面を選ぶ等の調整を行う。また、この授業では、ゲストを英語圏以外から迎えることも想定している。したがって、英語の堪能なゲストもあれば、そうでない場合もある。また、日本語が話せない場合もある。教師はゲストと相談して、使用する言語を決めるようにする。

パソコン等のICTを活用したプレゼンテーションでは、写真、動画、図、音声等の視聴覚情報が理解を大きく助ける。ことばは十分に理解できなくても、情報は伝わるので、あまり神経質になることはない。筆者の私見では、異文化理解の授業や活動は、必ずしも英語（外国語）で行わなくてもよいと考えている。通常、小学校高学年の外国語活動では、プレゼンテーションをすべて英語で行うと、内容がかなり制約され、簡素化されるであろう。それよりも、コミュニケーションがうまくいく最善の方法で実施し、内容の深さを追求した方が、双方の発言を促す上でメリットが多いと考えている。教師が通訳して補助するのもよいと思われる。ことば以外の様々なコミュニケーションの手段を駆使して、お互いが意思疎通を図ろうと努力することは、無理して英語を使ってコミュニケーションするよりも授業を楽しくすると思われ、それが真の異文化コミュニケーションを促す活動の1つだと考えている。

2．4．授業の根底にある異文化理解の理念

溝上・柴田（2009）は、「異文化」というとしばしば外国を想起するが、アメリカのような多民族社会では、異文化は自文化に対する「多（他）文化」を指し、日本のように一民族が9割以上を占める同質的な社会とでは、自文化と他文化、異文化のとらえ方が異なることを指摘している。また、異文化とは外国文化のことだけでなく、1つの国の内部にも階級、性、地域、年齢、学歴、職業、方言等の差異に基づいて様々な次元で文化が存在していると述べている。筆者は、グローバル人材育成における異文化理解は、国境・言語を必ずしも与件とせず、内外を問わず多くの次元で自分とは異なる他者や他集団の文化との価値観の差異に開かれた心を持つことだと考えている。したがって、ゲストとなるのは、同じ学級にいる外国人児童でも、その保護者でもよ

いと思っている。

小学校学習指導要領解説外国語活動編（文部科学省，2008b）の外国語活動の目標では、「外国語」という表現が用いられているが、取り扱いの項目では、「英語を取り扱うことを原則とする」とされている。英語学習とその背景文化の理解の必要性については認めるものの、それとは別に、英語以外の言語圏の言語や文化を扱う異文化理解の授業の導入も必要だと考えている。英語以外の言語と文化に目を向けることで、英語や英語の文化に対する視野が広がるからである。

高橋（2011：p.236）は、コミュニケーションの手段として英語の能力があっても、相手に伝えるべき内容を持たなければ無意味であり、自分の意思を他人に明確に伝えるための表現力、自分の文化に対する自覚や感性、内容に対する創造力が重要であると述べている。また、米田（2011：p.112）は、英語教育の最終目的は、文化の異なる人と主体的にコミュニケーションする児童・生徒の能力を伸ばすことであり、異文化間コミュニケーションに必要な知識、理解、コミュニケーション技能の育成をめざすべきもので、国際理解教育の視点から英語教育をとらえ直すことが求められていると主張している。これらの資質は、英語圏の文化のみでなく、それ以外の言語文化を学習、理解することでより高められると思う。高橋（2011：p.236）の提言「英語ができれば、それだけで国際人になれるという思い込み」を捨て、異文化理解、多（他）文化を通して、様々な価値観に触れ、いろいろな考え方ができるような人になることは国際人への第一歩だと考えている。ここで紹介するゲストのプレゼンテーションによる授業は、このような筆者の考え方が基盤となっている。

3．授業の構成と指導手順

3．1．教師が準備段階で行うこと

3．1．1．準備の大筋

ここで紹介する異文化理解の授業では、外国人（または異なる国・地域や環境で育った経験のある人）をゲストとして迎え、その国・地域の文化・社会等についてのプレゼンテーションをしてもらう。教師、児童はそれを聞き、質疑応答や意見交換をする。教師はゲストを見つけ、事前の打合せをしながら授業を計画する。児童もゲストを迎えるにあたって、事前の下調べや質問等を考えて授業に臨む。

図1は、授業当日までの教師の準備の大筋を図式化したものである。ゲストが決まったら、教師はまずその人と会って授業の依頼や打合せをする。ここではそれを「顔合わせ」と呼ぶことにする。次の面会では詳しく授業の打合せ（「プラニング」）を行う。そして、授業の当日には「リハーサル」を行う。以下では、授業までに教師が行う準

備と各段階で作業内容について説明する。

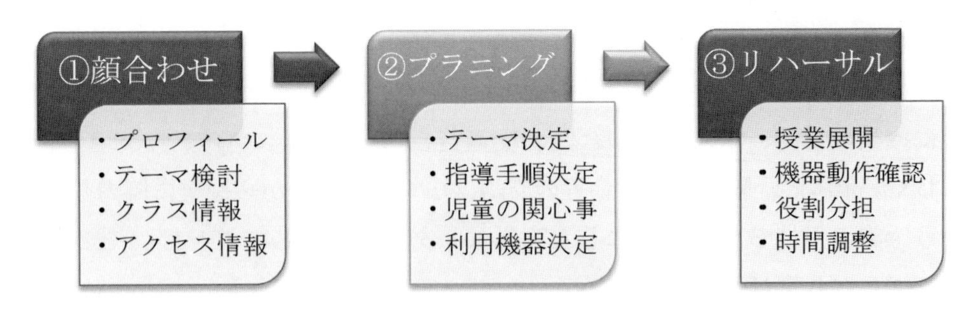

図1　授業当時までの教師の準備

3．1．2．ゲストを見つける

教師が最初に行うのは、ゲストを見つけることである。ゲストは身近にいる外国人や、近隣の地域に住む異なる国・地域や環境で育った経験のある人に依頼する。同じ学校にいる外国籍児童やその保護者でもかまわない。もしゲストが見つからない場合は、近隣の大学の国際交流センターや留学生センター等の機関に連絡してみるとよい。このような機関では、たいてい留学生や研究者と学校・地域との交流を推進しているので、ゲストを紹介してもらえる可能性が十分にある。ちなみに、筆者の所属する愛知教育大学では、教員養成大学という特色もあり、留学生が近隣の小学校、中学校等の授業や行事に招かれることが多く、国際交流が盛んである。日本語の授業等を通じて、自己紹介や自分の国・地域や文化の紹介をするプレゼンテーションを作成し、地域交流に活用している。日本の学校を訪問することは、留学生にとっても日本の教育を知るよい機会なので遠慮する必要はない。

3．1．3．ゲストとの「顔合わせ」

ゲストが決まったら、教師はゲストと「顔合わせ」をする。お互いの自己紹介等を通じて、ゲストのプロフィールを把握し、出身地、日本滞在歴、国・地域の特色、趣味等からプレゼンテーションに適した内容を探るようにする。

次に、授業を受ける児童やハード面の情報を提供する。対象となる学年、人数、時間、外国語活動やクラスの様子、利用できる機器等を伝えるとともに、それ以前に同じようなゲストを迎えた活動があれば、その内容等を紹介すると、ゲストの参考になる。

そして、どのような授業にするかの大枠を相談する。授業の目的を明確にし、教師からの希望や注文があればあらかじめ伝えておく。児童の学習背景、興味等に配慮しつつ、ゲストの関心事や希望等を取り入れてプレゼンテーションの内容を決定する。方向が決まったら、次回の打合せ「プラニング」までに、ゲストにも活動案（紹介する内容）を考えておいてもらうように依頼しておく。このような活動が初めてという人もいるので、できるだけ細かい情報交換と綿密な打合せが大切である。

最後に授業の日時、学校までの経路、交通費や謝金の支給の有無等について明確に伝えておく。筆者の経験では、謝金等の支給はなくても学校から授業に協力してもらったという感謝の気持ちをことばにした簡単なレターを作成して渡せば、その人のキャリアアップになり喜ばれると感じる。

３．１．４．授業の「プラニング」

第２回目の打合せ「プラニング」では、授業でどのようなことをするのかを具体的に決定する。教師は、「顔合わせ」で得た情報や事前学習で収集した児童の関心事を基に指導計画を作成し、ゲストに提示する。ゲストからの提案も取り入れて指導案の調整を行い、ゲストには児童からの質問を伝える。ゲストからも児童に対して質問してもらうと、双方向の異文化コミュニケーションが展開できる。

指導計画が決まったら、授業の進め方、文化紹介等の手順、機器の利用方法、担当教師の役割等を確認する。教師主導で授業を進める方法、ゲストに進行もすべて任せる方法等が考えられるが、ふだん児童に接している教師が、児童の理解度を確認しながら授業の進行役を務めるとスムーズに進められると思われる。

３．１．５．当日の「リハーサル」

３回目の打合せで、プレゼンテーションの「リハーサル」を行う。事前に最終確認の機会を持つのが理想だが、時間の制約もあるので、当日、少し早めに学校に来てもらい、教室、授業の手順、機器の動作等を確認しておく。可能な限りノートパソコンを持参してもらうと安心である。特に動画や音声は、パソコンが異なると再生できないことがあるので、事前に試しておくことが必要である。さらに、メールや電話を利用して、できるだけ事前に連絡を取り合えば、ゲストも教師も安心して当日を迎えられるであろう。そうしたゲストと教師の打合せを通じた人間関係作りが、当日息の合った授業を可能にし、活動を成功させる秘訣の１つだと信じている。

３．２．児童の学習活動

３．２．１．活動の流れ

この授業で、児童が行う活動の大きな流れを説明する。**図２**は児童が行う活動の流れを図式化したもので、児童が行う作業も大きく３つの部分に分けられる。児童はまず、「授業準備」として下調べ等を行う。次に「授業」を受ける。授業後、「まとめ」としてふり返り等を行う。

以下では、児童の行う準備と各段階で行う作業内容について説明する。

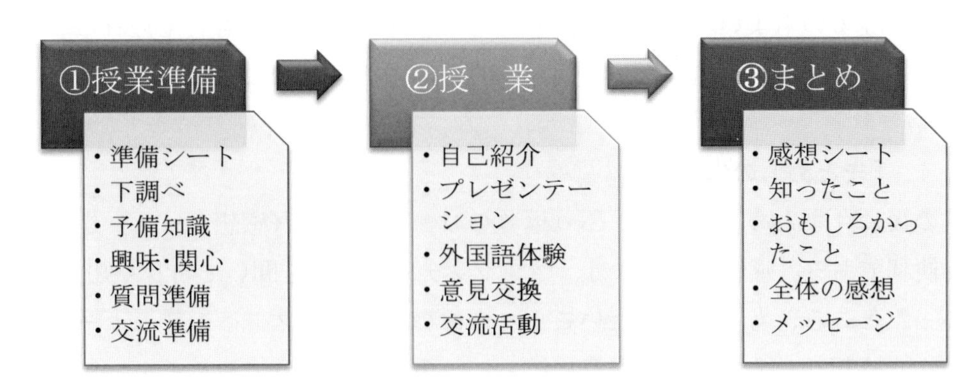

図２　児童の活動

３．２．２．「授業準備」で行うこと

ゲストとの「顔合わせ」が終わったら、教師は児童に授業の計画（日時、内容等）について説明をし、児童は、授業に向けて事前準備を始める。準備では、ゲストの国・地域についての予備知識を得ること、質問等を明確にして主体的に聞く準備をすることを目標とする。準備のためのワークシート（準備シート）を作成して、児童がその国・地域について知っていること、調べたこと、興味・関心のあること等を書くように指導する。ゲストへの質問も考え、こうした活動を通して主体的に聞く姿勢を培っていく。

教師は、準備シートの内容を参考にしてメインテーマを決める。教師は児童が興味・関心を持っていることや質問したいこと等を前述の「プランニング」の段階でゲストに伝えておく。その際、準備シートのコピーを渡してもよい。

３．２．３．「授業」の流れ

プレゼンテーションの授業の進め方の例としては、最初に自己紹介を行い、次に出身国・地域などを地図で確認し、風土、気候等について話してもらう。そしてメインテーマに移る。その後、ゲストの母語について学び、簡単な挨拶や単語等をクラス全員で言ってみる。

次に質問・意見交換であるが、教師が質問や意見を出すことも可能である。この時、児童が名札をつけていると、ゲストが指名するときにスムーズとなる。個人を大切にする文化では、名前を呼ぶことを大切にする。名札は、ニックネームをローマ字で表記すると呼びやすいであろう。

質疑応答の後には交流の時間を設ける。交流の内容はクラスで決める。ゲストが児童に質問する時間とすることもできるし、ゲストにその国の衣装等を持ってきてもらい、それを見るのもよい。児童が用意してきた物を見せることも考えられる。一緒に写真を撮ったりお菓子を食べたり、遊んだりすることも交流になる。

３．２．４．「まとめ」の作業

授業の後に「まとめ」を行う。ふり返りのワークシート（感想シート）を作成して使うと便利である。感想シートには、プレゼンテーションを聞いて新しく知ったこと、面白かったところ、もっと知りたいこと、全体の感想、ゲストへのメッセージやお礼等を書く。感想シートは事前に児童に渡して、内容を説明しておくとよい。

感想シートはゲストにも渡す。感想シートを見て、ゲストは児童がどのように感じたかを知ることができる。教師にとっては、児童がどのようなことを学んだかを知る手がかりになる。児童一人ひとりがどのように感じ、どのようなことに興味・関心を持ったかを分析し、授業の省察の参考にしたい。

４．授業の構成例：インドネシアの学校生活

４．１．事前準備

ここでは、インドネシア人をゲストとした授業の構成例を紹介する。この構成例は、筆者が大学生を対象として実際に行った授業（稲葉、2013a）を基に構成したものである。対象年齢が異なっても、準備や活動の基本的な流れは同じである。

教師はゲストとの顔合わせで収集した情報を基に、テーマを決定する。本事例のゲストは、教員養成大学に所属する教員研修留学生である。母国では教員をしていて、日本へは情報教育の研修に来ている。日本滞在歴は約１年で、英語と日本語が堪能である。打合せの結果、今回の授業では、「インドネシアの学校生活」をメインテーマとしたプレゼンテーションをしてもらうことになった。ゲストが教員であるということ、児童にも身近な話題であるということが理由である。**表１**は、テーマ、学習目標、主な活動のまとめである。

表1　テーマ・学習目標・主な活動

テ　ー　マ：「インドネシアの学校生活」ほか
学習目標：インドネシアの学校生活について理解を深める／活動を楽しむ
主な活動：プレゼンテーションを聞く／質問／意見交換／交流／ふり返り

テーマが決まったら、授業準備で使うワークシート（準備シート）を作成する。**表2**は、準備シートの作業項目の例である。まず、インドネシアについてどのようなことを知っているかをクラスで出し合っていく。馴染みの深い国もあれば、そうでない場合もあるので、児童たちがどのくらいその国・地域について知っているかを認識することから始める。

表2　授業の準備シートの作業項目例

1	インドネシアについて知っていることを書きましょう。
2	インドネシアについて調べたことを書きましょう。
3	インドネシアの学校生活について知りたいことは何ですか。
4	インドネシアについて興味・関心があることは何ですか。
5	ゲストへの質問を書きましょう。

次にインドネシアについて調べる。調べ学習の方法は時間的な余裕の有無にもよるが、例えば「何か１つ調べたことを書こう」と限定すると、児童の負担が軽くなると同時に、何を調べるかを考えることで、主体的な取り組みを促すことができる。

メインテーマの「インドネシアの学校生活」に関しては、想像もつかず質問を考えるのが難しいと感じる児童もいるかもしれないので、どんな科目を勉強するか、給食はあるか、クラブ活動はあるか、学校行事や規則等、児童の身近な事柄に関する質問を挙げてみるとよい。そして、気候、習慣、伝統、宗教、服装、料理、物価等、調べ学習を通じて、児童が興味・関心を持ったことを自由に書かせていく。

最後はゲストへの質問である。インドネシアの文化や社会に関する質問、ゲスト自身の考えに関する質問、日本の生活についての感想も聞くとよいであろう。筆者の経験では、日本に来て驚いたこと、日本と自国の生活の違い等、ゲストの考えや見方がわかる話題はとても盛り上がる。ゴミの捨て方の違い、物価の違い、乗り物、買い物、レストラン等でのマナー等、様々な話が聞けるように時間にも余裕を持つようにしたい。

4．2．授業の流れ

ここまで来れば児童の準備は万端である。いよいよゲストを迎えてプレゼンテーションに入る。ここでは、**表3**に示した5つの話題を計画してみた。はじめに、ゲストに自己紹介をしてもらう。次に、画面の地図でインドネシアの位置や地形を確認する。多くの島からなるインドネシア、いくつの島からなるのだろうか。人口はどれくらい、首都はどこ、何語を話すのか等をクイズにする。

表3　プレゼンテーションの内容

1	ゲストの自己紹介（所属／日本滞在歴／趣味等）
2	インドネシアの地形／風土／気候／人口／首都／言語／宗教
3	インドネシアの学校／日課／朝礼／外国語学習／昼食／課外活動／規則／制服／学年暦／進級試験／校歌／日本語学習／日本文化への興味等
4	インドネシア語の紹介／簡単な挨拶／文字／音楽・歌（ポップス等）
5	日本の感想／日本に来て驚いたこと／インドネシアとの違い等

メインテーマ「インドネシアの学校生活」に移る。インドネシアでは、公立のほとんどの学校で制服を着る。制服はすべて同じデザインで、小学生は上が白のカッター、ブラウスで下が赤のズボン、スカートである。中学生は上が白、下が青、高校生は上が白、下が灰色である。また、月曜日は下も白、木曜日か金曜日には上が柄入りのシャツといったように、曜日によって制服を変える。

公立学校では、授業は朝の7時頃に始まり、13時頃に終わる。昼食は学校ではとらない。常夏のインドネシア、新年度は何月から始まるのだろうか。英語の授業は小学校1年生からある。小学校の最終学年になると、学力を測る標準テストを受け、このテストに合格しないと卒業できない。また、テストの点数で入れる中学校の候補が決まる。高校も同じ方法で入学する。インドネシアでは日本語学習が盛んで、日本文化やサブカルチャーに対する関心はとても高いようである。以上は、実際のプレゼンテーションから筆者が得た知識である。

次は、インドネシア語に触れる時間である。インドネシア語で「こんにちは」「ありがとう」「きれい」「おいしい」「好きです」等、簡単な表現を教えてもらい、みんなで言ってみよう。「おもしろいですか」「はい、おもしろいです」等の対話もできる。インドネシア語で何と言うか、聞きたいことばを児童に挙げてもらうのもよいだろう。ふだん聞いたことのないことばの音声を、児童は新鮮に感じるだろう。

最後に、日本に来て驚いたことや、日本の生活の感想を話してもらう。この項目は、児童からの質問と重複するかもしれないが、教師が調整すればよい。質問の時間と交流の時間を合わせてもよいし、状況に応じてアレンジをする。

４．３．まとめとふり返り

授業の後にはまとめを行う。この授業では、異文化について知り、また授業を楽しむことも主眼としているので、事後の活動も楽しさを持続できるように気を配るようにする。筆者は、「感想を書こう」（**表４**）という感想シートを用意し、「新しく知ったこと」「おもしろかったところ」「もっと知りたいこと・質問」「全体の感想」「ゲストへのメッセージ」等の項目を設けて授業のふり返りをしている。シートをあらかじめ渡しておけば、メモを取りながら聞くことが可能である。

事後の感想シートは、コピーを保存し、原本は写真とともに冊子として製本し、ゲストに渡している。筆者の経験では、この冊子はゲストにとても喜ばれている。自分のプレゼンテーションを聞いて児童がどのような感想を持ったかについて関心があるようである。

表４　「感想を書こう」の項目例

1	新しく知ったことは何ですか。
2	おもしろかったところは何ですか。
3	もっと知りたいことや質問はありますか。
4	全体の感想を書きましょう。
5	ゲストへのメッセージを書きましょう。

５．ここから始まる異文化理解

インドネシアからのゲストによる授業の構成例を紹介したが、実は異文化理解はこの後から始まると考えている。プレゼンテーションにより、児童はインドネシアの学校文化に関するある程度の知識を得て、日本の学校と異なる点が多々あることに気づくであろう。例えば、インドネシアでは学校は日本より朝早く始まり、昼頃には終わる。昼食は学校ではとらない。お弁当も持って行かないようである。これはなぜであろうか。気候や風土は関わりがあるのだろうか。また、公立の学校では、小学校からみな同じ制服を着るのはなぜだろうか。曜日によって制服が変わるのはどうしてなのか。インドネシアでは現在なぜ日本語学習熱が高いのだろうか。社会的背景とどのように関わっているのか。

できればクラスで、日本とインドネシアの学校や文化の差異を比較し、なぜこのような差異が生まれるのかを話し合う機会を設けたい。そうすることによって、異文化理解は深まっていくのだと考える。宋（2008）は、国際感覚とは自分と相手とを相対的に見つめることで、初めて気づく共通点と相違点とをきちんと受け止める感覚であると述べている。そして、これを小学校での外国語活動に当てはめると、異文化に触れる様々な活動の中で、自分たちとは「違う何か」に気づき、では「自分たちはどうだろう」と自文化を振り返るという経験をさせるということが必要だと主張している。さらに、自分と異なる他者と交わる中で、様々な価値観に触れたり、ものの見方・考え方に気づき、今まで知らなかった異なる伝統や文化に触れることで、そこに込められた人々の願いや多様な考え方などを学び、比較を通じて自文化を再認識していく。ゆえに、「異文化理解教育」は、同時に「自文化理解教育」であると述べている。

本稿の最初で述べたように、筆者の考える異文化理解とは、単に日本以外の国に関する静的な知識を得て蓄積することではない。日本とは異なる文化があり、その文化にはそれなりの背景や理由があることを理解することで、自分と異なる文化を持つ人を認め、尊敬する素地を培うことができると考えているからである。そして、日本の文化（自文化）が世界の多様な文化の１つであることに気づき、自分の見方や物差しが、あくまで相対的なものであることを認識し、差異に対して開かれた心を持ち、自分とは異なる他者と尊敬に基づく人間関係を築いていけることが、異文化理解だと考えている。

6．多文化・多言語共生社会における異文化理解教育の方向性

国際化の進展等による海外帰国者や日系人等のいわゆる「ニューカマー」と呼ばれる外国人が増加し、日本の学校は多文化・多言語化している。文部科学省（2010）の調査によると、公立の小・中・高等学校、中等教育学校及び特別支援学校に在籍する外国人児童生徒は２万8,551人いる。このような日本国外にエスニック・ルーツを持つ子どもたちは、多様な背景を持ち、母語もポルトガル語、中国語、フィリピノ語、スペイン語、ベトナム語、韓国・朝鮮語、英語等と様々である。日本は多文化共生の時代に入り、人々が自律、協働する社会に向かっている。異文化理解は、国際理解だけでなく、国内理解、地域理解も含めなければならないと思われる。そして、異文化理解教育は、小学校から大学、そして生涯教育に至るまで継続的に行っていく必要性を感じている。筆者の異文化理解、交流をめざした取り組みとして、稲葉（2010）、稲葉（2011）、稲葉（2012）、稲葉（2013b）を文献に紹介するので、興味を持った方はご参照いただきたい。

【参考文献】

稲葉みどり（2010).「英語イマージョン・ルームの開設－プロジェクトの役割と今後の可能性－」『教育実践総合センター紀要』13, pp.37-44.

稲葉みどり（2011).「英語イマージョン・ルームの活動－自律的な異文化交流の推進」ウェッブマガジン『留学交流』8.

稲葉みどり（2012).「愛知教育大学におけるグローバル人材の育成の取り組み－タイからの招聘研究者を人的資源として－」『愛知教育大学教育創造開発機構紀要』2, pp.19-27.

稲葉みどり（2013a).「インドネシアからの招聘研究者との連携による異文化理解の授業実践－グローバル人材の育成に向けて－」『教育創造開発機構紀要』3, pp.53-61.

稲葉みどり（2013b).「グローバル人材の育成に向けた授業と活動の構想－愛知教育大学での実践を基に－」『2013教科開発学研究会発表論文集』pp.46-51.

宋誠（2008)「小学校での異文化理解教育で大切にしたいこと」『英語教育』2008, 3.

高橋美由紀（2011).「これからの小学校英語教育の発展」高橋美由紀・柳善和（編著),『新しい小学校英語科教育法』pp.229-239, 協同出版.

内閣官房（2012)「グローバル人材育成戦略」グローバル人材育成推進会議審議まとめ（2012年6月4日).

溝上由紀・柴田昇（2009)「「異文化理解」と外国語教育－教養教育の一形態として－」『愛知江南短期大学紀要』38, pp.31-42.

文部科学省（2006).「国際社会で活躍する人材の育成」『平成18年度文部科学白書（第2部第10章第1節)』pp.362-367.

文部科学省（2008a).『小学校学習指導要領』東京：東京書籍.

文部科学省（2008b).『小学校学習指導要領解説　外国語活動編』東京：東洋館出版社.

文部科学省（2010).「日本語指導が必要な外国人児童生徒の受入れ状況等に関する調査（平成22年度)」の結果. http://www.mext.go.jp/b_menu/houdou/23/08/__icsFiles/afieldfile/2011/12/12/1309275_1.pdf.

文部科学省（2011).「産学官によるグローバル人材の育成のための戦略」産学連携によるグローバル人材育成推進会議（平成23年4月28日）資料.

柳善和（2011).「ICTを利用した小学校英語教育」高橋美由紀・柳善和（編著),『新しい小学校英語科教育法』pp.114-123, 協同出版.

米田尚美（2011).「国際理解教育」, 高橋美由紀・柳善和（編著),『新しい小学校英語科教育法』pp.104-113, 協同出版.

第9章 国際理解・異文化間コミュニケーションと小学校外国語活動

米田 尚美・岐阜聖徳学園大学非常勤講師

1. 小学校外国語活動のねらい

2011年の学習指導要領改訂により、小学校5・6年生を対象として「外国語活動」が新設された。小学校における外国語教育は、20年におよぶ検討を重ねて、ようやく必須化の運びとなった。その学習指導要領によると、小学校における外国語活動の目標は、「外国語を通じて、言語や文化について体験的に理解を深め、積極的にコミュニケーションを図ろうとする態度の育成を図り、外国語の音声や基本的な表現に慣れ親しませながら、コミュニケーション能力の素地を養う。」とされており、言語習得を目的とせず、コミュニケーション能力の育成がねらいであると定められている。また、「外国語活動」新設に至るまでは、「総合的な学習の時間」を活用した「国際理解教育」の一環として英語活動が導入されるようになったという経緯がある。

前述の小学校外国語活動の目標は、「言語と文化に関する事項」、「コミュニケーションに関する事項」、「外国語の音声や基本的な表現に関する事項」という3つの項目からなり、その内容は、主としてコミュニケーションに関する事項、主として言語と文化に関する事項の2つが示されている。つまり授業では、「他者と積極的にコミュニケーションを図る」、「異なる言語や文化を理解する」といったことを外国語を通して行うことによって、外国語の音声や基本的な表現に慣れ親しむことが望まれる。

小学校段階で外国語活動を行う際には、英語は「コミュニケーションに関する事項」と「言語と文化に関する事項」の2つの目標を達成するための道具として使用するということを常に頭の片隅に置き、決して英語の運用能力の向上に主眼をおいて指導してはならないということを忘れないでいただきたい。

2. 国際理解・異文化間コミュニケーションとは

「国際理解」とは、国際社会を構成する国民・民族が個人および国家の協力・協調の関係を築くため、国民・民族の個人の生活と文化の様式や体系、実態などを相互に理解し合うことである。国際連合の専門機関であるユネスコは、国際理解教育の中心目標を、人権教育を基盤とした国際理解と国際協力の態度の育成と掲げている。具体的には、生命に対する畏敬の念と基本的人権の尊重、異文化に対する理解と尊重、自国の文化の理解と尊重、意思の疎通を図るコミュニケーション能力の育成、自国の利益のみにとらわれずグローバルな視点を持つこと、共生の認識の育成などについて述べており、このユネスコの国際理解教育の理念は我が国の教育にも生かされている。

しかし一般的に「国際理解」ということばは、「国際」という用語が「国家間」を意味し、「国内」を含まないと捉えられるため、私たち日本人は国内の異文化の存在を認識しないで、外国の異文化のみに目を向けているという現状がある。同じ日本人でも文化背景は同じではなく、男女間、世代間、地域間など、私たちの日常生活におけるコミュニケーションのほとんどが「異文化間コミュニケーション」であると言うことができる。

学校現場においては、不登校やいじめが問題になってすでに随分年月が経つが、なかなかこの問題については解決の糸口が見えていない状態である。文部科学省によると、小・中学校で児童生徒が不登校となったきっかけと考えられる理由は「友人関係を巡る問題（いじめを含む）」がトップであり、これもコミュニケーション能力不足が一因と考えられる。現代の子どもたちは、自分や他者の感情や思いを表現したり受け止めたりする表現力や理解力に乏しいとされ、豊かな人間関係を築くためには、言語によるコミュニケーション能力を身に付けることが求められている。

また、経団連が2012年に発表したアンケートによると、企業が学生の選考にあたって最も重視した点は、９年連続で「コミュニケーション能力」であった。コミュニケーション能力不足は就職活動にも影響し、その人の人生にも大きくかかわってくるということである。

コミュニケーション能力とは、ことばだけではなく、いろいろな方法で相手と意思を伝達し合う技術であり、自分の意思を思っている通りに伝えられることも大切であるが、最近は相手の気持ちや周囲の状況を感じ取る能力の方がより重要視される傾向にある。自分では相手と意思疎通ができていると思っていても、実際は周囲の人たちから敬遠されてしまっているという人は、自分の意思だけを一方的に伝えている可能性が高いと考えられる。

近年の子どもたちは、携帯電話やパソコン、ゲームなどに費やす時間が多くなり、そのために人と直接話す機会が激減しているのがコミュニケーション能力不足の一因と考えられるが、そのような子どもたちを取り巻く環境について留意すると共に、学校教育現場におけるコミュニケーション能力の育成が必要である。

異文化間コミュニケーションは、文化背景の異なる人への開かれた心と態度、そして、コミュニケーション活動への積極的な参加行動が基礎になっている。このような態度・姿勢は幼い時期から養うことが重要である。小学校段階で様々な異文化に触れさせることによって、子どもたちの興味・関心が広がり、学習がより深まっていくことが期待される。

英語活動が「総合的な学習の時間」から独立し、「外国語活動」として実施されることになったが、単なる言語習得のスキル教育だけにとどまらず、総合学習や国際理解教育・異文化間コミュニケーション活動と英語活動を関連付け、国際社会を生き抜く基礎作りを可能にする方法を見いだすことが今なお必要であり、それこそが小学校において外国語活動を行う本来の目的を達成できる近道ではないかと思う。

３．指導のポイント（国際理解・異文化間コミュニケーションの視点から）

小学校学習指導要領解説（外国語活動編）は、内容の、「コミュニケーションに関する事項」について、単に児童が喜ぶような楽しい活動を行えばよいというものではなく、児童が使える外国語を駆使し、さまざまな相手と互いの思いを伝え合い、コミュニケーションを図ることの楽しさを実際に体験することが大切であることを強調している。そのことを自転車に乗ることができるようになることに例えて、「自転車の構造や乗り方についての知識がどれだけあったとしても、実際に自転車に乗らなければ、自転車に乗ることができるようにはならず、乗る楽しさも経験することができないということと同じである」と解説している。つまり、コミュニケーションの楽しさを味わうことなしに、コミュニケーションへの積極的な態度を育成することは難しいということである。外国語活動においては、まず、「外国語を用いてコミュニケーションを図る楽しさ」を体験させることが大切である。

外国語活動では、多くの表現を覚えたり細かい文法事項を理解したりすることよりも、実際に言語を用いてコミュニケーションを図る体験を通して、それらの大切さに気付かせることが重要である。また、児童に普段使い慣れていない外国語を使用させることによって、言語を用いてコミュニケーションを図ることの難しさを体験させるとともに、その大切さを実感させることが重要である。学習指導要領やその解説においては、「体験」ということばが繰り返し登場し、知識のみによって理解を深めるのではなく、体験を通して理解を深めることを強調している。従って、指導計画を作成する際には積極的に体験的な活動を取り入れ、英語を用いてコミュニケーションを図る楽しさ・難しさを体験する場を頻繁に設けることがポイントとなる。

「言語と文化に関する事項」については、言語や文化についての知識を単に与えるのではなく、言語や文化を題材にして、実際にコミュニケーションを体験することを通して、言語や文化について理解することが大切であると解説している。日本と外国の生活、習慣、行事などを題材としてコミュニケーションを図ったり、異なる文化をもつ人々と交流したりする体験を通して、児童がそれらの違いを知り、多様なものの見方や考え方があることに気付くようにすることが重要である。例えば、世界の食事を扱った活動を通して、国や地域によって食事の習慣が違うことや、ジェスチャーを扱った活動を通して、同じ意味を表すにも国や地域によってさまざまな方法があることに気付かせることができる。

外国語でのコミュニケーションを体験させる際には、音声によるコミュニケーションだけでなく、ジェスチャーや表情などを手がかりとすることで相手の意図をより正確に理解したり、ジェスチャーや表情などを加えて話すことで自分の思いをより正確に伝えたりすることができることなど、言葉によらないコミュニケーションの役割を理解できるように指導することの必要性が述べられている。

このような「言語以外の手段によるメッセージ伝達を非言語コミュニケーションと言い、実は情報のかなりの割合が非言語コミュニケーション」によってやり取りされていると言われている。言語がメッセージの内容を伝えるのに対し、非言語は話し方や相手との人間関係の質を伝えるものであり、さらに言語は話し手の論理や思考の側面を表すが、非言語は感情や情緒面を表すものと言える。特に、外国語を初めて学習する段階での指導においては、児童が自ら理解したり運用したりできる表現が限られているため、ジェスチャーや表情を活用して表現させるなど、コミュニケーションを図る楽しさを体験させるようにすることが必要である。またジェスチャーには、同じ意味を表すものでも、その方法が地域によって違うものがあったり、逆に表情については、地域が違っていてもよく似た意味であったりすることもある。ジェスチャーや表情を比較する中で、日本と外国との違いや、多様なものの見方や考え方があることに気付かせるように配慮する必要がある。

指導計画の作成に際しては、2学年間を通して、コミュニケーションの場面や働きに配慮した体験的なコミュニケーション活動を行わせるにあたっては、児童の日常生活、学校生活など身近で基本的な表現を使いながら、友達とのかかわりから始め、国際理解にかかわる交流などに発展させることを求めている。第6学年では、第5学年での経験をもとに、友達とのかかわりを大切にしながら、世界へのつながりや広がりに関する活動へ発展させていくことをねらいとしており、「世界のさまざまなあいさつ」、「世界の文字」、「世界の子どもたちの生活」、「夢」などを扱うことで、児童の視野を世界へと広げるとともに、日本の文化、国語、自分自身にも興味をもたせることにつながることを期待している。国際理解にも資するこうした内容を、外国語を用いた交流活動などの体験的なコミュニケーションを通して深めていくことで、外国人とのコミュニケーションを図る楽しさを体得することができるとともに、中学校外国語科に向けたコミュニケーション能力の素地をつくることが可能となる。

4．国際理解・異文化間コミュニケーションとの関連を考慮した活動

国際理解・異文化間コミュニケーションと英語活動を組み合わせた内容といえば、世界の国の文化などに関する知識を得ると同時に英語の語彙や表現に触れるなどの活動がよく見受けられる。以下では、学習指導要領の中で繰り返し示されているように、単に知識を得る活動ではなく、体験的なコミュニケーション活動につながることを念頭に置き、国際理解や異文化間コミュニケーションを基盤にした活動を紹介する。

4．1．活動例1「みんなで協力して顔を完成させよう！」

○ 準備するもの

- 世界地図
- 国旗カード
- チャンツ音源
- 世界の子どもの顔ジグソーパズル

子どもの顔ジグソーパズルの例

さまざまな国の子どもの顔のパズルをグループの数だけ作ります。同数の封筒を用意して、全てのパズルを混ぜてバラバラにしたピースを、それぞれの封筒に適当な数入れます。あえて同じ数にしないで、ピースが多い封筒もあれば、少ない封筒もあるようにします。鼻が2つあったり、口が入っていなかったり、封筒の中身は様々です。

○ 活動内容

① 世界の国のあいさつ、国名を世界地図や国旗のカードなどを使用して導入します。世界にはいろいろな目の色、髪の色、肌の色の人たちがおり、それぞれの文化をもち、衣食住・生活習慣なども異なるということや、さまざまな言語を話しているということを確認します。現在、世界中ではいろいろな言葉が話されていますが、母語以外に英語も話せるという人々が多いため、英語を話せるいろいろな国の人たちとかかわることができることを伝えます。下記のサブテキストも利用できます。チャンツなどを利用して国名、それぞれの国の挨拶を定着させることも効果的です。

- Hi, Friends! 1　Lesson 1 “Hello!”
- Sunshine Kids Book 1　Lesson 1「世界の国からこんにちは」
- Learning World 1　P12　Chant “This is China.”

② 顔や体の部分の名称について復習します。“Head, Shoulders, Knees and Toes” などの簡単な歌を利用しながら確認します。

③ 活動で使用する英語の表現の口頭練習を行います。生徒の持ち物などを使って、ペアで口頭練習させます。英語の表現の仕方を忘れてしまった場合、手振り身振りで何とか伝えればよいことを話しておきます。

We need this.
May I have this?
Would you like this ?
Yes. / No.
Here you are.

④ グループに封筒を１つずつ配り、皆で協力してジグソーパズルを完成させるよう指示します。封筒の中には、いろいろな人種の子どもたちの顔のピースが入っています。ただし、封筒の中に入っているピースだけではひとつの顔を完成させることは不可能であり、いろいろな子どもの顔のパーツが混ざっています。また、封筒の中に入っているピースの数は均一ではなく、グループによって多かったり少なかったりします。

⑤ グループごとに各国の子どもの顔のジグソーパズルのピースを組み合わせて顔を完成させます。その際、③で口頭練習したセンテンスを使用しながら、パズルの完成を目指します。ほかのグループとパーツを交換したり、あげたりしてもかまいません。細かいルールは事前に説明せず、自分たちで気付いて協力して完成する中で、相互依存を理解していきます。

⑥ それぞれ完成した子どもの顔を見せ合い、その国の名前やあいさつの仕方を発表します。

⑦ 活動の中では、生徒のいろいろな行動を観察することができます。自分たちの持っているパーツだけでは顔が完成できないとわかった時に、ほかのグループに働きかけて必要なものを得るように自ら動き、お互いがうまくいくように協力する姿が見られます。それに対して、何も働きかけず、ひたすらほかのグループが働きかけてくるのを待っているグループもあります。時には、ほかのグループに無許可で勝手にピースを持って行ってしまい、喧嘩が起こることもあります。自分たちが完成したら、まだ完成していないほかのグループの手助けをする場合もあるなど、さまざまな様子が見られます。また、同じグループ内でも、積極的に行動できる生徒とそうでない生徒がいたりします。自分のグループに与えられたピースの数がほかのグループに比べて少ないことに文句を言う生徒も見らます。このような児童の行動を

客観的に観察することが大きな意味をもつため、あらかじめ活動の様子をVTRに撮っておき、後で振り返ってみてもよいでしょう。

⑧ 活動が終了したら、それぞれのグループが１つ１つの国家であり、そして顔のパーツはその国の資源と考えさせてみます。すなわち喧嘩は戦争であり、他グループへの働きかけは交渉であり、手助けは国際協力と言えます。もともと資源が少ない国もあれば、多い国もあります。果たして自分たちの行動は正しかったのか？　自分たちのグループが完成したら、知らん顔をしないで全てのグループが完成させるために協力できたか？　などを振り返ってみます。具体的には、グループ内でのそれぞれの児童の役割や、グループ間で衝突なく仲良く交換するなど調整しながら進められたかどうかなどについて、活動の振り返りを行います。この活動は、相互依存関係について認識し、お互いが必要とするものを融通し合い、協力することによって、それぞれが満たされ、他と共生することを目指す交流活動として捉えることができます。

このように、体験的な活動を通して児童が実際に感じたこと――フラストレーション、嫉妬、所有感、分かち合った時の感じ、あるいは完成させた時の気持ちなど――を実感することは、助け合うことの大切さを学び、意思の疎通を図るコミュニケーション能力を高め、自国の利益のみにとらわれずグローバルな視点をもつことや共生の認識をもつことにつながる。

４．２．活動例２「発見！外国とのかかわり」

○ 準備するもの

- プリント「身のまわりで外国に関係のあるものを探してみよう」
- 世界地図
- 小さい円形カラーシール

○ 活動内容

① 宿題として、身のまわりで外国に関係あるものを探して表に記載してくるように伝えます（日本語でよい）。

身のまわりで外国に関係あるものを探してみよう。

身のまわりのもの	見つけたもの	その国名
食べ物	トマトの缶詰	イタリア
	紅　茶	スリランカ
衣　服	Tシャツ	中　国
身につけるもの	腕時計	スイス
ニュース	新しい大統領	韓　国
TV番組／DVD	ハリーポッター	イギリス
音　楽	レディーガガ	アメリカ
外国人	近所のロナウド君	ブラジル
その他	自動車	ドイツ

② 家で調べてきたことについて　Do you like ～? / Do you have ～? / Do you know ～? / Where is it from? などの文章を使って、ペアワークを行います。

③ グループごとに世界地図と円形のカラーシールを配布し、地図上で自分の身のまわりにあったものの国を探してシールを貼ります。以下に示すように、項目ごとにシールの色を変えてもよいです。

- 貿易の関係……赤のシール
- メディアの関係……青のシール
- 人の移動……緑のシール

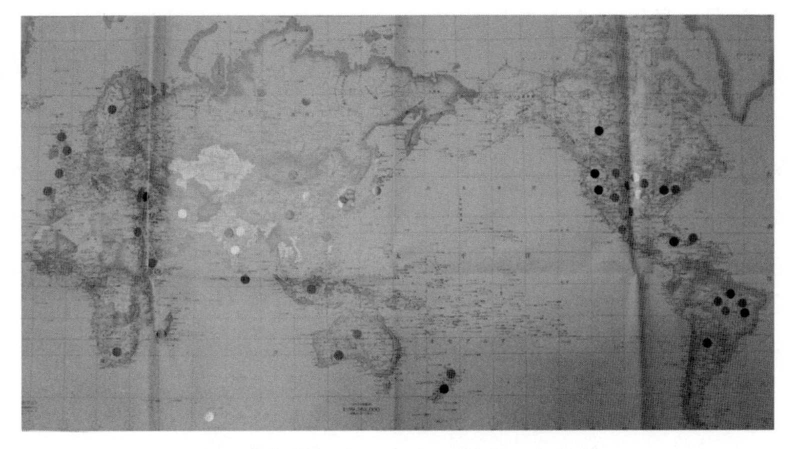

身のまわりにあったものはどこから？

④ シールを貼り終わった世界地図を見て、以下のような考察をします。グループでの考察の後、さらにクラス全体で考察をします。

Q：日本はどこの国との結び付きが深いでしょうか？

Q：それはなぜだと思いますか？

Q：このような関係が全てなくなってしまったら、私たちの今の生活はどう変わるでしょうか？

現在の世界がますます相互依存の関係を深めているという状況の中で、小学校段階で相互依存の関係に適応できる日本人を育成するための国際理解教育を実施することが必要である。まずは、相互依存関係について認識した上で、お互いを理解し、相手が必要とするものを融通し合い、協力することによって、それぞれが満たされ、他者と共生できることを学ぶ。

上記の2種類の活動は、外国語活動の時間だけでなく、社会科や総合的な学習の時間などを利用しながら実施することも考えられるが、小学校だからこそ、このような教科横断的な活動が可能となる。

5．おわりに

小学校における外国語活動は、英語が話せるようになることを重視していない。外国語が話せなくとも、自分の確かな考えをもって人と接することができることが大切である。確かに英語というコミュニケーションを図るためのスキルを身に付けることは重要であるが、それ以前に、文化背景の異なる人への開かれた心と態度、そして、コミュニケーション活動への積極的な参加行動が基礎となることを忘れてはならない。

外国人に限らず、身近な人たちとのコミュニケーションを図ることに臆病では何も始まらない。自分とは違う、異質な立場を受け入れ、思いやりのある生活スタイルの存在を認め、理解することが重要である。他者と交流する中で、自分との違いを認めながら、互いに尊重し合う態度が生まれ、それが国際理解につながる。人種や生活様式への誤解や差別感情を排除しながら、同じ人間としての交流をどう図れるかは、実体験の中でこそ育まれる。

【参考文献】

石坂和夫（1994）『国際理解教育事典』創友社
井上智義（2002）『異文化との出会い！子どもの発達と心理―国際理解教育の視点から―』ブレーン出版
佐野正之・水落一朗・鈴木龍一（1999）『異文化理解のストラテジー』大修館書店
高橋美由紀・山岡多美子（2001）『Sunshine Kids Book 1』開隆堂出版
高橋美由紀・柳善和（2011）『新しい小学校英語科教育法』協同出版
中川喜代子（2000）『地球市民を育む学習』明石書店
中本幹子（2011）『Learning World 1』アプリコット
日本経済団体連合会（2012）「新卒採用に関するアンケート調査結果の概要」
http://www.keidanren.or.jp/policy/2012/058.html
古田暁・石井敏・岡部朗一・平井一弘・久米昭元（2002）『異文化コミュニケーションキーワード』有斐閣双書
松川禮子（2003）『小学校英語活動を創る』高陵社書店
文部科学省（2012）『Hi, friends! 1 』東京書籍
文部科学省HP　http://www.mext.go.jp/
八代京子・荒木晶子・樋口容視子・山本志都・コミサロフ善美（2003）『異文化コミュニケーションワークブック』三修社
八代京子・町恵理子・小池浩子・磯貝友子（2003）『異文化トレーニング』三修社
米田尚美（2008）「小学校における国際理解教育と英語活動」高橋美由紀（編）『これからの小学校英語教育の構想』（第1部10章）アプリコット
吉村峰子（2000）『公立小学校でやってみよう！英語』草土文化
渡邉寛治（2001）『総合的な学習 はじめての小学校英語』図書文化社

第10章 教材研究を通して教員自身の英語力向上を目指す

柴田 里実・常葉大学講師

1. はじめに

英語のみならず、全科目を担当し、担任としてあらゆる指導に携わる小学校教員は、とにかく多忙である。そのような中で、小学校外国語活動（英語）（以下、英語活動）は開始されたが、自分の英語力に自信がないという教員は少なくないようである。実際に、いくつかの研究で、英語の発音や流暢さなど自身の英語力に不安感を持つ教員が多いことが指摘されている（猪井，2009；松宮，2013）。だとすれば、「明日の授業につながるような教材研究」を進めながら、自身の英語力を向上できれば一石二鳥ではないだろうか。ここでは、英語活動に適した教材の探し方、さらにその教材研究を自身の英語力向上へといかに反映させることができるかを、様々なリソースを紹介しながら概観する。

2. 英語活動を円滑に進めるための英語力とは

筆者が、小学校の先生方に英語活動に関する講演や研修を行う際、必ずと言って良いほど、「先生のように英語が得意だったら」という声を耳にする。多くの小学校教員が、英語活動を実施するためには、高い英語力を備えておくことが望ましいと考えているようである。しかし、実際に必要とされるのは、「飛び抜けた」英語力ではない。小学校という場所だからこそ、担任教師にしかできない授業があるはずである。英語力そのものよりも指導力が重要であり、英語に関しては、単元に関わる表現や、内容に関する十分な準備や練習によって、より良い授業を目指すことができるのではないだろうか。

上智大学の吉田研作教授は、小学校で外国語活動が必修化となった際、「各学校や教師に任されていた英語活動が、公式にバックアップされるということは、自分たちがやってきたことは良かったのだと自信を持って取り組んでいってほしい」と、小学校教員が自分の英語活動に自信を持つことの大切さを主張している（吉田，2010）。まずは、教員一人一人が、自分の英語活動および英語力を、否定的に評価するのではなく肯定的に評価し、自信を持つべきではないだろうか。その上で、今日よりも明日、今年より5年後、10年後に、より高い英語力でさらに洗練した授業を実施している自分を思い描き、指導力・英語力の向上を目指すべきだろう。

3．小学校英語活動の最大の使命とは

日々、より良い授業を探求しながら、長い目で見て教員自身の英語力を伸ばしていくとしても、やはり自分の英語活動に自信が持てないという意見が聞こえてきそうである。では、小学校英語活動を実施する上で最低限守るべき「砦」とは何であろうか。前述の吉田教授（吉田，2012）は、小学校英語活動の最大の使命として次の二点を挙げている。

① 児童が純粋にコミュニケーションを楽しむことができること
② 英語を好きになること

児童に純粋にコミュニケーションを楽しませることが、小学校英語活動の使命のひとつであるとすれば、まずは教員自身が英語でのコミュニケーションの楽しさを感じていた方が良いのではないだろうか。苦手意識ばかりが先行し、教員自身が英語でのコミュニケーションを楽しめていなければ、児童に英語でのコミュニケーションを楽しませることは容易ではない。また、児童を英語好きにさせることに関しても、同様のことが言えるだろう。まず教員自身が英語の魅力を感じ、その面白さを実感し、英語を好きでいることが、児童を英語好きにさせることにつながるのではないだろうか。教員が自身の英語力にあまりにも否定的であったり、負担を感じすぎていたりしては、自身の英語力向上が望めないだけでなく、英語を好きでいることすら困難となってしまう。したがって、教員が英語活動を楽しいと感じたり、英語を好きでいたりすることは、児童を英語好きにさせる大切な第一歩なのである。

4．教員の英語力は伸ばせるのか

全教科の指導及び担任という日々の業務に追われる中、たとえ英語力の向上を望んでいたとしても、それでもやはり英語の学習まで手が回らないというのが本音かもしれない。そもそも小学校教員の何%が、自分の英語力向上を信じているのだろうか。臨界期仮説を耳にしたり、長期留学経験のある英語が堪能な若手教員に囲まれて、今さら英語力の向上は望めないと思い込んでいる教員もいるかもしれない。果たして、多忙な教員が学習時間の確保が困難な中で、英語力を伸ばすことは可能なのだろうか。

ここでひとつ筆者の経験を例に話を進めてみたいと思う。筆者は以前、大手英会話学校で講師研修を担当していた。英会話学校という特殊性は、当然TOEIC850点以上、実用英語検定準１級以上の高い英語力を備えた人材が講師として採用されるわけだが、彼らが担当するのは初級学習者がほとんどである。したがって、授業の中で、何度も初級レベルの基本会話を繰り返し、同じテキストを何百回と教えなければならない。

また、テキストの付属CDを何百回も聞くことになる。その結果、基本の会話を誰よりも聞き、誰よりも音読し、誰よりも練習することになるのは講師自身である。それでは、「最も英語力を伸ばすことができるのは誰か」、すでにおわかりかと思うが、それは講師なのである。

当時を思い返してみて、採用時から比べて英語力が向上しなかった講師は一人もいなかったように思う。採用時の英語でのインタビューや模擬授業と比較し、１年後、２年後に同じ講師と英語で会話したり、模擬授業を観察したりすると、間違いなく英語力が向上していることが見て取れた。英語力の定義が問題となるが、ここでは広く、英語に関するあらゆる側面（発音、流暢さ、文法力、言語・非言語コミュニケーション力等）と捉えるとすると、すべての講師になんらかの英語力向上が見られた。英語力はもちろん、自身の指導力にも自信がついたことが、さらなる英語力向上につながっていたのかもしれない。

小学校英語活動においても、同じことが言えるのではないだろうか。英語活動を通し、多くの歌や絵本に触れ、基本表現を幾度となく繰り返すことで、教員の英語力が向上しないはずがない。これから先、例えば10年間の英語活動を通し、最も英語力を伸ばすことができるのは教員自身なのである。

５．しなやかなマインドセットを持とう

たとえ忙しくても、毎回の授業をしっかりと準備し実施することだけでも、教員の英語力は伸びるという例を示したが、できる限り高い英語力を目指し努力できることが望ましいだろう。その際、自身の英語力向上を信じることが、とても重要となる。スタンフォード大学の心理学部教授のキャロル・ドゥエック氏は、「しなやかなマインドセット（the growth mindset)」を持つことの重要性を提案している。人間は「こちこちマインドセット（the fixed mindset)」の持ち主と、「しなやかなマインドセット（the growth mindset)」の持ち主がおり、より「しなやかなマインドセット」を持つべきだというのである。それぞれのマインドセットの特徴のいくつかを例として挙げると、次のようになる。

【しなやかなマインドセット(the growth mindset)】

- 努力次第で、能力を伸ばすことができるという信念を持っている
- うまくいかない時こそ、粘り強く努力する
- 自分を向上させることに関心を持っている
- 自分の取り組んでいることを愛し、困難にぶつかっても嫌になったりしない

【こちこちマインドセット(the fixed mindset)】

- 自分の弱点をさらすのを嫌う
- 問題の難易度が高くなるとやる気を失う
- 失敗の原因を自分以外の別の何かに見いだす（天気のせい、練習不足のせい等）
- 他人からの評価ばかり気にする

人間はどちらか一方のマインドセットだけを持ち合わせているわけではない。ある分野では、「しなやかなマインドセット」で物事を考えることができていても、別の分野ではそれが困難な場合もある。自身の英語力に関して、自分の行動や感情を分析すると、どちらのマインドセットで捉えているだろうか。「しなやかなマインドセット」を持ち、英語学習を楽しみながら、長期的に見て英語力が向上するよう努力していきたいものである。

6．コミュニカティブな授業

学習指導要領の改訂に伴い、中学校、高等学校ではよりコミュニカティブな授業が重視されている。それでも尚、中学校では高校受験、高等学校では大学受験というある程度の縛りが少なからず存在する。しかし、小学校ではその縛りがほとんどない。だとすれば、純粋にコミュニケーションを重視できるのは小学校であると、前述の吉田教授は指摘している。外国語学習を進める中で、初級学習者が、学習を楽しいと感じる瞬間のひとつは、「通じる」「わかる」喜びを実感できた時である。純粋にコミュニケーションを楽しむことができるよう、コミュニカティブな授業を展開していくことは、児童に英語を楽しいと感じてもらうために非常に重要なことである。

7．良質の英語教材を探そう

小学校英語活動を実施することで、自然に教員の英語力は向上すると、先の項で述べたが、そのためには「良質の英語教材」を「何度も何度も」繰り返すことが大切である。では、明日の授業につながるような良質の英語教材をどうやって探せば良いのだろうか。昨今では、書店に行けば英語活動に関連した教材が山のように売られ、日本の出版社はもちろん、英語圏だけでなく韓国等の非英語圏の国で出版された英語教材までもが容易に手に入るようになった。インターネットを開けば、さらに小学校英語活動に関連した情報があふれかえっていて、ともすれば情報の海におぼれてしまいそうである。では、どうすればその膨大な英語教材の中から、担当する児童にとって良質の英語教材を探し出すことができるのだろうか。また、その教材研究をうまく自身の英語力向上へと反映させていくには、どうすれば良いのだろうか。

ここでは、良質の素材として、3つの教材カテゴリーに分類して紹介したい。1つ目は「基本教材」、２つ目は「英語多読」、３つ目は「英語の歌」である。

7.1　基本教材

山ほどあふれている英語教材の中から、良質のものを探し出そうと右往左往する前に、まずは容易に手に入る基本教材を活用しよう。あちこちに手を出して、困り果ててしまうくらいなら、まずは基本教材をマスターすることである。その基本教材となるのは、紹介するまでもないが、文部科学省が発行する『Hi, friends! １』と『Hi, friends! ２』である。

小学校の先生方は、授業準備の段階でわからない単語等はしっかりと準備されていることと思う。その準備の段階で、単元に関わる音声部分をすべて聞き、実際に発話練習をしておくことが重要である。音声教材があるものは、必ず利用したい。チャンツにしても、歌にしても、モデルとなる会話にしても、たいへん聞き取りやすい教材に仕上がっている。授業準備の段階で、指導書やスクリプトを読むだけでなく、実際に聞いておくことはとても重要である。聞いているだけであればそれほど難しくない会話も、実際に声に出してみると舌がうまく回らないということもよくある。

「音声教材を事前に聞いておく」といっても、どの段階まで追求するかによって、時間と労力が異なる。この作業をもう少し詳細に考えると、次の①〜④の四段階に分けられる。

①　音声教材を聞く（練習問題等であれば、解いてみる）

②　音読する（意味が自然に理解できるまで、何度も音読をする）

③　シンクロリーディング（英語音声と同じスピードで音読できるよう、スピードや間（ま）、イントネーション、ストレスなどに注意して、シンクロするまで、音声にあわせて音読練習をする）

④　シャドーイング（英語音声のあとに、影のように追いかけて発話する）

これまでの授業準備の際、「音声教材を事前に聞いておく」段階で、どのレベルまで進めていただろうか。同じ単元を何度も教える中で、準備段階等を通し、上記の四段階目までできるようになれば、かなり基礎的な英語力がつくだろう。英語活動の授業にも自信が持て、楽しくなるはずである。

また、クラスルームイングリッシュと呼ばれる授業運営に使用する決まり文句は、何度も事前に練習して口慣らしをしておくことが大切である。同じ内容を指示する表現でも、言いやすいもの、言いづらいものといろいろある。言いづらいものは、来年、再来年にとっておくとして、今の自分のレベルで、自信を持って言えるような言いやすいものを選ぶと良い。毎回、何か１つ新しいクラスルームイングリッシュに焦点を当てて、「今日の授業では、この表現を使えるようになる」という気持ちで少しずつ貯めていけば、かなりスムーズに英語活動の授業が進められるようになるのではないだろうか。「毎回は大変」ということであれば、「毎月１つ」でも良い。長期的に見て、少しずつ英語力を向上させることを心がけるべきである。

7.2　英語多読

英語多読という学習方法をご存知だろうか。英語多読とは、辞書をあまり使わずに読める程度の比較的易しい英語で書かれた本から始めて、全体の内容を把握しながら大量に読み進めていくことである。一般的には、１冊当たりの総語数が少なく、語彙のレベルが易しいものが簡単に読める本である。そういった易しいレベルの本から始めて、少しずつ本のレベルを上げていく。楽しく読むということも英語多読では重要な要素である。つまらなくなったらやめて、楽しいと思える本を読むことを、SSS英語多読研究会を立ち上げて英語多読の普及に努める古川昭夫氏（古川，2010）は提案している。楽しいから続けられる、続けられるから英語力が向上すると言えるのかもしれない。

あるレベルから次のレベルへと本のレベルを上げる際には、一気にレベルを上げるのではなく、ゆるやかに上げていくというのも、英語多読という学習方法において重要な点である。例えば、初級１というレベルの本をまず大量に読み、十分にそのレベルの本が読めるようになったと感じたら、同時にそのレベルの本も読みつつ、次のレベルの本にチャレンジしていく。日本多読学会の副会長（2013年現在）である高瀬敦子氏は、著書の中で（高瀬，2010）英語多読の様々な効果を研究結果を提示しながら紹介している。「英語嫌いが減少する」、「リーディング力が向上する」、「リスニング力が向上する」など面白い研究成果が紹介されている。もし自分が少し英語アレルギーになっていると感じていたり、英語に抵抗を感じているように思うなら、是非英語多読という学習方法に挑戦してもらいたい。筆者も、これまでに英語で書かれた本を英語多読という方法でかなり読んだが、今現在でも読み続けている。

この学習方法のもうひとつの利点が、小学校英語活動に役立つ教材に数多く出会えるということである。例えば、オックスフォード大学出版が出している「ドルフィンリーダーズ（Dolphin Readers）」というシリーズは、幼児から小学生の英語学習者向けに作られたシリーズである。５つのレベルで全40冊が出版されている。左側のページはお話が書かれていて、右側のページは簡単なアクティビティ形式の練習問題となっている。左側のページだけを読んでいくのも面白いし、右側のページのみを楽しむこともできる。声に出して読んでみると、その音の響きの良さがとても心地が良いのも特徴である。繰り返しが多く、英語のリズムに慣れやすい表現も多く、音読しやすい。

つい読んでみたくなるので、楽しく音読練習ができる。特にスターターレベルの８冊は、使用されている単語も、小学校英語活動でおなじみの単語や表現ばかりで、読み聞かせにも使うことができ、右側の練習問題のページを利用してアクティビティを考えることもできる。このような幼児から小学生の学習者向けのリーダーは、英語多読を実施しなければ出合えない類の本かもしれない。

英語多読を進める上で壁となるのは、十分な量の教材を用意するのにかなりの費用がかかるということである。ただ、最近は日本全国で英語多読が普及し、近隣の図書館などで英語多読に使えそうな本を数多く取り揃えているところもあるため、積極的に活用したい。コスモピア株式会社による「多聴多読ステーション」というホームページ（コスモピア，2013）を参照すると、多読に関する情報はもちろん、近隣の図書館の英語多読本の所蔵に関してもある程度の情報を収集することができる。是非、「児童が喜びそうな素敵な英語の本を探すぞ」といった宝探しのような気持ちで、英語多読を始めてみてほしい。

とは言え、近隣に図書館もないし、自分で購入するにはどれが良いのかわからず途方に暮れてしまうという場合は、市販のガイドブックに目を通すことをお勧めする。ガイドブックには、既にその道の専門家が、膨大な量の教材に目を通した上で高く評価したものが紹介されているからである。そのおかげで、失敗することなく、さらには情報に埋もれることなく、効率よく良質の本に出合うことができる。ガイドブックは数多く存在するが、その中でも敬和学園大学客員教授の外山節子氏監修による『読み聞かせのための音のある英語絵本ガイド』は大変重宝する。SEG多読コース主任講師である宮下いづみ氏、立命館小学校英語科アドバイザーである田縁眞弓氏など、現在の小学校英語活動において第一線で活躍する先生方が、厳選して100冊の絵本を紹介している。すべて、音声CD付属のものを紹介していることも魅力である。さらに、それぞれの本の一部分を聞くこともできるので、教材探しに途方に暮れているとしたら、まずはここに紹介されている100冊の中から選ぶことをお勧めする。

7.3　英語の歌

みなさんは、小学校英語活動で使えるような英語の歌を、現在何曲歌えるだろうか。英語活動で使えるような英語の歌は、英語の口慣らしには最適である。ナーサリーライムと呼ばれる伝承童歌は、児童にとっても楽しく覚えやすいものばかりである。もちろん、ナーサリーライムや英語の歌は、教員の英語力向上にも役立つ。１カ月に１曲ずつレパートリーを増やすだけで、数年間で数十曲となる。無理をせず、１曲ずつ自分のものにしていくことができれば良いのである。

ナーサリーライムは、その名のごとく基本的には韻を踏んでおり、繰り返しが多いのも特徴である。英語母語話者にとって、韻を踏むということはとても重要で、韻を踏むべき所で踏んでいないとなんだか気持が悪いということになる。「英語的感覚」といえるかもしれない。

早口言葉や言葉遊び、手遊び歌などは、楽しく歌って遊ぶことができるので、英語を身近に感じることができるだろう。例えば、熊本大学大学院教授の小林美代子氏による『1日10分で「英語顔」を作る 聞ける！話せる！英語力3カ月トレーニング』（小林，2006）は、数々のナーサリーライムをトレーニングメニューとして、難易度の低いものから紹介している。それだけでなく、口の開け方まで丁寧に解説しているのも特徴である。付属CDを使って自主練習するには最適で、英語活動ですぐに使えそうなものも数多く含まれているので、まさに教材研究を進めながら自身の英語力を伸ばすことができる。

ジャズチャンツ（jazz chants）で有名なキャロリン・グラハム氏は、ライムを意識した英語らしい美しい音の響きの重要性を説いている。耳に心地よい表現は、少し練習すれば言えるようになり、言えるとまた楽しくなる。グラハム氏はチャンツを紹介する数多くの書籍を執筆しているが、中でも『Tiny Talk song book』は76曲が収録されており、色を扱った曲、立ったり座ったりといった動きを伴わせやすい曲などすぐに使えそうな曲がたくさんある。ほかには、プライス・スターン・スローン社が出版している『Wee Sing』シリーズも、クリスマス、動物、車の中で歌う歌などテーマ別に多くの歌が収録されている本である。どの曲が良いかなと、掘り出し物を見つけるような気持ちで、すべて聞いてみても楽しめる。「これは使える！」と、担当している児童にぴったりの曲が見つかると、うれしくなって思わず歌いたくなるだろう。

30秒以内の短い曲は、英語活動で大変重宝する。注意をこちらに向けたい時、カードを集める時、急に雨が降ってきた時など、状況に合わせて臨場感あふれる選曲ができるよう、引き出しのレパートリーを増やしていってほしい。短い曲は、教員の練習の観点からも利点がある。10回練習しても5分程度しかかからない。事前に10回練習して、さらに授業中に児童と一緒に練習すれば、かなり上達するはずである。

何度も何度も児童を飽きさせることなく、同じ歌を練習させるのに役立つのが「手遊び歌」である。10回程度であれば、手の動きを練習しながら、知らず知らずのうちに歌わせることができる。教員も事前準備の段階で、「歌を30回歌おう」と決めると、少し負担に感じるかもしれないが、家族や同僚と、手遊びの手の動きを児童にスムーズに教えられるよう楽しみながら練習していると、あっという間に30回歌っていることに気付くだろう。

8．環境を整えるプレイフルシンキング

英語力を向上するためには、ある一定の期間、一定の学習時間を確保する必要があるということに異論のある人はいないだろう。継続的な学習には高いモーティベーションの維持や様々な学習方法を知ることが、とても重要である。しかし、それだけでなく、実はそのための環境を整えることも重要である。仕事を楽しくする思考法をプレイフルシンキングとして提案している同志社女子大学教授の上田信行氏は、「環境や場の雰囲気、道具などの人工物には、実は人の行動を触発するパワフルな力が備わっている」（上田, 2009）と主張している。さらに上田氏は、働く環境を活性化する要素として、「道具」、「活動」、「空間」、「人」を挙げ、それらを意識的に組み合わせることで、環境を活性化することができると提案している。同僚と学習グループを作ってみたり、月に1回、英語活動に関するとっておきの情報を交換する会を設けたり、英語活動に関する教材を集めた部屋を作ったりと、自分の周りに楽しく英語力を向上しようという環境を整えることも、英語力向上に向けての取り組みを長期的に継続させるコツである。

9．結語

日々、忙しく業務をこなす中で、英語力を向上させることは容易なことではないかもしれない。スタンフォード大学の心理学者であるケリー・マクゴニカル氏（McGonical, 2011）は、意志力を鍛えることで自分を変えることができると説いている。マクゴニカル氏は、自己をコントロールするための方法があるとして、科学が示す唯一のことは、注意を向けることだと主張している。教材研究をしながら、英語力の向上を信じ、常にそれを意識していることが大切である。小学校での英語の扱いは、今後も目まぐるしく変化することが予想される。どのように変化したとしても英語力向上を求められなくなることはないだろう。5年後、10年後と長いスパンで英語力向上を目指していってもらいたい。

【参考文献】
猪井新一（2009）「英語活動に関する小学校教員の意識調査」『茨城大学教育実践研究28』pp.49-63
上田信行（2009）『仕事を楽しくする思考法プレイフルシンキング』宣伝会議
コスモピア株式会社（2013）「多聴・多読ステーション」コスモピア Retrieved from http://www.kikuyomu.com/
小林美代子（2006）『1日10分で「英語顔」を作る　聞ける！話せる！英語力3カ月トレーニング』研究社
高瀬敦子（2010）『英語多読・多聴指導マニュアル』大修館
竹内理（2003）『より良い外国語学習法を求めて』松柏社
竹内理（2007）『「達人」の英語学習法』草思社
外山節子（監修・著）・宮下いづみ（著）（2010）『読み聞かせのための音のある英語絵本ガイド』コスモピア
松宮新吾（2013）「小学校外国語活動担当教員の授業指導不安にかかわる研究（授業指導不安モデルの探究と検証）」『関西外国語大学研究論集』97, pp.321-338
文部科学省（2012）『Hi, friends! 1』東京書籍
文部科学省（2012）『Hi, friends! 2』東京書籍
古川昭夫（2010）『英語多読法』小学館
吉田研作（2010）「Benesse発2010年「子供の教育を考える」特集第二弾日本の学校教育の未来を探る、英語教育から見た日本の学校教育の未来像、コミュニカティブな英語力の育成に、本気で取り組む時代となる」ベネッセ教育開発研究センター Retrieved from http://benesse.jp/berd/berd2010/feature/feature02/yoshida_02.html
吉田研作（2012）「外国語能力、コミュニケーション能力と国際共通語としての英語」愛知教育大学教育創造開発機構・教員養成高度化センター・小中英語教育支援部門主催、文部科学省特別経費プロジェクト・小中高英語教育教員研修会講演
Beall, P. & Nipp, S. (1986). *Wee sing.* Price Stern Sloan.
Dweck, C. (2006). *Mindset: the new psychology of success.* Ballantine Books. キャロル・S・ドゥエック（著）、今西康子（訳）（2008）『「やればできる！」の研究』草思社
Graham, C. (1999). *Tiny talk song book.* Oxford University Press.
McGonical, K. (2012) *The willpower instinct.* Avery ケリー・マクゴニカル（著）、神崎朗子（訳）（2012）『スタンフォードの自分を変える教室』大和書房

第11章 英語らしいクラスルーム・イングリッシュの発音の仕方

田口 達也・愛知教育大学講師

1．はじめに

2011年に小学校外国語活動が必修化され、学級担任も授業中に英語を積極的に使うことが推奨されている。現在までの日本の英語教育における4技能の学習状況と習熟度を考慮すると、英語を話すことは苦手で、英語の発音について悩んでいる人はとても多いと思う。特に大学で英語を専門的に勉強していない人や英語が苦手だった人にとって、英語を英語らしく発音することは一苦労である。そういった小学校教員の方に少しでも英語の発音に自信を持っていただけるように、本稿では音声学的視点から、英語らしい発音ができるコツを説明する。例文は文部科学省（2012）による『Hi, friends! 1』『Hi, friends! 2』の指導書にある「指導者の表現例」を中心にしたクラスルーム・イングリッシュを用いた。また、本章の「6．状況・場面別表現集」に、この章で学んだ事項を記載した、状況・場面別によく使うクラスルーム・イングリッシュを掲載しているので、ここで学んだことを授業で実践していただきたいと思う。

本章では、日本人英語の発音の特徴と気をつけるべき点の説明から始まり、英語を文単位で発音する時に気をつける点を中心に説明していく。個々の単語を正しく発音できるようになることは大切であるが、過度に気にする必要はない。英語を母国語として話している人でも、例えばアメリカ英語とイギリス英語では違いがあるし、同じイギリス英語でも地域による違いがある。そういった個々の単語の正確な発音よりも、むしろ文における強弱や単語をつなげての発音、イントネーションなどに気をつけ、英語らしく発音することがより大切になる。個々の単語をうまく発音できるようになるための本はたくさんあるので、興味のある方は竹内（2012)、田中（2008)、竹林・斎藤（2008）などの本をご覧いただきたい。

2．日本人英語の特徴―音節

最初に、日本人英語の特徴としての音節について見ていく。本節では、まず音声学の基本である「母音」と「子音」について説明し、それらの音からなる単語の音節構造、そして日本人英語の音節における特徴を述べる。

2．1．母音と子音

人が口から発する音には、大別して「母音」と「子音」がある。母音とは、肺からの空気が口から出るまで妨害を受けずに出る音のことを言う。日本語では「あ、い、う、え、お」の5つがそれに当たる。英語では10以上の母音があると言われている。

一方子音とは、肺からの空気が口から出る時に、舌、歯、唇などによって妨害を受ける音のことを言う。日本語を例にとると、例えば「ま、み、む、め、も」と発音する時のそれぞれの音の出だしの部分において、唇で妨害を受けている時の音が子音である。ローマ字で書くと、それぞれ「ma，mi，mu，me，mo」の「 m 」の部分となる。日本語には子音だけの音は「ん」のみであるが、英語には数多くの音がある。（英語での母音・子音の主なものは、**付録の表3、4**を参照。）

2．2．音節構造

音節とは、母音を中心とした音のまとまりの単位のことを言う。日本語の場合、例えば「机」は「tsu-ku-e」で3つの音の区切りがあると感じられ、3音節になる。一方英語の場合、deskは発音記号では/desk/と表記され、1音節になる。

日本語では「あ行」以外の音は、ローマ字表記からも分かるように、子音と母音が合わさって1つの音節と見なされているが、英語の場合、1つの母音に複数の子音が連続したり、子音で終わる音節もある。このような音節構造の違いのため、日本人英語の特徴として、子音が連続して現れる時に、子音と子音の間に母音を入れたり、子音で終わる時に母音をつけて音節を増やしてしまう傾向がある。上記のdeskの場合、「de-su-ku」と3音節にしてしまいがちである。

いわゆる日本人英語の特徴として、このように連続している子音や語末の子音を発音する際に、不必要な母音を入れての発音があり、注意が必要になる。

3．強勢

英語には強く発音する（強勢を受ける）箇所と弱く発音する（強勢を受けない）箇所がある。例えばbrother /brʌ́ð-ər/の場合、前半が強く発音され、prefer /pri-fə́r/の場合、後半が強く発音される。いくつもの単語から成り立っている文の場合も、強く読む箇所と弱く読む箇所がある。

3．1．内容語と機能語

次の文を実際に発音してみよう。強勢記号（アルファベットの上の記号［ ´ ］）のある単語は強くゆっくりと、その他のところは強勢を受けないので、弱く速くそして母音をやや曖昧に発音するようにする。

- Tóuch the pícture with your fínger.
- You can sáy it in Japanése.
- Do you drínk mílk in the mórning?

文中の強勢記号がある単語とそれ以外の単語を見ると、ある共通点が分かる。強勢記号のある単語はそれ自身に意味があり、情報を伝える上で大切な役割を果たしている。一方、強勢記号のない単語はそれ自身の意味が曖昧で、文法的役割を果たすものである。音声学では、前者を「内容語」、後者を「機能語」と呼ぶ。英語を聞く場合、内容語が分かれば話し手が意図している意味はおおよそ分かるが、これが反対になり、内容語が弱く機能語が強く発音されると、話し手の意図が分からなくなるので注意が必要である。内容語と機能語の種類をまとめると次の表１のようになる。

表１　内容語と機能語の品詞

内容語	名詞、一般動詞、形容詞、副詞（否定詞のnotを含む）、疑問詞、数詞、指示代名詞（this，theseなど）など
機能語	冠詞、不定形容詞（someなど）、前置詞、接続詞、be動詞、助動詞、関係詞（関係代名詞、関係副詞）、指示形容詞（this，theseなど）、代名詞（人称代名詞）など

表１は一般的な規則を表しているため、当然例外もある。文中でどの語に強勢をおくかは、基本的に話し手が何を伝えたいかによって決まる。つまり、意味上重要な語には強勢がつく、ということである。そのため、下の例文のように、機能語にも強勢がおかれることもあるということを覚えておく必要がある。

- It's ón the désk, nót únder it.（「上」か「下」の違いの強調のため）
- Can you swím?――Yés, I cán. / Nó, I cán't.（文末のbe動詞や助動詞のため）

３．２．機能語の強形と弱形

前項で機能語は弱く速く、そして母音を曖昧に発音すると述べたが、その発音の仕方に気をつける必要がある。いくつかの機能語には、強く発音される「強形」と弱く発音される「弱形」があり、通常の機能語は弱形で発音される。強形と弱形の主なものを見てみよう。（**表２**）

表2　主な機能語の強形と弱形　注：[ ] 内ダッシュ（―）の左側は強形、右側は弱形

冠詞	a [/éi/ ―― /ə/] the [/ðíː/ ―― /ðə/（子音の前）, /ði/（母音の前）]	an [/ǽn/ ―― /ən/]
人称代名詞	me [/míː/ ―― /mi/] your [/júərr, jɔ́ː/ ―― /jər/] his [/híz/ ―― /(h)iz/] she [/ʃíː/ ―― /ʃi/] we [/wíː/ ―― /wi/] us [/ʌ́s/ ―― /(ə)s/] their [/ðéər/ ―― /ðər/]	you [/júː/ ―― /ju, jə/] he [/híː/ ―― /(h)i/] him [/hím/ ―― /(h)im/] her [/hə́r/ ―― /(h)ər/] our [/aúər/ ―― /ɑː/] they [/ðéi/ ―― /ðe/] them [/ðém/ ―― /ðəm/]
不定形容詞	some [/sʌ́m/ ―― /səm/]	
前置詞	at [/ǽt/ ―― /ət/] from [/frɑ́m/ ―― /frəm/] to [/túː/ ―― /tə, tu/]	for [/fɔ́ər/ ―― /fə(r)/] of [/ɑ́v/ ―― /(ə)v/]
接続詞	and [/ǽnd/ ―― /(ə)n/]	or [/ɔ́ːr, ɔ́ː/ ―― /ər, ə/]
助動詞	can [/kǽn/ ―― /kən, kn/] does [/dʌ́z/ ―― /dəz/] has [/hǽz/ ―― /(h)əz, z/] could [/kúd/ ―― /kəd/]	do [/dúː/ ―― /du, də/] have [/hǽv/ ―― /(h)əv, v/] will [/wíl/ ―― /(w)əl, l/] would [/wúd/ ―― /(w)əd, d/]
be動詞	am [/ǽm/ ―― /əm/] are [/ɑ́ːr/ ―― /ər/]	is [/íz/ ―― /s, z/]

今井他（2010）、竹林・斎藤（2008）に基づいて作成

2つの例を見てみよう。

- Do you remémber?　○/du　ju　rimémbər /　　×/ dúː　júː　rimémbər /
- You can dó it.　　　○/ ju　kən　dúː　it /　　×/ júː　kǽn　dúː　it /

これらの文では、Do, you, can, itが機能語なので、弱形で発音する必要がある。ただし、2文目のdoは動詞として使われているので内容語となり、強形で発音されるので、気をつける必要がある。

このように機能語を弱形で発音することによって、内容語が明確になり、英語らしいリズムで発音することができる。

４．音のつながり

書き言葉の英語では、単語と単語の間にスペースがあり、それぞれの単語が独立しているため、それに引きづられて英語を発音する時にも１つ１つの単語を区別して発音する人が多いが、話し言葉ではそのようなことはない。文をなめらかに発音できるように、単語はつながり変化していく。私たちが英語らしく話すことができるようになるためには、この音のつながりに注意を払う必要がある。ここではその特徴を見ていく。

４．１．連結

音のつながりの１つ目の特徴として、「連結」がある。連結とは前の語の語末の子音と、次の語の語頭の母音をつなげて１つの単語のように発音することを言う。（下線部＿＿が連結する位置を示す。）

- You did a good job.　/did ə/（ディッヅ　ア）--> /didə/（ディッダ）
- Stand up.　/stænd ʌp/（スタンド　アップ）--> /stændʌp/（スタンダップ）
- Make a pair.　/meik ə/（メイク　ア）--> /meikə/（メイカ）

語末が /t, d, s, z/ 以外の子音の単語の直後に/j/の音を語頭に持つ単語（yで始まる単語）が来る場合にも連結が起こる。一方、語末が/t, d, s, z/の音で終わる単語の後ろに/j/の音が来る場合は、４．３．で見るように、「同化」になる。

- Thank you.　/θæŋk ju/（サンク　ユー）--> /θæŋkju/（サンキュ）
- Open your textbook.　/oupn jər/（オープン　ユア）--> /oupnjər/（オープニュア）

４．２．脱落

２つ目の特徴として、「脱落」がある。英語の文を発音する際、１つ１つの音をはっきり発音していると流暢さがなくなる。そのため、隣接する前の語の語尾と後ろの語の語頭の子音が同じか似ている場合、前の語の語尾の子音が聞こえなくなってしまうことがある。脱落の時に気をつけておくべきことは、音が落ちてしまうといっても、口の形はその音の形を保っているということである。（括弧（　）が脱落する位置を示す。）

- Sto(p) talking.　/stɑp tɔːkiŋ/ --> /stɑ(p) tɔːkiŋ/
- Do you li(ke) dogs?　/laik dɑg/ --> /lai(k) dɑg/
- Who's absen(t) today?　/æbsnt tədei/ --> /æbsn(t) tədei/

同じ音が続く場合に脱落が起こると述べたが、それは子音の時だけで、同じ母音が並んだ場合には脱落は起こらないので気をつけよう。

- Just try it!　/trai it/

語末が子音の単語の後に語頭が母音の単語が来ると連結は起こると述べたが、/h/の音で始まる機能語、例えば助動詞のhave, has, hadや、代名詞の his, him, her の場合には注意を要する。３．２．で見たように、いくつかの機能語の発音には強形と弱形があり、普通は弱形で発音され、文の途中で使われると/h/の音が落ちやすくなる（小川，2010)。その場合、直前の単語の語末が子音だと、連結が起こって発音されることがある。

- Let's give him a big hand.　/giv(h)im/（ギヴィム）
- Give her some hints.　/giv(h)ər/（ギヴァ）

４．３．同化

３つ目の特徴として「同化」がある。同化とは、隣接する前の単語の語尾の子音がその後の単語の語頭の子音に影響を与えたり、双方が互いに影響しあって、その音と同じか、類似する音に変化することを言う。いくつかの規則があるが、ここではその中でも、とりわけ小学校外国語活動でよく使うクラスルーム・イングリッシュに関する規則を取り上げて見ていく。(その他の規則については今井他（2010）や渡辺（1994）を参照。）（網のかかった下線部＿が連結する位置を示す。）

① /t/ + /j/ --> /tʃ/

- Nice to meet you.　/miːt ju/（ミート　ユ）--> /miːtʃu/（ミーチュ）
- How about you?　/əbaut ju/（アバウト　ユ）--> /əbautʃu/（アバウチュ）

② /d/ + /j/ --> /dʒ/

- Excuse me, could you say that again?

  /kəd ju/（クッドゥ　ユ）--> /kədʒu/（クッジュ）
- What would you like?　/wəd ju/（ウッドゥ　ユ）--> /wədʒu/（ウッジュ）

③ /s/ + /j/ --> /ʃ/

- I'd like to introduce you to our new teacher.

/intrədjuːs ju/（イントロデュース　ユ）--> /intrədjuːʃu/（イントロデューシュ）

- We have lots of snow this year.

/ðis jiər/（ディス　イァ）--> /ðiʃiər/（ディッシィァ）

④ /z/ + /j/ --> /ʒ/

- Raise your hand.　/reiz jər/（レイズ　ユァ）--> /reiʒər/（レイジュァ）
- Close your eyes.　/klouz jər/（クロウズ　ユァ）--> /klouʒər/（クロウジュァ）

5．イントネーション

イントネーションとは、文全体に及ぶ声の高さの変動のことを言う。イントネーションには、話し手の気持ちを表す機能、文法的役割をもつ機能、また話題の流れを表す機能がある（竹林・斉藤，2008)。ここでは、主に２つのイントネーションパターンを見ていく。

5．1．下降イントネーション

イントネーションパターンの１つ目は下降調である。この下降イントネーションは、平叙文、否定文、命令文、疑問詞疑問文（who, what, when, where, which, how など）で使われる。竹林・斎藤（2008）は、下降調では話し手が述べた内容は完結していて、その内容については迷いや遠慮がなく、自信を持っているという気持ちを表すと述べている。また疑問詞で始まる疑問文にも、下降イントネーションが使われるが、尋ねる特定の内容に対して迷いの気持ちがないからでもある、と竹林・斎藤（2008）は述べている。（文末の矢印は下降イントネーション（↓）と上昇イントネーション（↑）を示す。）

- Your dream is nice. (↓)
- I can't swim. (↓)
- Listen to the CD. (↓)

下降イントネーションパターンの中でも、疑問詞疑問文の場合には注意を要する。その理由として、日本語では質問文の場合、語尾を上げて言うのが普通で、その日本語のパターンを英語にも当てはめてしまいやすいからである（川越，1999)。

- どこに行きたいですか。(↑)
- × Where do you want to go? (↑)
  ○ Where do you want to go? (↓)

5．2．上昇イントネーション

イントネーションパターンのもう１つの形式は上昇調である。竹林・斎藤（2008）によれば、上昇調では、話し手の情報が完結していないということで、文の途中で使われることが多く、また情報を完結させる目的で相手になんらかの返答を求める時にも使われるという。さらに、相手の言ったことに対して、驚きや迷いなどの気持ちを表す時にも使われるという。この上昇イントネーションは、主に次の３つの種類に分けられる。

① Yes-No疑問文

- Do you like dogs?（↑）
- May I ask you a question?（↑）
- Can I have a volunteer?（↑）

② 列挙・選択疑問文

物や数字、複数の同類の語句を列挙する場合は、その都度上昇調を用い、最後に下降調となる。

- We have apples（↑）, oranges（↑）, and bananas（↓）.
- One（↑）, two（↑）, three（↑）, four（↑）, five（↓）.

同じことが、選択をする疑問文にも当てはまる。

- Would you like orange juice（↑）or milk（↓）?
- Which color do you like（↓）, blue（↑）or red（↓）?

③ 平叙文の形をした質問や相手の言葉を問い直す時

- You got it?（↑）
- A: What color is the mail box?（↓）
  B: What color?（↑）

6．状況・場面別表現集

この節では、特によく使われるクラスルーム・イングリッシュを状況・場面別に分類し、上記のポイントを踏まえて提示する。（上記の特徴がない表現は省略している。）

あいさつ・授業の開始と終わりの表現

- Lét's stárt our Énglish cláss.（英語の授業を始めましょう。）
- Hów's the wéather todáy?（今日の天気はどうですか。）
- Whá(t) dáy is i(t) todáy?（今日は何曜日ですか。）
- Lét's gréet with your fríends.（友達と挨拶しましょう。）

- Thát's áll for todáy.（今日はこれで終わりです。）
- Did you enjóy the cláss?（授業は楽しかったですか。）

活動準備の指示表現

- Cóme úp to the frónt.（前に来てください。）
- Gó bác(k) to your séat.（自分の机に戻ってください。）
- Móve your désks to the sídes.（机を両脇に動かしてください。）
- Sí(t) dówn, pléase.（座ってください。）
- Lísten cárefully and repéat the wórd.（よく聞いて、その語を繰り返してください。）
- Máke a gróup.（グループを作ってください。）

活動中の指示表現

- Lét's wátch it agáin.（もう一度見てみましょう。）
- Sáy it in Énglish.（それを英語で言ってください。）
- Sáy i(t) togéther.（それを一緒に言ってください。）
- Spéak úp.（声を上げてください。）
- Repéat after me.（私の後について繰り返してください。）
- It's your túrn.（あなたの番です。）
- Hére you áre.（はいどうぞ。）
- Táke óne and páss it ón.［最後のonは副詞］（１枚取って、次の人にまわしてください。）
- We háve tén mínutes.（10分あります。）

質疑応答の指示表現

- Whá(t) do you thínk?（どう思いますか。）
- Whó knóws the ánswer?（答えがわかる人は誰ですか。）
- Óne more tíme, pléase.［moreは強くは発音されない］（もう一度お願いします。）

ほめる・はげます時の表現

- Góo(d) jób.（よくできました。）
- You díd it!（うまくできました。）
- Góo(d) lúck.（頑張って。）

- Dón'(t) gíve úp.（あきらめないで。）

テキスト関連学習時の指示表現

- Clóse your téxtbook.（テキストを閉じなさい。）
- Lóok a(t) the téxtbook.（テキストを見てください。）
- Pléase pút an eráser on your désk.（机の上に消しゴムを出してください。）
- Táke óut your péncils, pléase.（鉛筆を取りだしてください。）

ゲーム・歌活動時の指示表現

- Lét's dó the chán(t) togéther.（一緒にチャンツを言いましょう。）
- Lét's pláy the Póintin(g) Gáme.（ポインティングゲームをしましょう。）
- Lét's síng a sóng.（歌を歌いましょう）
- Lét's síng alóng.（曲に合わせて歌いましょう。）
- Tíme's úp.（時間です。）

7．おわりに

小学校外国語活動に焦点を当てた、個々の単語の発音の仕方の本やクラスルーム・イングリッシュについての表現集は多いものの、どのように発音すれば英語らしく聞こえるかについての文献は非常に少ない（良書の１つとして、小川，2010がある）。この章では、教師が使う主に文レベルのクラスルーム・イングリッシュを題材に、強勢、音のつながり、イントネーションに焦点を当て、英語らしく発音する方法を述べてきた。

通常のコミュニケーションでは、ひとつひとつの発音よりも、強勢やイントネーションなどが重要になり、児童にもそのような点に注意させながら英語の練習をさせることが望ましい、と金森（2007）は述べている。また、学級担任が英語らしく英語を発音できることによって、児童への音声指導もしやすくなり、よりよい英語学習者のモデルにもなることができる。そのためにも、本章で学習した事項・表現を日々意識して発音することで、英語らしい発音をできるようにしていただければと思う。

付録

表３　英語の母音

短母音	/i/ : give, sit　/u/ : book, good　/e/ : very, head　/ɑ/ : hot, box /ʌ/ : cut, up　/æ/ : class, thank
長母音	/iː/ : seat, week　/uː/ : food, juice　/əːr/ : first, girl /ɔː/ : talk, dog
二重母音	/ei/ : game, great　/ɔi/ : enjoy, voice　/ai/ : nice, five /au/ : down, out　/ou/ : go, home
弱母音	/ə/ : banana, lemon

今井他（2010）、川越（1999）、竹林・斎藤（2008）に基づいて作成

表４　英語の子音

調音場所／調音方法	両唇音		唇歯音		歯音		歯茎音		後部歯茎音		硬口蓋音		軟口蓋音		声門音	
	無声	有音	無声	有音	無声	有音	無声	有音	無声	有音	無声	有音	無声	有音	無声	有音
閉鎖音	/p/ pet	/b/ big					/t/ tea	/d/ day					/k/ kick	/g/ give		
摩擦音			/f/ face	/v/ very	/θ/ think	/ð/ this	/s/ six	/z/ zoo	/ʃ/ ship	/ʒ/ vision						/h/ hat
破擦音									/tʃ/ cheap	/dʒ/ joy						
鼻音		/m/ make						/n/ nice						/ŋ/ sing		
側音								/l/ leaf								
半母音		/w/ week								/r/ red		/j/ yes				

今井他（2010）、川越（1999）、竹林・斎藤（2008）に基づいて作成

【参考文献】

今井由美・井上球美子・井上聖子・大塚朝美・高谷華・上田洋子・米田信子（2010）『音声学への扉～発音とリスニングを中心に～』東京：英宝社

小川直樹（監修）（2010）『小学校教師のための英語発音これだけ』東京：アルク

川越いつえ（1999）『英語の音声を科学する』東京：大修館書店

金森強（2007）「ここが知りたい！英語の教え方Q ＆ A―第三回　発音はどこまで、どう指導する？」https://www.seibido.co.jp/kids/advance/advance5-1_3.html（2013/1/11アクセス）

竹内真生子（2012）『日本人のための英語発音完全教本』東京：アスク社

田中智子（2008）『小学校教師のための正しい英語発音速修DVDブック』東京：小学館

竹林滋・斎藤弘子（2008）『英語音声学入門』東京：大修館書店

文部科学省（2012a）『Hi, friends! 1：教師用指導書』東京：文部科学省

文部科学省（2012b）『Hi, friends! 2：教師用指導書』東京：文部科学省

渡辺和幸（1994）『英語リズム・イントネーションの指導』東京：大修館書店

第1部

第12章　中学校へつなぐ外国語活動

高橋 美由紀・愛知教育大学教授

1．はじめに

2011年度から、小学校では第5・6学年を対象に外国語活動が導入された。新学習指導要領では、小学校外国語活動新設の趣旨として、(1) 急速なグローバル化への対応、(2) 小学校段階で外国語に触れたり、体験したりする機会を提供することにより、中・高等学校においてコミュニケーション能力を育成するための素地をつくる、(3) 教育の機会均等の確保や中学校外国語科との円滑な接続等（中学校では英語を履修することが原則なので、小学校でも英語を取り扱う）の観点から、国として各学校に共通に指導する内容を示す、等が挙げられている（文部科学省，2008a: pp.4-5)。一方、中学校では、2012年度から実施されている新学習指導要領において、小学校における外国語活動ではぐくまれた素地の上に、「聞くこと」「話すこと」「読むこと」「書くこと」の4つの技能を総合的に育成することが明記されている（文部科学省，2008b: p. 7)。

現在、小学校外国語活動から中学校の英語教育への円滑な「橋渡し」が求められており、「小中連携の英語教育」の効果的な指導法やカリキュラム等の開発・実施が喫緊の課題となっている。本稿では、小中連携のあり方等について、はじめに学習指導要領を踏まえ、次に、外国語活動の実際として、筆者が児童に指導した事例から述べる。

2．学習指導要領にみられる小学校外国語活動と中学校英語教育の接続

2．1．小学校外国語活動

小学校外国語活動の目標は、「コミュニケーション能力の素地を育成する」ことを目指して、以下の3つの柱で組み立てられている（**表1**)。

① 外国語を通じて、言語や文化について体験的に理解を深める。
② 外国語を通じて、積極的にコミュニケーションを図ろうとする態度の育成を図る。
③ 外国語を通じて、外国語の音声や基本的な表現に慣れ親しませる。

①は、児童の言語に関する能力や国際感覚の基盤を培うため、国語や日本の文化を含めた言語や文化に対する理解を深めることの重要性を述べている。そして、その際には、体験を通して理解を深めることとしている。②は、児童が日本語とは異なる外

表1　小学校外国語活動と中学校外国語科の目標（下線は筆者）

小学校外国語活動の目標	中学校外国語科の目標
「外国語を通じて、言語や文化について体験的に理解を深め、積極的にコミュニケーションを図ろうとする態度の育成を図り、外国語の音声や基本的な表現に慣れ親しませながら、コミュニケーション能力の素地を養う。」	「外国語を通じて、言語や文化に対する理解を深め、積極的にコミュニケーションを図ろうとする態度の育成を図り、聞くこと、話すこと、読むこと、書くことなどのコミュニケーション能力の基礎を養う。」

国語の音声に触れることにより、外国語を注意深く聞いて相手の思いを理解しようとしたり、他者に対して自分の思いを伝えることの難しさや大切さを実感したりしながら、積極的に自分の思いを伝えようとする態度を育成することである。また、ジェスチャー等の言語以外のコミュニケーションの手段等、児童の体験を通して様々なコミュニケーションの方法に触れさせることである。③は、児童の柔軟な適応力を活かして、外国語の音声や基本的な表現に慣れ親しみ、聞く力などを育成することである。そして、児童が体験的に「聞くこと」「話すこと」を通して、音声や表現に慣れ親しむこととしている。これらの①②③を踏まえた活動を統合的に体験することにより、中学校・高等学校等における外国語科の学習につながる「コミュニケーション能力の素地」をつくろうとしている（文部科学省，2008a: pp.7-9）ことが示されている。そして、「コミュニケーション能力の素地」が、中学校・高等学校の外国語科で目指すコミュニケーション能力を支えるものであること、また、中学校における外国語科への円滑な移行を図る観点から、目標として明示されている（文部科学省，2008a: pp.8-9）。

さらに、中学校への円滑な接続のために、「指導計画の作成と内容の取り扱い」について以下のように明記されている。

1　指導計画に当たっては、次の事項に配慮するものとする。

　⑴　外国語活動においては、英語を取り扱うことを原則とすること。

これは、中学校における外国語科は英語を履修することが原則であることを踏まえたものであり、また、「英語以外の外国語を取り扱う場合には、中学校における外国語科との関係にも十分配慮する必要がある。」と述べられている（文部科学省，2008a: pp.13-25）。

2　第2の内容の取り扱いについては、次の事項に配慮するものとする。

⑴　2学年を通じ指導に当たっては、次のような点に配慮するものとする。

イ　外国語でのコミュニケーションを体験させる際には、音声面を中心とし、アルファベットなどの文字や単語の取扱いについては、児童の学習負担に配慮しつつ、音声によるコミュニケーションを補助するものとして用いること。

この解説として、「アルファベットなどの文字指導については、例えば、アルファベットの活字体の大文字及び小文字に触れる段階にとどめるなど、中学校外国語科の指導とも連携させ、児童の過度の負担を強いることなく指導する必要がある。」「発音と綴りとの関係については、中学校学習指導要領により中学校段階で扱うものとされており、小学校段階では取り扱うこととはしていない。」と学習指導要領解説に記されている。

⑵　児童の学習段階を考慮して各学年の指導に当たっては、次のような点に配慮するものとする。

イ　第6学年における活動

第5学年の学習を基礎として、友達とのかかわりを大切にしながら、児童の日常生活や学校生活に加え、国際理解にかかわる交流等を含んだ体験的なコミュニケーション活動を行うようにすること。

この解説として、「外国語を用いた交流活動などの体験的なコミュニケーションを通して深めていくことで、外国人とのコミュニケーションを図る楽しさを体得することができるとともに、中学校外国語科に向けてのコミュニケーション能力の素地をつくることが可能になる。」と述べられている。

2．2．中学校外国語科（英語）

中学校外国語科では、小学校段階で体験的な活動を通して育んだ「コミュニケーション能力の素地」を、中学校の外国語教育で「コミュニケーション能力の基礎」を育成することを目標としている（**表1**）。そして、これは、以下の3つの柱から成り立っていることが明示されている。

① 外国語を通じて、言語や文化に対する理解を深める。

② 外国語を通じて、積極的にコミュニケーションを図ろうとする態度の育成を図る。

③ 聞くこと、話すこと、読むこと、書くことなどのコミュニケーション能力の基礎を養う。

とりわけ、③については、「小学校に外国語活動が導入され、特に音声面を中心として外国語を用いたコミュニケーション能力の素地が育成されることになった。このため、中学校段階では、『聞くこと』、『話すこと』に加え、『読むこと』『書くこと』

を明示することで、小学校における外国語活動ではぐくまれた素地の上に、これらの四つの技能をバランスよく育成することの必要性を強調したわけである。」（文部科学省，2008b: p.7）と、中学校英語教育では、小学校外国語活動を踏まえた指導を行う必要があることが学習指導要領解説に述べられている。

また、「中学校外国語科 第2節 英語」の目標も、これまでと異なり、小学校外国語活動を経験した生徒が中学校で学ぶことが考慮された目標となっている。すなわち小学校外国語活動で、特に音声面を中心とした外国語を用いたコミュニケーション能力の素地が育成されることを踏まえ、中学校英語の目標については、「聞くこと」、「話すこと」において、これまでの「英語を聞くことに慣れ親しみ」という文言が削除されている（文部科学省，2008b: p.8）（**表2**）。

表2　2011年度までと2012年度からの中学校外国語科（英語）目標

2011年度までの学習指導要領	2012年度からの学習指導要領
(1) 英語を聞くことに慣れ親しみ、初歩的な英語を聞いて話し手の意向などを理解できるようにする。	(1) 初歩的な英語を聞いて話し手の意向などを理解できるようにする。
(2) 英語で話すことに慣れ親しみ、初歩的な英語を用いて自分の考えなどを話すことができるようにする。	(2) 初歩的な英語を用いて自分の考えなどを話すことができるようにする。
(3) 英語を読むことに慣れ親しみ、初歩的な英語を読んで書き手の意向などを理解できるようにする。	(3) 英語を読むことに慣れ親しみ、初歩的な英語を読んで書き手の意向などを理解できるようにする。
(4) 英語で書くことに慣れ親しみ、初歩的な英語を用いて自分の考えなどを書くことができるようにする。	(4) 英語で書くことに慣れ親しみ、初歩的な英語を用いて自分の考えなどを書くことができるようにする。

更に、「2 内容」において、「小学校における外国語活動と中学校における外国語科の学習との円滑な接続が図られるよう、第1学年では小学校段階での外国語活動を通じて育成された素地を踏まえることへの配慮を示した。」とし、具体的に以下のように明示されている（文部科学省，2008b: pp.10-53）。

⑴　言語活動
(イ)　言語活動の取り扱い
ア　聞くこと
　小学校における外国語活動の導入に伴い、小学校段階で「聞くこと」についてある程度慣れ親しんでくることとなるので、生徒が「聞くこと」について実際にどの程度の状況にあるのかを適切に把握しつつ、その状況に応じて、この事項に関する指導の重点の置き方について柔軟に対応することが必要となる。
イ　話すこと
　改訂前に「英語の音声の特徴に慣れ」としていたものを、「英語の音声の特徴をとらえ」としたのは、今回の改訂で小学校に外国語活動が導入され、音声面での一定の素地があることを受けて一歩進めたものである。
ウ　読むこと
　「読むこと」の領域の学習は中学校から導入されることを考慮し、小学校からの円滑な接続を図るよう留意することが大切である。
⑵　言語活動の取り扱い
ア　３学年を通じ指導に当たっては、次のような点に配慮するものとする。
(ウ)　言語活動を行うに当たり、主として次に示すような言語の使用場面や言語の働きを取り上げるようにすること。
　第１学年において言語活動を行う際には、小学校における外国語活動でも慣れ親しんだことのあるような身近な言語の使用場面や言語の働きを取り上げることで、中学校における外国語の学習の円滑な導入を図ることが重要である。
イ　生徒の学習段階を考慮して各学年の指導に当たっては、次のような点に配慮するものとする。
(ア)　第１学年における言語活動
　小学校における外国語活動を通じて音声面を中心としたコミュニケーションに対する積極的な態度などの一定の素地が育成されることを踏まえ、身近な言語の使用場面や言語の働きに配慮した言語活動を行わせること。その際、自分の気持ちや身の回りの出来事などの中から簡単な表現を用いてコミュニケーションを図れるような話題を取り上げること。
⑷　言語材料の取り扱い
ア　発音と綴りとを関連付けて指導すること。
　この項目は、小学校において外国語活動が導入されたことを踏まえ、今回の改訂で新たに示したものである。

小学校における外国語活動では、音声を中心に慣れ親しみ、それを受けて中学校では文字を通した学習が始まることから、音声と文字の関係に触れた学習をすることが適切であることを示したものである。

例えば、小学校で play / pleɪ /や thank / θæŋk / などの音声に触れたあと、中学校では文字でどのように表すかを学ぶこととなるが、その両者を関連付けて指導することで、発音と綴りの関係に気付かせることが大切である。

3．小学校外国語活動を中学校英語教育へと繋ぐための実際

3．1．小学校外国語活動と中学校英語教育の「共通事項」

小学校外国語活動から、4技能を総合的に育成する中学校英語教育へと円滑に接続するためには、小学校で児童が体験を通して学んだ活動を踏まえて、中学校での学習を進めていくことが大切である。そのためには、小中の教員が連携をして、「出口」と「入口」を接続する「のりしろ部分」のカリキュラムを作成することや、小学校の教師が中学校英語を、中学校の教師が小学校外国語を指導する等、小中の交流を通して行うことが効果的である。

例えば、小学校外国語活動の「出口」では、中学校教科書に使用されている語彙や表現の活用、文字を補助的に用いた活動によって、児童が中学校英語に対して憧れや興味・関心が持てるような授業を組み立てる。一方、中学校英語教育の「入口」では、生徒が小学校外国語活動で慣れ親しんだ音声面での活動（あいさつ、好きな物、身の回りのもの、できること等）を通して英語の授業を行う。そして、小学生が外国語活動で使用した『Hi, friends!』等を活用することなどが考えられる。

学習指導要領において、小学校外国語活動では、内容の取扱いについて配慮すべき事項として「コミュニケーションの場面やその働き」、中学校英語教育では、言語活動の取扱について配慮すべき事項として「言語の使用場面」や「言語の働き」について具体的に示されている（文部科学省，2008a: pp.21-24；2008b: pp.21-28)。

小学校では、「外国語でのコミュニケーションを体験させるに当たり、コミュニケーションの場面や働きを取り上げること」としている。そして、「コミュニケーションの場面」では「特有の表現がよく使われる場面」と「児童の身近な暮らしにかかわる場面」、「コミュニケーションの働き」では「相手との関係を円滑にする」「気持ちを伝える」「事実を伝える」「考えや意図を伝える」「相手の行動を促す」の具体例が示されている。

一方、中学校では、「言語活動を行うに当たり、言語の使用場面や言語の働きを取り上げることと」している。そして、「言語の使用場面」では、「特有の表現がよく使

われる場面」と「生徒の身近な暮らしにかかわる場面」が明記され、「言語の働き」の例として、「コミュニケーションを円滑にする」「気持ちを伝える」「情報を伝える」「考えや意図を伝える」「相手の行動を促す」の具体例が示されている。そして、「第１学年において言語活動を行う際には、小学校における外国語活動でも慣れ親しんだことのあるような身近な言語の使用場面や言語の働きを取り上げることで、中学校における外国語学習の円滑な導入を図ることが重要である。」と述べられている（文部科学省，2008a: p.21；2008b: p.21)。

小学校外国語活動の「コミュニケーションの場面」と中学校英語教育の「言語の使用場面」、及び、「コミュニケーションの働き」と「言語の働き」には、共通事項が多い（**表３**）。したがって、中学校の英語教科書に掲載されている「言語の使用場面」を、小学校外国語活動に活用することは可能である。

表３　コミュニケーションや言語使用の場面とそれらの働き

小学校外国語活動	中学校英語教育
コミュニケーションの場面 「特有の表現がよく使われる場面」 ・あいさつ、自己紹介、買物、食事、道案内　など 「児童の身近な暮らしにかかわる場面」 ・家庭での生活、学校での学習や活動、地域の行事、子どもの遊び　など	言語の使用場面 「特有の表現がよく使われる場面」 ・あいさつ、自己紹介、電話での応答、買物、道案内、旅行、食事　など 「生徒の身近な暮らしにかかわる場面」 ・家庭での生活、学校での学習や活動、地域の行事　など
コミュニケーションの働き 「相手との関係を円滑にする」 「気持ちを伝える」 「事実を伝える」 「考えや意図を伝える」 「相手の行動を促す」	言語の働き 「コミュニケーションを円滑にする」 「気持ちを伝える」 「情報を伝える」 「考えや意図を伝える」 「相手の行動を促す」

3．2．中学校英語教科書を活用した小学校外国語活動

以下は、小学校外国語活動の教材として文部科学省が作成し、全国の小学校に無償配布されている『Hi, friends!』のレッスンにおいて、中学校の教科書に掲載されている「コミュニケーションの場面」で活用できるものを紹介する。（紙幅の関係上一部を抜粋した。）

<『Hi, friends! 1』Lesson1「世界のいろいろな言葉であいさつしよう」>

学習指導要領の指導内容では、児童の発達段階を考慮して、6年生では国際理解にかかわる交流等を含んだ体験的なコミュニケーション活動を行うことが掲げられており、外国人とのコミュニケーションを図る楽しさを体得することが求められている（文部科学省，2008a: pp.24-25）。このことから、「コミュニケーションの場面」として、日本人の友人だけでなく、外国人との挨拶として以下の内容を活用する。

教師は、児童に絵を提示し、これらの「吹き出し」に、どんな表現が入るのかを予想させる。そして、ALTと一緒に、この場面で使用する表現について気付かせ、慣れ親しむ活動を行う。児童が慣れてきたら、それぞれの役割を演じるために、「外国人の名前」で初めて会う状況を作り出して「挨拶ゲーム」を行う。

（『SUNSHINE ENGLISH COURSE 1』: p.7）

<『Hi, friends! 1』Lesson4「好きなものを伝えよう」；『Hi, friends! 2』Lesson3「できることを紹介しよう」>

自己紹介では、『SUNSHINE ENGLISH COURSE 1』のLet's Start ③の「自分のことを言ってみよう」や、『NEW HORISON English Course 1』の Multi＋1「自己紹介」にあるモデル文を参考にした活動を行うことができる。また、スピーチ

として、名前、誕生日、好きなもの、きらいなもの、なりたいもの等をメモ書き程度に書き、友達の前で発表する活動は、小学校外国語活動の仕上げとして、また、中学校英語の最初の授業で行うことが望ましい。

<『Hi, friends! 1』Lesson3「いろいろなものを数えよう」；『Hi, friends! 2』Lesson1「アルファベットクイズを作ろう－数を数えよう」>

児童の発達段階を考慮すれば、言語が英語であっても、単純にものを指し示して「1, 2, 3…」と数を数える行為は、高学年の活動として適していない。コミュニケーションの素地を育成するためには、数を尋ねたり、数を数えたりするための必然性がある場面での活動が効果的である。

以下の場面には、「数を数えること」や「数のやりとり」をするための状況がある。教師は、児童に数を予想させながら、“How many caps do you have ?”と尋ね、児童が自分の予想した数を答えることで、児童に数とその時に使用するやりとりの表現に慣れ親しませることができる。また、児童に数を予想させることで、彼らの「数」に対する関心度も高まる。さらに、袋の中のキャップの数を実際に数えれば、目的のある体験的な活動ができる。また、児童が予想した数と実際の数とを比較するために数を数えるプロセスは、「数を数えたい」というモチベーションにつながる。

（『SUNSHINE ENGLISH COURSE 1』：p.43）

<『Hi, friends! 2』Lesson6「１日の生活を紹介しよう」>

このレッスンでは、１日の生活についての時刻を尋ねる表現に慣れ親しむことや、世界には時差があることにも気付き、世界の様子にも興味を持つことが単元目標として掲げられている。

友達とのインタビュー活動として、『SUNSHINE ENGLISH COURSE 1』：pp. 56-57のSpeaking 1「時刻をたずねる」活動にある「時刻の言い方」「What time is it?」「What time do you usually eat lunch?」等の対話文、また、日課表に自分の時間を記入し、友達と対話して自分の時間を書き入れる活動「A: I get up at six thirty. What time do you get up?　B: I get up at seven (o'clock).」が有効である。

また、『NEW HORIZON English Course 1』：pp.62-63は、世界の様子にも興味を持たせるために、初めて「時差」の学習を行う児童の視覚教材として効果的である。児童は、「Now, What time is it in Sydney?」の教師の問いを音声で聞きながら、地図と時計を見て、「It's 8 a.m.」と答えることができる。

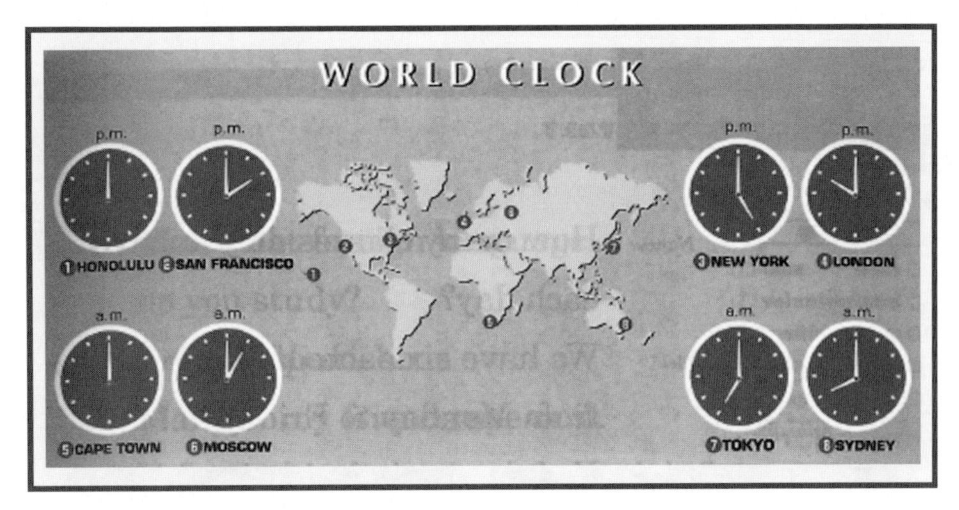

(『NEW HORIZON English Course 1』：p.63)

<『Hi, friends! 2』Lesson8「夢宣言をしよう」>

このレッスンでは、自分の将来の夢について友達と積極的に交流したり、どのような職業に就きたいかというやりとりの表現「What do you want to be?」「I want to be ～.」に慣れ親しむことを目標としている。また、小学校外国語活動の仕上げの活動として、自分の「夢宣言」を行うスピーチ活動が挙げられている（『Hi, friends! 2』：p.40)。

これらを発展させる活動として、「将来どのような職業に就きたいか？」という表現や「なぜ、その職業に就きたいのか？」を話す表現に慣れ親しませることで、多くの自己表現活動ができる。

『SUNSHINE ENGLISH COURSE 2』：pp.54-55には、「自分のしたいことが言えるようにしよう」という目的で、将来のプランについての表現「A: What are your plans for the future？　B: I want to be a doctor.」が掲載されている。さらに、その職業に就きたい理由についての表現「I want to be a nursery school teacher in the future. I would like to take careof children.」も掲載されている。

小学校外国語活動の教材である『Sunshine Kids book 2』にも、同じ趣旨で「将来の夢」について、職業とその理由を述べる活動として、「Astronaut: I like the stars in the sky. I want to be an astronaut.」「Teacher: I like children. I like

English. I want to be an English teacher.」「Singer: I like music. I like to sing songs. I want to be a singer.」「Photographer: I have a nice camera. I like to take pictures. I want to be a photographer.」等が掲載されている（『Sunshine Kids book 2』: pp.28-29；CD 54)。これらの表現を活用して、児童が自分のなりたい職業だけでなく、その理由についての表現にも慣れ親しむことができるので、スピーチややりとりの活動に有効である。

（『Sunshine Kids book 2』: pp.28-29)

４．おわりに

2011年度から小学校外国語活動が必修化となった。これは、2010年度までの「総合的な学習の時間」の英語活動とは異なり、中学校の英語教育に接続することとなった。小中の学習指導要領においても、小学校外国語活動を踏まえて中学校英語教育へと円滑に繋ぐことが明示されている。しかしながら、現場では、小中連携の具体的な進め方、とりわけ、中学校の英語教育に児童が抵抗なく取り組める教材や指導のあり方を求める声が多い。

小中連携を考慮した小学校外国語活動において、中学校への「橋渡し」の教材として、2012年度から導入されている中学校の教科書を活用することは効果的である。実際、小学校外国語活動の授業で、筆者が中学校の教科書を使用して指導した時、児童の発達段階に適した活動として非常に有効であった。しかしながら、中学校の教科書を使用することで、「中学校英語教育の前倒し」となるような活動も起こりがちである。語彙や文法を学習することを中心とした活動は絶対に避けるべきであり、あくまでも語彙や表現に慣れ親しませる活動を行い、教科書に掲載されてる絵等をコミュニケーション活動の場面として活用することである。

【参考文献】

アレン玉井光江（2010）『小学校英語の教育法』東京：大修館書店

Brewster, J. & Ellis, E. (2004) *The Primary English Teacher's Guide, (New edition).* England: Pearson Education Limited.

Cameron, L. (2001) *Teaching Language to Young Learners.* Cambridge: Cambridge University Press.

Curtain, H. & Dahlberg, C. A. (2010) *Language and Children (4th ed.)* Boston: Pearson Education.

笠島準一・関典明他（2012）『NEW HORIZON English Course 1』東京：東京書籍

文部科学省（2008a）『小学校学習指導要領解説　外国語活動編』東京：東洋館出版社

文部科学省（2008b）『中学校学習指導要領解説：外国語編』東京：開隆堂出版

文部科学省（2012a）『Hi, friends! 1』東京：東京書籍

文部科学省（2012b）『Hi, friends! 2』東京：東京書籍

新里眞男他（2012a）『SUNSHINE ENGLISH COURSE 1』東京：開隆堂出版

新里眞男他（2012b）『SUNSHINE ENGLISH COURSE 2』東京：開隆堂出版

Nunan, D. (1992) *Research Methods in Language Learning.* Cambridge: Cambridge University Press.

高橋美由紀他（2001）『Sunshine Kids Book 2』東京：開隆堂出版.

高橋美由紀他（2009a）『Hello, kids! Book 1』東京：開隆堂出版.

高橋美由紀他（2009b）『Hello, kids! Book 2』東京：開隆堂出版.

高橋美由紀・柳善和（2011）『新しい小学校英語科教育法』東京：協同出版.

第２部　小学校外国語活動（英語教育）の授業と小学校の取り組み

第1章 生きる力を育む小学校英語の創造 ～英語が話せる本宿っ子をめざして～

白井　直美・前岡崎市立本宿小学校長

1．はじめに

岡崎市立本宿小学校は、研究主題を「生きる力を育む小学校英語の創造～英語が話せる本宿っ子をめざして～」と掲げ、研究に取り組んでいる。岡崎市は、47全小学校が2010年度に文部科学省より教育課程特例校指定を受け、「英語が話せるおかざきっ子の育成」を目指している。本校はその推進の役割を担うべく、2011、2012年度に研究発表会を開催し、検証を繰り返しながら、よりよいものを目指して研究を重ねている。

2．研究の概要

⑴ めざす子供像

英語に慣れ親しみ、伝え合う楽しさを知り、積極的に英語でコミュニケーションを図ろうとする子

本校の考える「話せる」とは、「活動を通して耳慣れした英語を発話できるように慣れ親しむこと」と定義した。

⑵ 研究の手立てと研究構想

小学校１年生から６年生までの全校児童を対象に、次に示すような手立てにより実践を行っている。

【帯活動によるDVD教材の視聴】
- 岡崎市自作DVD教材「OK English（Okazaki Kids English）」の視聴

【外国語活動の授業の工夫】
- 担任・ALT・ST（英語支援員）の明確な役割分担
- 教材・教具やICTの有効活用
- 場面絵やチャンツの活用
- 「本宿小カリキュラム」に沿った指導計画と担任の授業プラン
- 評価の工夫

【外国語活動を支える環境整備】
- 校内掲示や英語集会

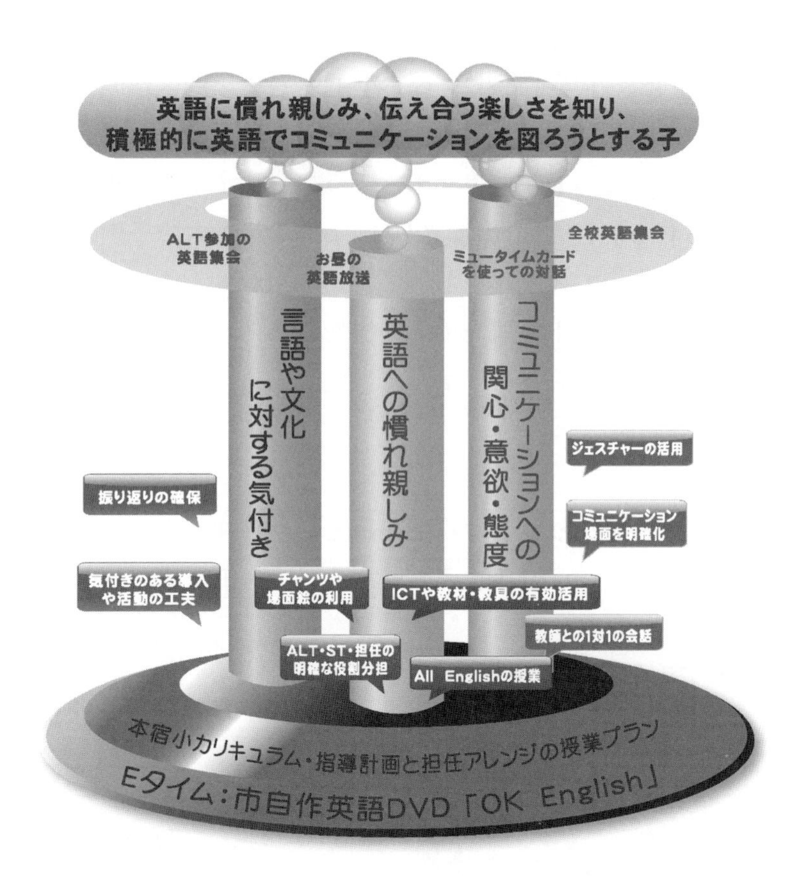

図1　岡崎市立本宿小学校の英語教育研究構想

(3) 段階を踏んだ学習

発達段階に合わせ、次のように時間数および学年別の目指す子供像を設定し、スパイラルに構成した「本宿小カリキュラム」に沿って授業を展開している。

表1　外国語活動の時間数と目標

学年	時間数（年間）	目標
低学年	10時間 (30分×15回)	『体験を通して、英語に楽しく触れる子』
中学年	20時間	『相手を意識し、英語に慣れ親しむ子』
高学年	35時間	『相手と英語で伝え合う楽しさを味わう子』

3．実　践

3．1．Eタイム（自作DVD教材「OK English（Okazaki Kids English）」の視聴の時間）

Eタイムとは、全校で毎日8分間「OK English」を視聴する時間のことである。

岡崎市の教員で構成された「英語が話せるおかざきっ子研究委員会」作成の自作DVD教材「OK English」は、小学１年生から６年生まで学年別に作成されている。Ｅタイムでは、原則、１週間同じ番組を視聴することとしており、月曜日はほぼ聞くだけの子供たちが、次第にリピートして声が出るようになっていき、週の終わりには元気に会話する姿が見られる。DVDの出演者は市のALTと市内の子供たちで、身近な人たちが出演することによって親近感をもって番組を視聴することができる。また、地域素材を生かした番組構成や市内観光地での撮影、あるいは見慣れた学校風景が用いられるなどの工夫がなされており、子供たちは興味をもって視聴している。

＜Ｅタイムの流れ＞

オープニングの歌 → 分かりやすい状況設定をしたスキット → 声を出して繰り返し → ALTとスキット練習 → エンディングの歌

Ｅタイムの様子

「OK English」DVD

単語や文の練習では、チャンツがとても有効であると感じる。子供たちは、単語や文を軽快なリズムに乗って楽しく口頭練習している。

低学年は、ジェスチャーを交えながら体ごと覚えているという感じであり、「自然に覚えてしまう」と言う子供も増えてきた。

「OK English」では、画面下の方に英語の文字を掲げている。これは本来、英語の苦手な担任用として導入したものであるが、子供たちは次第に、これを見ながら音と文字を結びつけることができるようになってきている。文字導入へのひとつの足がかりになるかもしれない。

毎日の積み重ねの効果は大きく、子供たちの英語を聞く耳が育っていると実感している。発音がとてもよいのにも驚かされる。Ｅタイムの取り組みを通じて、「ちりも積もれば山となる」が実証できていると確信しつつある。

＜Ｅタイム　年間計画表（５年生４～９月）＞

5年生 DVD視聴計画				目標	○身近なことや自分のことを相手と伝え合い、英語によるコミュニケーションを楽しむ。 ○難しい英語の音の発音の仕方を身につける。			英語活動指導計画		
月		OK English タイトル			内容（使いたい語句）	支援	歌	月		評価規準
4	1	1	Are you Mr. Brown?	1	Are you Mr. Brown? – Yes, I am. I am an English teacher.	Are you～？で先生たちの名前を質問しよう。二人以上で答えるときはWe are～を使ってみよう。	ABC song	4	世界のこんにちは	世界には様々な挨拶があることや挨拶のマナーを知る。
	2			2	This is my glue. That is your textbook.	自分の周りの遠いもの近いものをさしながら、自分の物・友達の物について言ってみよう。				挨拶や名前の紹介の仕方に慣れ親しむ。
				物語教材①						誰に対しても挨拶をして話しかけ、積極的に名刺交換をしようとする。
5	3			3	Is this your glove? – Yes, it is.	自分の手元や離れたものについて、となりの友達と質問し合おう。		5		
	4			4	This is my friend Mike. He is from Australia.	自分の先生や友達を男女の区別に注意して紹介しよう。			ジェスチャーをしよう	日本と外国語とでは、相手に自分の思いを伝えるためのジェスチャーに違いがあることを知る。
	5			5	Is she your sister? – Yes, she is. /No, she is not.	自分の周りの人のことを男女の区別に気をつけて、質問しよう				様々な感情や様子を表す表現に慣れ親しむ。
				物語教材②						ジェスチャーや表情を加えながら、進んで相手に挨拶しようとする。
6	6	2	Do you come to school every day?	1	Do you play the Shakuhachi? – Yes, I do. No, I don't. Do you come to school by bike?	演奏する楽器について質問しよう。		6		
	7			2	Do you drive? – I don't have a car. Do you speak Japanese?	いろんな動作を表す言葉を使ってみよう。			数で遊ぼう	日本と外国の数の数え方や遊びの違いを知る。
	8			3	What's your favorite subject? – English. It is interesting.	好きなものについて、その理由もつけて言えるようにしよう。	Take me home, country road			1から20までの数の言い方や数の数え方に慣れ親しむ。
				物語教材③						積極的に英語の数を使ったゲームをしようとする。
7	9			4	What do you have for breakfast? – I have rice and miso soup.	朝食に何を食べるか、たずねたり、答えたりしよう。		7		
	10	3	Sumire likes Japan very much.	1	What subjects do you like?	学校の教科の言い方や、好きな教科を質問してみよう。			自己紹介をしよう	外来語の音と英語の音には違いがあることを知る。
				物語教材④						好きなものを聞いたり、答えたりする表現に慣れ親しむ。
9	11			2	How many CDs do you have? – I have 5 CDs.	「いくつ持っていますか」と質問したり答えたりしよう。		9		積極的に好き嫌いを尋ねたり、はっきりと自己紹介をしようとする。
	12			3	This is my sister Lisa. She lives in Canada. She likes Japan very much.	自分のまわりの人について、言えるようにしよう。	It's a small world		いろいろな国の衣装を知ろう	世界には様々な衣服があることを知り、その言い方を理解する。
	13			4	Does Lisa like Japan? – Yes, she does. Does she read kanji?	自分のまわりの人について、たずねたり、～しませんという言い方に慣れよう。				衣服の買物の場面で、店に商品があるかないかを尋ねたり、答えたりする表現に慣れ親しむ。
				物語教材⑤						

３．２．外国語活動の授業

⑴ 外国語活動の授業形態

本校の授業形態は次のようになっている。担任が Classroom English を用いて授業の指揮をとり、ALTとSTがたっぷりと英語を聞かせる。

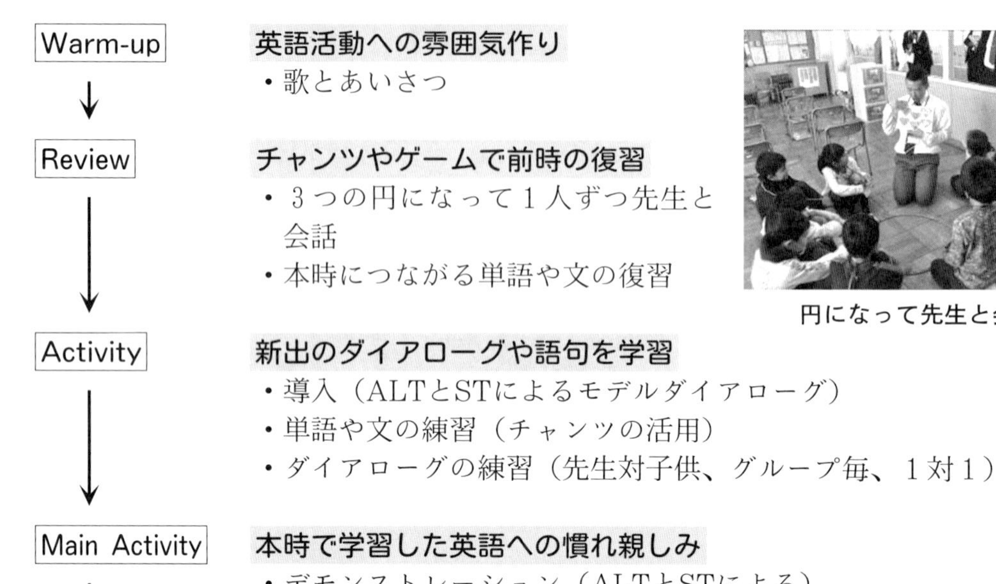

Warm-up　**英語活動への雰囲気作り**
- 歌とあいさつ

↓

Review　**チャンツやゲームで前時の復習**
- ３つの円になって１人ずつ先生と会話
- 本時につながる単語や文の復習

円になって先生と会話

↓

Activity　**新出のダイアローグや語句を学習**
- 導入（ALTとSTによるモデルダイアローグ）
- 単語や文の練習（チャンツの活用）
- ダイアローグの練習（先生対子供、グループ毎、１対１）

↓

Main Activity　**本時で学習した英語への慣れ親しみ**
- デモンストレーション（ALTとSTによる）
- 場面絵の提示
- 教員による評価

↓

振り返り　**本時の振り返り**
- モデルダイアローグを再度聞く（ALTとSTによる）
- 振り返りカードの記入
- 歌

⑵ 担任による指導過程作成と教材・教具の工夫

指導がALT任せにならないようにするため、指導過程は担任が作成する。子供と毎日接している担任だからこそ、目の前の子供の興味・関心に合わせた授業や教材・教具を作ることができる。また、担任も子供と一緒に楽しんで行うことが、外国語活動では一番大切なことだと考える。

＜自作の自動販売機を使った授業―What do you like? の導入＞

担任が段ボールでジュースの自動販売機を作成した。お金が落ちる音、ジュースが出てくる音まで録音してある。まずはALTとSTの会話を聞かせる。

ALT: It is hot.　I am thirsty.

ST: Me, too.

ALTとSTの会話

ALT: Do you like coffee?
ST: No.
ALT: What do you like?
ST: I like milk.
ALT: Here you are.（手渡しながら）
ST: Thank you.

次に担任とALTが会話をする。

担任とALTの会話

ALT: Do you like milk?
HRT: No.
ALT: What do you like?
HRT: I like リポＤ！

子供たちは、担任が栄養ドリンクを好んで飲んでいることを知っているので大喜びであった。担任ならではのアイデアを取り入れたことで、What do you like? の学習を楽しく導入することができた。

この Activity を含む学習指導案を次ページに示すので参照されたい。

＜変身トンネル－日本語との違いに気付かせる教具＞

低学年に単語を導入する際、例えば、すでに外来語として入っている言葉について、日本語とは違う発音だということに気付かせるのに有効な教具として「変身トンネル」を作成した。例えば色の導入では、トンネルの入り口に日本人のSTが立ち、ピンクの電車を持ちながら「ぴんく、ぴんく、…」と日本語で言いながらトンネルに入れる。中間地点でALTに交代し、「pink, pink, …」とALTが英語の発音をしながら、電車を通過させていくというものである。母音で終わる日本語と子音で終わる英語の発音の違いに子供たちは気付くことができた。

発音の違いを知る「変身トンネル」

STが日本語で、ALTが英語で発音

第３学年１組　英語活動学習指導案

平成○○年○月○○日（火）　第○時限　　３年１組教室　指導者　○○　○○
ＡＬＴ　○○○
ＳＴ　○○　○○

１　単　　元　Lesson 2　牛乳がすき　"I like milk."（４時間完了）
２　単元目標
（１）好きな食べ物について，ALT・STや友達と意欲的に会話しようとする。（関心・意欲・態度）
（２）好きな食べ物について尋ねたり、答えたりする表現に慣れ親しむ。（英語への慣れ親しみ）
（３）食べ物を表す英語と日本語の音の違いに気付く。（言語や文化への気付き）

時間	児　童　の　活　動	教師の活動（○担任　●ALT，ST）
Warm-up	１　歌を歌い，あいさつをする。	○授業の開始と同時に音楽を流す。 ○**Let's start English class.** ○●児童と一緒に歌い，あいさつをする。
	２　既習事項の復習をする。 ・円になって，それぞれの教師と一人ずつ対話をする。 "Do you like ~?"　"Yes./ No."	○**Make three circles.** ○●３つのグループに分かれて,児童と１対１で会話する。 ○大きな声や反応のよい児童を称賛する。 ○●児童の答えに反応するように心がける。
5		
Review	３　Do you like～？の文とその答えの文を復習する。 ・飲み物の絵カードの一部を見せて、What's this? で答えさせてから、Do you like～？の練習をする。 ・近くの席の友達と会話をする。	○**Let's review.** ●STが絵カードを持ちALTが発音する。 ○カスタネットでリズムをつける。 ○上手に言えない児童の近くで支援をする。 ○●多くの児童と会話する。 ○"Me, too."等を使って反応している児童を褒める。
5		
Activity	４　モデルダイアローグを聞く。 （１回目） A: Do you like green tea?　S: No. A: Do you like coffee?　S: No. A: What do you like?　S: I like milk.	○**Let's listen to a model dialog.** ●ジェスチャーを付け，寸劇を行う。 ○●自作の自動販売機を使い、自然な場面設定の中で，１回目はALTとSTで会話を行う。
	（２回目） A: Do you like milk?　H: No. A: Do you like grape juice?　H: No. A: What do you like? H: I like リポ D.	○●２回目はALTと担任で会話をする。 ○担任はユーモアを交えながら、ALTと会話し、意味を推測させる。
	３－１の好きな飲み物ナンバー１は何？	
	５　ＡＬＴの質問に数人の児童が答える。 ・自動販売機の飲み物の中で、好きな物を答える。 ALT：What do you like? 児童：I like orange juice.	○**Let's answer.** ●まず全体に質問してから、指名して数人の児童に好きな飲み物を答えさせる。
	６　英語版フルーツバスケットをする。 ・飲み物のカードを一人一枚もち，自自分のカードの飲み物の文を言われたら，立って席を移動する。 全員：What do you like? おに：I like milk. →　I like milk and　green tea.	○**Let's play a fruit basket game.** ○楽しく新出対話に慣れ親しませるために，児童がよく知っているゲームを使う。 ○●ＡＬＴ，ＳＴ，担任もゲームに参加する。 ●途中で好きな飲み物を１つから２つに増やすように指示する。
30		
Main Activity	７　好きな飲み物のインタビューゲームをする。 ・インタビューで使う対話を練習する。 ・隊形は円のままで行う。 ・まず，男子が立って，女子に好きな飲み物のインタビューを行う。 ・次に女子が立って，男子に好きな飲み物のインタビューを行う。 ・聞いたことをワークシートに記入する。	○**Let's play an interview game.** ○場面絵を提示する。 ●場面絵を意識させながら，模範対話をする。 ○●ゲームの進め方をやって見せる。 ○互いの顔を見て会話するよう指示する。カードに書くのは話した後に記入するように告げる。 ●児童と会話し，上手に言えない児童の支援をする。 ○座席表をもちながら，抽出児を含む数名の活動の様子を評価する。
	８　授業の振り返りをする。 ・再度ＡＬＴとＳＴの対話を聞く。 ・振り返りカードに記入する。	○**Let's listen to a model dialog again.** ●再度モデルダイアローグを演じる。 ○**Let's check your cards.**
45	９　歌を歌い，あいさつをする。	○●児童と一緒に歌い，元気にあいさつをする。

＜場面絵の活用＞

新しい表現を導入した後は Activity の段階に移り、チャンツで楽しくその表現を練習する。十分に練習した後は、Main Activity の段階に入り、習得した表現を使った自然な会話表現を学ばせていく。基本的には文字を使って教えていないため、いかに会話の表現を理解させるかがポイントになる。そこで、状況設定が一目でわかる場面絵を作成することにした。できるだけ具体的な絵や写真を用いることにより、会話をスムーズに発話させたり、想起させたりすることができるようになった。

- Do you like milk? の場合

A: Do you like milk?
B: No.
A: Do you like tea?
B: Yes. I like tea.
A: I like tea, too.
B: I see.

- What do you like? の場合

A: Do you like music?
B: Yes.
A: Do you like music?
C: No.
A: What subject do you like?
C: I like ～.

⑶ 評価の工夫

外国語活動の評価の観点は、目標と表裏一体と考え、①コミュニケーションへの関心・意欲・態度、②英語の音声や基本的な表現への慣れ親しみ、③言語や文化に関する気付きの3つとした。そして、評価の方法として、以下の3点を掲げた。㋐ 子供による「振り返りカード」を用いた自己評価、㋑ 担任による「評価名簿」を用いた行動観察評価、㋒ 教師による「ミュータイムカード」を用いたパフォーマンス評価である。

㈠ 子供による「振り返りカード」を用いた自己評価

毎時間の授業の終わりに、児童が学びを振り返る時間を設定し、自己評価をさせる。学年の発達段階に応じて、評価項目や表記の方法を工夫している。文章表記による記述も単元ごとに行うようにし、「言語や文化に関する気付き」も大切にしている。６年生では、単元の始めに各自の目標を記入させ、自発的な学習を奨励している。

今日の学習をふりかえろう
MEW Check Card　Name（　　　）
Lesson5「Turn right. 道案内をしよう」
目標　スミレ先生に進んで話しかける。
よくできた…4　まあできた…3　あまりできなかった…2　できなかった…1

	9/13	9/	9/27	
学習した英語の意味がわかったか。	4	4	4	**** ****
学習した単語や文が言えたか。	4	4	4	**** ****
先生や友達が言うことをだいたい聞き取れたか。	4	4	4	**** ****
話す活動に積極的に参加したか。	4	4	4	**** ****
スミレ先生に進んで話しかけたか。		4	1	**** ****

コメント
9/13「左に行く」の英語は、go で行く、left で左で、「行く左」と順番がちがった。
9/22 道案内はすらすらできたのでよかったです。
9/27 自分の家までの道が地図だと最初よく分からなかったけど何回も話しているうちに分かって、言えるようになりました。友達の家までの道もしっかり聞くことができたのでよかったです。

児童が記入する「振り返りカード」

㈡ 担任による「評価名簿」を用いた行動観察評価

授業の Main Activity において、子供の活動の様子を担任が名簿や座席表に記録する。１時間の授業においては、抽出児を含め、数名の子供に絞り自由表記で行う。

6年■組	意欲	話す	Lesson 4 I want to go to Italy.
1 ■■■	A	B	クラスの前で発表できた。照れながらも大きな声で。
2 ■■■	A	B	Excuse me. がでない。その後はスムーズに。
3 ■■■			
4 ■■■	A	B	クラスの前で発表→1番に挙手
5 ■■■			
6 ■■■	A	B	ALT, STのところに頻繁に行くようになる。Becauseが[illegible]
7 ■■■	B	A	ジェスチャーをつけてみんなの前で発表。

児童の活動の様子を記入する「評価名簿」

㈢ 教師による「ミュータイムカード」を用いたパフォーマンス評価

単元の終わりに、授業で使った場面絵を用いて、担任や他の教師の前で、１人または２人で会話をする時間を設定している。長い休み時間や昼休みには、校長室や職員室に場面絵を持って、子供たちがやってくることもある。それに対して教師は、褒め言葉をかけ、シールやサインで称賛している。

⑷ 校内環境

校内環境を整えることは、外国語活動をより自然に受け入れるための大切な要素のひとつである。本校では、週１回の外国語活動を単発で終わらせず、点と点を結び付けて継続した活動にしていくという意味において、アルファベットの文字を校内に少なからず掲示しているが、日頃からある程度の英単語を目に触れさせることで、英語に対する抵抗感が小さくなると考えた。また、掲示によって外国の文化や世界のことを知る機会ともなり、他学年の様子を知ることもできる。こうした点から、校内環境を整えることも外国語活動を支える重要な役目だと考え、以下のような工夫を行っている。

㋐ 英語コーナー

本校のメインストリートの一角に英語コーナー「Motojuku English World」を設けている。子供が最もよく通る場所で、多くの子供の目に触れる。そこにはいたるところにマスコットキャラクター「MEW（ミュー）ちゃん」が配置されている。MEWちゃんは、Motojuku English Worldの頭文字から命名されたもので、地球を胴体にし、日本が世界とつながっている様子を表している。

英語コーナーには、各学年の外国語活動の授業の様子や、英語集会の様子が写真で掲示してある。また、世界地図とともに各国の時刻を絵でわかりやすく示している。また、英語の童話が本棚に陳列してあり、気軽に読むことができる。さらに音声にも慣れ親しめるようにCDラジカセを置き、子供たちが操作して英語の音を楽しんでいる。

本校のメインストリートの一角にある英語コーナー

㋑ 階段・特別教室の表示

階段を利用して、アルファベットや月名、曜日、数字などを表示している。『Hi, friends! 1』では、アルファベットの大文字が登場し、『Hi, friends! 2』では、小文字が出てくるなど、高学年になると文字への興味もわいてくる。日頃からアルファベットを目にする環境を作っておくことで、文字導入へのスムーズな流れができていると考えている。

特別教室の表記もアルファベットで表記し、自然に目に触れるようにした。子供たちは絵を添えることによって、より楽しい雰囲気を味わっていると感じている。

楽しく英単語に触れられるように校内の掲示を工夫

(ウ) 外国語活動教材バンク（MKB48: Motojuku Kyozai Bank48）

全学年の指導案や手作り教材が学年別・単元別に保管されている（指導案は校内のパソコンにも保存）。教材・教具は外国語活動を楽しく、効果的にするためには欠かせないものであるが、作成するのに時間と手間がかかる。そこでこの教材バンクに集め、教員間で共有することにした。指導案や教材・教具の共有化により、担任の負担軽減ができたり、経験が浅い教師のレベルアップにつながっている。

外国語活動の教材等を集めた教材バンク

(エ)「学習の足あと」の掲示

外国語活動で学んだ表現は、単元ごとに1枚の用紙にまとめ、教室や廊下に掲示する。絵や写真をふんだんに用いて、楽しく、わかりやすく作成し、振り返りに活用している。外国語活動の授業においても、復習に活用したり、習った表現を思い出させ

学習したことを教室・廊下に掲示

たりするのに有効である。廊下では、子供同士が掲示物について話題にしたり、会話をしたりする姿が見られる。

(5) 英語集会

(ア) 全校英語集会

1学期と2学期の年2回、全校英語集会を行っている。学級単位で行われる外国語活動の授業とは別の視点で、英語に慣れ親しんでもらおうという狙いがある。異年齢交流をしたり、多くの外国人と話をしたりすることができ、異文化理解をするよい機会ともなっている。

全校英語集会でのクイズの出し物

集会には、岡崎市のALT19名を招いて歌やゲーム、クイズなどを行い、名刺交換ゲームでは、英語で挨拶・自己紹介をしながら学年で異なる色の名刺を相互に交換し、すべての学年の子供と交流を図る。学年が進むにつれて名刺に記された自己紹介の文も増えていき、ALTの特別な名刺をもらうために長い列ができることもあった。クリスマスにちなんだ題材のクイズでは、異文化に触れ、楽しく英語に触れている子供たちの姿も見られた。

企画・運営は教員とALTがともにアイデアを出し合い、より有意義なものにしようと心がけている。

(イ) ミニ英語集会

月1回、学校朝会の折に短い時間で行う。学級ごとに学習成果を発表するという位置づけで、学級担任が子供とともに企画運営し、司会・進行は子供が行う。6年生が1年生をサポートしながら、歌やゲームを行う姿も見られ、どの学級がどんな活動をやるのかとても楽しみな活動となっている。

学校朝会の時間を使ったミニ英語集会

- ミニ英語集会で扱った内容

Rock, Scissors, Paper 1, 2, 3	Seven Steps	The Honkey Pokey Shake
I can see a Rainbow	Action Colors	Let's go hunting!

４．おわりに

めざす子供像の実現に向けてさまざまな手だてを講じて取り組んできたところ、少しずつ成果が表れてきた。まず、岡崎市自作の英語DVD教材を毎日継続して視聴したことで、英語を聞く耳が育ち、英語らしい発音を身につけることができるようになった。さらに、担任が子供の実態に合わせて活動を立案したり、教材・教具を工夫したりすることで、子供たちは言語や文化の違いに気付いたり、英語で伝え合う楽しさを味わったりするようになってきた。

しかし、まだまだ課題もある。特に、中学校の英語学習とスムーズな接続ができるように、カリキュラムの内容や小中連携のあり方の見直しを進めていきたいと考えている。

【参考文献】

国立教育政策研究所（2011）「小学校英語活動における評価方法等の工夫のための参考資料」

第2部

第2章 本気の英語教育 公立小学校での挑戦

齋藤 早苗・品川区立芳水小学校長（前品川区立小山台小学校長）
アレン玉井 光江・青山学院大学教授

1．はじめに

表題にしている「本気で英語教育」というのは、本校を見学に来られた通信社の方が書かれた記事のタイトルである（『内外教育』2011年３月１日）。英語は週１回、年間にすると35回、といっても実質35回行うことはまず無理であるが、私たちはたかが35回と考えずに、されど35回と考え、真剣に英語教育に取り組んできた。

筆者は、教師が「ビック・ボイス！」と促して大きな声でたくさん発話させ、決まったフレーズの練習をして、覚えて、友達とやりとりしながらサインを集める、そんな活動が活発でよいとする英語の授業を多く見てきて違和感を抱いていた。コミュニケーションとはそういう量的なものではなく、相手とのかかわりの中で、気持ちを、心を伝えるもののはずではないだろうか。そこで筆者らは「本当の学び」に通じる英語教育を実践し、「豊かな言葉の力」を育みたいと考えた。

本報告においては、過去５年間、私たちがどのような考えで、品川区立小山台小学校において英語教育に取り組んできたのかについて報告する。

2．品川区の英語教育

英語のプログラムについて述べる前に、品川区全体の教育改革について述べておきたい。同区では2000年度より、21世紀の新しい学校づくりを目指して「プラン21」という教育改革プログラムを展開している。「プラン21」とは、次のようなコンセプトを土台にしている。

① 社会の変化に主体的に対応し、品川区の教員、公立学校の質を向上させる改革
② 学校の主体性・自立性の発揮と学校を支える教育委員会のサポート体制の充実
③ 学校、家庭、地域社会との実質的な連携を充実する教育の推進
④ 品川区の「長期基本計画」に位置付けた計画的・段階的な改革

これに従い、小学校では2000年度より、また中学校では2001年度より「学校選択制」が始まり、各学校では「個別学習」「習熟度別学習」「小学校の教科担任制」「中学校の公開授業」「小中連携教育」「小学校での英語教育」などの特色作りに取り組んできた。2002年度には、「外部評価者制度」が導入され客観的な学校評価が始まり、さらに「学力定着度調査」が実施され、確かな学力の定着が目標とされている。

小中一貫教育は、この「プラン21」の延長線上にあり、義務教育期間の9年間にわたり、子どもたちの成長を責任をもって支えるという思いから、保護者、地域、議会からの要望に応える形で、2006年度より、品川区の全ての小・中学校で小中一貫教育がスタートした。

品川区では、子どもたちがグローバル化の進む世界状況に対応し、21世紀を生き抜いていくため、英語によるコミュニケーション能力を身につけることが重要であると考え、英語教育に力を入れている。2006年度より「英語科」を新設し、第1・2学年は年間20時間、第3～6学年は年間35時間（週1時間）の英語の授業を行っている。これは2003年度から始まった「構造改革特別区域研究開発学校」制度を利用したもので、2008年度以降は「教育課程特例校制度」の指定を受けて、特殊な英語学習環境を整えている。

英語科では、9年間を通して「聞くこと」「話すこと」を中心とした一貫性・系統性のある実践的・実用的コミュニケーション能力の育成に重点を置いている。小中一貫教育を推進する立場から、第1～4学年の時期は「英語に親しむ」、第5～7学年の時期は「英語を身につける」、第8・9学年は「英語を活用する」という達成目標を設定している。児童生徒の興味・関心を喚起する指導法や指導体制を目指して実践を積み、区の独自教材である『Teacher's Resource Book』も作成された。

3．小山台小学校における英語教育

本校の英語教育は、2002・2003年度に品川区で国際理解教育推進校の指定を受けたところから始まった。その後、2009～2011年度に文部科学省の研究校に指定され、「英語教育改善のための調査研究事業」に参加、また同時に品川区立小学校校長会指定研究開発校の指定を受け、「わかった、話せた、進んでできた」を大切にした英語学習というテーマのもと2008・2009年度に研究を行った。前述の文部科学省委託研究は、民主党政権の「事業仕分け」により予算が大幅に削られた影響で、2010年度以降、その研究は行っていないが、2010・2011年度は品川区教育委員会研究学校として、そして2012・2013年度は品川区カリキュラムマネジメントモデル校として、本校の英語教育の研究は現在も続いている。

ここでは、筆者が本校に着任した以降の英語教育を、2つの段階に分けて紹介する。まず、2008・2009年度品川区立小学校校長会指定研究開発校、および2009年度文部科学省英語教育改善のための調査研究学校としての研究について述べ、次に2009年度以降、本校の英語教育に深く関わっていただいている青山学院大学教授のアレン玉井光江先生と共に行ってきた研究について述べる。

４．「わかった、話せた、進んでできた」を大切にした英語学習を探る研究

2008・2009年度は品川区立小学校校長会指定研究開発校、および文部科学省英語教育改善のための調査研究学校として研究に取り組んだ。

４．１．それまでの研究の経緯

それまでの研究を経て、教員の中から「児童は英語のもつリズムや表現の面白さ、ゲームや活動の楽しさを感じ、積極的に英語活動に取り組むようになってきたものの、ただ英語活動が『楽しい』『面白い』では児童の関心や意欲の高まりにおいて行き詰まりを感じるようになってきた」という声を聞くようになった。従来行ってきた「児童が主体的に取り組むための指導法の工夫」「児童の－できた感－を実感させるための評価の工夫」「モジュールの時間を効果的に使ったカリキュラムの見直し」「教師の授業力の向上」といった研究が成果となって表れてきた一方で、本校の児童は全体的に受け身で、自分を積極的に表現したり、自分に自信をもって何事にも取り組んだりする姿勢や態度が育っていないという実態があった。かかわりを大切にする子どもの育成、児童の変容を見取るための評価の研究、よりよい授業づくりの方法が課題となった。

４．２．研究テーマの設定

研究のテーマは、どうすれば「自信をもって伝える力」をつけることができるのかというものであった。これは本校に着任して以来、筆者がどうしても児童に身につけてもらいたいと願っている最大のテーマでもあった。また、これからの社会において、国際人として生きるために英語学習は大切である。柔軟性や適応性の豊かな小学校段階から英語にふれる、その意義と価値を明らかにしようと取り組んだ研究であった。

そこで、「わかった、話せた、進んでできた」を大切にした英語学習での児童の姿を次のように考え、授業実践に取り組んだ。

「わかった」　　…　相手の言いたいこと、意図することを理解しようとする姿
「話せた」　　　…　自分が伝えたいことを表現しようとする姿
「進んでできた」…　積極的に人とかかわろうとする態度。相手とわかり合えた喜びや達成感、もっと知りたい、もっとわかりたいという意欲が高まっている姿

4．3．研究の全体像とその成果

1時間の中で、児童が「わかった、話せた、進んでできた」を実感できるように指導案を立てること、つまり、単語や基本の文を理解する、それを使って発話する、さらに、それを使ってもっと知ろうとしたり、話そうとしたりする自主的な活動を発展させていこうと考えた。1時間の学習が「ゲームが楽しかった！」で終わらないように、また子どもたちが「わかった、話せた、進んでできた」ということを実感できる「学びとしての英語学習」を考えた。実際の授業では、教師はClassroom Englishを使って、英語で授業を進めるように努力し、研究授業の際には、ALT、担任、ボランティアのやり取りを英語でシナリオ化し、授業に臨んだ。教師が自信をもって授業に臨めるように英語研修会および事前授業の展開練習も行った。

また、「コミュニケーション能力を育てる」「子どもたちに自信をもって表現する力をつける」ことは、英語学習だけで養われるものではないので、他教科や日々の生活の中で、「教師がほめる」「子どもたちが意欲的に表現活動をする機会をつくる」など、教育活動全体で取り組むように心がけた。

英語科としての目標は、前述の品川区小中一貫教育要領に従い、題材・言語材料は『Teacher's Resource Book』にあるもの、または準拠したものを使用した。また評価に関しては、東京外国語大学外国語学部（当時）の長沼君主先生ご指導のもと、特に研究を進め、児童の自己評価カードにCan-Do評価を取り入れた。具体的に「これができればよい」という規準を設けることで、子どもたちに安心感と満足感を与えることができると考えた。

以上のような研究成果をまとめ、私たちは以下のような「子どもに自信をつけるための小山台の英語学習10」を考えた。

① テーマで繋ぐ学習意欲
② 耳でからだで英語のリズムをつかむ
③ 英語モードに切り替え　英語の授業は英語で
④ 英語ボランティアとつくる手作り授業
⑤ 日々進歩　自己評価をかさねて
⑥ 視覚情報と結びつきを助ける読み聞かせの継続
⑦ ステップアップ学習実施　モジュール学習の利用
⑧ 教師もともにがんばるためにスキルアップの機会を増やす
⑨ 校内環境にも英語を取り入れ　日常的に英語に親しむ
⑩ 小学校→中学校のスムーズな移行のために連携をはかる

4．4．課題

2009年度の研究発表をした後に、教員の間から出てきた言葉は、「学びとしての英語学習を追究したい」「子どもたちの英語の力をつけてあげたい」「私たち教員の英語の力をつけたい」というものであった。

「子どもに自信をつけるための小山台の英語学習10」で、小山台小学校の英語学習の基本的なスタイルは確立できた。子どもたち、そして教員は自然に英語に取り組むようになったし、子どもたちの英語を聞き取る力も伸びてきた。しかし、彼らの中に英語という言語が本当に育ったのだろうか、英語を学ぶという姿勢が身についたのだろうかと考えた。つまり、子どもたちの中に体験的な理解は深まったが、どの程度の言葉が残ったのだろうかという疑問である。英語という言語をきちんと「学ぶ」という経験を通して、「学び」の態度や「英語の力」をつけていき、豊かな言葉を子どもたちの心の中に育てたいという思いが募っていった。

一方で2009年度の研究発表会は、教員に達成感や成就感をもたせ、英語教育に対する意識の転換を図ることができたと確信できるものであった。それは、研究発表会が終わって、「もう英語の研究に疲れた」と言うどころか、英語教育に対してさらに挑戦してみたいという気運が職員室で高まっているのを肌で感じたからである。

筆者にとってこの研究で経験した紆余曲折は、英語教育研究を語る上での原点になっていると考えている。

5．ことばを育てる－公立小学校における英語学習の可能性を探る研究

これは品川区教育委員会研究学校として取り組んだ研究である。前項で述べた研究を終え、課題を整理し、これからの英語学習について考え、「もっと目に見えるような英語の力を子どもたちにつけたい」という想いを抱いていたときに、青山学院大学教授のアレン玉井光江先生に出会った。2010年度より、アレン先生には週1回担任とともに高学年の授業を担当していただいている。ここでは、アレン先生と進めてきた「本気の英語教育」について報告する。

5．1．研究テーマ

最初の段階での話し合いの後、アレン先生は小山台小学校での英語教育の目標を具体的に提示された（177ページ参照）。他教科同様に学びを求めた授業を展開し、言葉として英語を子どもたちの中に育んでいくというアレン先生の考え方に私たちも賛同し、研究を進めることとした。本校が大切にしていたことは、「本当の学び」を通して、お互いの心を通わせられる「豊かな言葉の力」をつけることである。それが、前

回の研究テーマでもあった強く生きるための自信を子どもたちに育むことになると筆者は考えたのである。

５．２．研究の全体像と成果

アレン先生の指導のもと、私たちは次の６つのことを大切に指導してきた。それぞれについての説明は紙幅の関係でここでは割愛するが、興味のある方は、私たちが作成した研究紀要『ことばを育てる』(2012) を参照されたい。

① 意味のある文脈の中で「ことば」を育てること
②「ことば」を「こころの動き」と結びつけて考えること
③ リタラシー（読み書き）の能力を育てること
④ 授業の framework をつくり、スパイラルに学習すること
⑤ 語彙学習で「ことば」を蓄えること
⑥ チームで授業を創る、コミュニティで子どもを育てること

①～⑤については英語学習の観点からの目標であるので、アレン先生の指導に基づき研究を進めていった。筆者は、小学校教育そして学校経営という観点から、⑥について意見を述べたいと思う。

現在本校で行っている様々な英語教育の試みは、アレン先生の長年の研究と実践から得られた知見に基づくものである。指導に入っていただいている高学年はもとより、低・中学年のカリキュラムおよび教材を作る際にもご指導をいただいている。まさに研究者と現場の教員が一緒になって授業を創り上げているのである。研究者だけでもできない、教員だけでもできない、研究者と教員がコラボレーションすることで小山台小学校の英語教育は創られている。

アレン先生との共同授業の様子

ALTを交えた校内研修の様子

教員は、ややもすると自分たちの力で問題を解決しようとする傾向がある。いろいろな方の力を借りることはあるが、それは「ゲスト」や、「協力者」という認識で、指導の主体はあくまでも教員ということが多い。それ自体が悪いことではなく、責任感

をもって指導にあたっている教員の姿の一端を示していると思う。しかし今回経験しているのは、お互いに意見を出し合い、悩みあい、授業を創りあげていく作業であり、「チームで授業を創る」ということを強く意識する経験を積んでいる。

そうすることの意義は２つあると筆者は考えている。

ひとつは、教員は目の前の子どもにどんな学習内容をどういう方法で指導するかという実践が最優先であり、なぜその指導が有効であるかという理論の裏づけについては専門家ではないということである。いくらよい実践をしていると言っても、その価値を説明しきれない弱さがあり、その理論を研究者から学び、それに基づいて有効な実践を一緒に模索することができた。これは大きな強みであり、何より説得力をもつのだと考える。

もうひとつは、公立学校において特色ある教育活動を継続するために大切なことだからである。公立学校の教員には人事異動という宿命がある。子どもたちに直接指導するのは教員だが、教員には入れ替わりがある。筆者は、特色ある教育活動がその学校に根付くためには、地域で生活する保護者や地域の方、そして常に変わらない理論をもつ専門家の方々のバックアップなくして成り立たないと考えている。その時の教員だけが共有する教育では、その場限りになってしまうと考えるからである。

ある時期、本校に着任したての教員が、自分たちだけで英語教育をする必要があるという考えから「『脱アレン』の英語教育が大切だ」という発言をしたことがあった。今まで、自分たちだけで取り組んできた経験と、そうでなくては他者が納得しないだろうという考えがそう言わせたのであろうが、教員の社会は得てしてそういう思考回路になりがちであると再認識させられた場面であった。

研究の理論と実践がかみ合って、確たる形ができたとき、初めて私たち教師の手による実践が成り立つのである。茶道でいう「守・破・離」の心得と同じである。筆者は、このチームで創る実践と研究は確かなものなのだということをさらに強く理解させていった。

５．３．課　題

小学校英語教育を正面から取り組めば取り組むほど、課題の多さを痛感した。公立の小学校で、力をつける英語教育に取り組もうとすればするほど、壁にぶつかることが多いのは当然である。

まず、授業時数の少なさ。「たかが35時間、されど35時間」という意気込みの中、授業時数の少なさに限界を感じてしまうのは、本気で取り組んできたからこそではないだろうか。

そして、教員が今の英語教育を特色ある教育活動として継続、発展させたいと考えていても、公立学校では管理職や教職員の異動があるという現実。人が変わっても続けられる指導体制の組織化、人材育成の仕組みづくりが大きな課題である。

また、小学校から中学校への接続という、義務教育9年間を見通した英語教育の確立を目指す必要もあると考えている。

6．まとめ

「ことばを育てる」研究をアレン先生と共に取り組み、英語の授業を作り上げてきた過程において、「言葉」や「学び」は、表層的、量的に測れるものではなく、深層的、質的にかかわっているものだということがわかってきた。その1時間の授業で、子どもの表情が生き生きしているとか、たくさん発言しているとか、楽しそうだとか、そういうことに一喜一憂するのでなく、「学びの質」を追究することが大切であることに気づかされていった。

小山台小学校で大切にしていることは、「本当の学び」を通して、お互いの心を通わせられる「豊かな言葉の力」をつけることである。研究者と現場の教師との今までにないコラボレーショのもと、多くの困難を経験しながら、私たちは一歩ずつ目標に向かって進んでいる。将来子どもたちが「世界市民」としてはばたくことができるように、確かな英語によるコミュニケーション能力の土台を育てていきたい。

【参考文献】

アレン玉井光江（2011）「公立小学校での英語教育についてのアクションリサーチ(1)－「学び」の授業を求めて－」青山学院大学文学部『紀要』第53号，pp.33-59

品川区立小山台小学校（2009）『「わかった、話せた、進んでできた」を大切にした英語学習』（平成20・21年度品川区立小学校校長会指定研究開発校、平成21年度文部科学省英語教育改善のための調査研究学校研究紀要）

品川区立小山台小学校（2012）『ことばを育てる 公立小学校における英語学習の可能性』（平成22・23年度品川区教育委員会研究学校研究紀要）

参考　小山台小学校での英語授業の目標

基本的な公立小学校における英語教育理念

1．英語活動の時間を遊びの時間としないで、他教科同様に「学び」を大切にした時間にする。

2．しかし、いわゆる中学校の前倒しでスキルだけを積み上げる時間ではなく、子どもたちの興味、関心にあわせた授業作りを心がける。

3．そのためには、授業者および児童が英語は、多くの人々が日常生活で使用している、「生きた言語」であることを十分に理解する。

4．さらに、英語を学習することがこれから（親世代とは違い）、児童たちにとってかなり大きなウェートを占め、彼らには中学校以降でも「使える英語」を身につけることが要求され、またそれが彼らの将来に影響をもたらすことを理解する。

このように、公立小学校でも「本気の英語教育」を始めるにあたっては、何よりもこのような英語学習に対する基本的な姿勢作りが大切であり、国語を中心とした他教科学習で育成される「コミュニケーション能力」と「学習態度の育成」にあることを、学級担任と英語教員が相互理解した。次に具体的にクラスの年間目標を記す。

１年間の到達目標：英語力の発達

1．アルファベットの大文字を完全に習得する。〈書くところまで〉

2．アルファベットの小文字を学習する。

3．音韻認識能力を向上させる。

4．理解できる単語の数を増やす。

5．簡単な英単語を読むことができる。

6．英語で物語を聞くことを楽しむ。

7．物語を語ることを通して英語の基本的な表現に慣れ、使えるようになる。

8．物語に関連する活動を通して「英語で」物事を考える習慣をつける。

１年間の到達目標：英語学習に対する態度の育成

1．英語の時間も他教科と同様に学びを積み上げる時間であると児童が認識する。

2．英語学習に対する正しい認識を持つ。〈上記参考〉

3．英語の苦手意識を取り除く。（競争ではなく協調）

4．英語を通して他国の文化などを知ろうとする態度が育まれる。

第3章 江戸川区「小学校教育研究会 外国語活動研究部」での取り組み

中山 幹夫・江戸川区立平井南小学校長

1．はじめに

東京都江戸川区の外国語活動への各校の取り組みは、学習指導要領に沿って行っており、構造改革特区など特別な条件を得て行っているわけではない。そんな中で、2008・2009年度に区教育委員会主導のもとに「外国語活動指導資料作成委員会」を発足すべく各校に募集がかけられ、外国語活動に積極的、あるいは以前に指導経験のある教員が集まり、地域教材（江戸川区特産品の小松菜の紹介や、マグロ回遊の水族館のある葛西臨海公園の案内等）を盛り込んだ指導資料を作成した。

また、2010年度には「指導資料作成委員会」を発展させた形で、「外国語活動推進委員会」が発足し、作成した指導資料を用いた研究授業を公開し、区全体の外国語活動推進への機運を高める役割を担った。

2．「外国語活動研究部」の発足

そんな中、江戸川区内の全小学校教員が参加する「江戸川区小学校教育研究会」の中に、2009年度、「外国語活動研究部」が発足した。この小学校教育研究会には、国語や算数などの各教科や、生活指導や特別支援教育などの領域など26の部会があり、各部会の部長は校長が担い運営を行う。部によって多少の違いはあるが、それぞれの部ごとに研究テーマが決められ、１年間、４回の研究授業とその研究協議会を主軸に研究活動を行っている。

3．自由にテーマを決められる位置づけに

新たに発足した「小学校教育研究会 外国語活動研究部」（以下、「外国語活動研究部」と表記）は前出の２つの委員会と並行する形で研究活動を行ってきた。

当初はまとまった組織がなく、校長２人で自転車操業を行っている状態であった。その一方で研究授業を買って出る教員の数は絶えず、毎回良い授業研究を重ねることができた。「外国語活動推進委員会」が前出の指導資料に基づく授業研究であるのに対して、「外国語活動研究部」での研究は、授業者の思いで自由に、授業の小テーマを設定してそれを実践し、広く意見を聞くことのできる機会であった。

例えば、ある時は「総合的な学習の時間とタイアップした外国語活動の授業作り」、

またある時は「その会話の必然性を追求した授業作り」や「ICTを活用した授業作り」といったように、授業者のチャレンジしたい小テーマを掲げて、研究授業や研究協議会を行ってきた。

4．組織の編成

「外国語活動研究部」はまとまった組織がないのが最大の難点であったが、2つの委員会や本研究部で授業実践を行った先生方に声をかけて副部長、庶務、会計の役職を担っていただき、組織をつくり上げていった。そして、本研究部の運営方針等の検討を重ねた。その結果、江戸川区内を4地区に分け、それぞれの地区担当世話人を上記の三役で割り振り、その世話人が授業者を選定するとともに、地区の研究テーマを決定するという現在の形が構築された。

研究授業の1～2カ月程度前から、該当地区の外国語活動研究部員に召集をかけ、与えられたテーマに沿って学習指導案の検討や授業で使う具体物の作成を皆で行う。研究授業前にだいたい2～4回の会合を持ち、皆で意見を出し合って授業を組み立てるので、授業者は1人であっても数名の知恵を統合した授業案となる。当日は、それをもとに研究授業を行い協議を繰り返していく。この活動は2012年度から軌道に乗り、若い先生方のエネルギーが立派な組織を作り上げたと考えている。

5．改めて、課題としての小中連携

研究を重ねる上で筆者がいつも感じていることは、小学校の研究が進めば進むほど、はたして中学校「英語」との距離は近づいているのだろうか、ということである。それは小学校外国語活動の“出口”と中学校英語科の“入口”の問題である。この出口と入口の距離を縮めることが求められている中で、そこへの道はなかなか険しいと感じている。

小学校外国語活動で身につけた態度やコミュニケーション能力の素地を中学校でいっそう伸ばすためには、同一地区内で小・小連携を図り、学習内容をある程度等質化した上で、さらに小中の目標の一貫性、学習内容の系列化や指導法の継続性等が必要であろう。小学校だけでできること・できないことを明確化し、より効果的な小中連携を探ることも、まだまだ欠かせないこれからの課題であろうと思う。

6．実践事例

次に、「外国語活動研究部会」で実践した授業の指導案を2例紹介する。

第５学年　外国語活動指導案

前江戸川区立篠崎第三小学校教諭　依岡 美希

１．単元名

「好きなメニューを注文しよう」（『英語ノート』Lesson9「ランチメニューを作ろう」）

２．単元の目標

○ 世界には様々な料理があることや、時と場合に応じて、外国語でも丁寧な言い方をすることに気付いている。（言語や文化に関する気付き）

○ 積極的に相手の欲しいものを尋ねたり、自分の欲しいものを答えたりしようとする。（コミュニケーションへの関心・意欲・態度）

○ レストランや店などで使われる丁寧な表現を使って、注文を尋ねたり答えたりしている。（外国語への慣れ親しみ）

３．単元の評価規準

ア 言語や文化に対する気付き	イ 積極的にコミュニケーションを図ろうとする態度	ウ 外国語の音声や基本的な表現への慣れ親しみ
① 世界には様々な料理があることに気付く。 ② レストランや店での体験的な活動を通して、丁寧な注文の仕方を知ろうとしている。	① アクティビティやゲームなどを通し、相手に積極的に尋ねたり答えたりして関わろうとしている。	① 音声に注意深く耳を傾け、正しい発音を聞き取ろうとしている。 ② 聞き取った会話表現を使って相手に話しかけようとしている。

４．使用表現・使用語句

A: What would you like?

B: I'd like ～, please.

（本単元）bread/cheese/curry and rice/fried chicken/fried egg/hotdog/sandwich/sausage/tea/yogurt/fruit

（本時）hamburger/cheeseburger/Cola/orange juice/shake/apple pie/French fries/chicken nuggets/What size?/small/medium/large

５．活動内容の工夫

画像を活用する

今回はICTを活用することにより、「児童を一気に授業に引きつけること」と「印象深い授業を展開すること」をねらった。画像を見せることでハンバーガーショップの場面設定が一目でわかり、会話理解への大きな手がかりとなる。また、模造紙を広げたりマグネットでカードを貼ったりなどの時間のロスがない。

導入時の「異文化理解クイズ」では、美味しそうな食べ物の画像をたくさん見せることによって子どもたちの意欲を高めさせたい。また、ALTや学年の先生方に協力を得て撮影したシチュエーションビデオはわかりやすく、視覚や聴覚に訴えるため印象に残りやすい。フラッシュカードなどの印刷や裁断の手間が省けること、作ったコンテンツは教師間で共有できることも大きな利点である。

身近な題材を使う

子供たちにとって身近な物を題材にしたり、知っている人物を登場させたりすることで、学習への意欲が高まると考えた。そこで今回は、誰もが知っているハンバーガーショップを題材に取り上げ、注文ゲームを行った。また、状況設定では学年の先生方に登場してもらうことによって、リアリティが増し、「わたしも英語を話してみたい！」という気持ちにつながることが期待される。また、イラストや人形で会話のやり取りを示すよりもイメージが直接的に伝わる。

子供を前に出す

活動中、積極的に取り組んでいる児童をどんどん前に出していく。「Any volunteer?」と子供たちに問いかけ、アクティビティやゲームのデモンストレーションを行わせる。また、アクティビティの際に声を出したり、笑顔で話したりしている児童を見付けて前に出し、お手本とする。その時、「Perfect!」「Nice smile!」「Good communication!」などと皆の前で褒めて自信をもたせるようにする。

６．指導計画　（　）は「３．単元の評価規準」に対応

第１時：クイズやゲームを通して世界各国の料理に興味を持つ。アイスクリーム店のメニューを用いて、店員が客をもてなすときの言い方を知る。（ア－①、②）

第２時【本時】：ハンバーガーショップのメニューを用いて、注文を尋ねたり答えたりする言い方に慣れ親しむ。（ウ－①、②）

第３時：注文のやり取りを楽しみながらコミュニケーションを図る。世界の国々の料理を取り入れながら自分好みのランチセットを作る。（イ－①）

第４時：食べてみたいオリジナルランチセットを発表する。（イ－①）

７．児童の実態

素直な児童が多く、学級の雰囲気は和やかである。５年生になって１～２週間に１回の外国語活動を行ってきたが、毎回授業を楽しみにする児童の声が聞こえる。勝敗のつくゲームを好み、じゃんけんゲームやカルタゲームには特に夢中になって取り組んだ。しかし、恥ずかしさや自信のなさから、アクティビティではあまり積極的な姿が見られないことが課題である。また、同性同士、しかも仲のよい友達同士でばかりでペアを組んでしまう傾向が強いので、男女がかかわる活動を意図的に行うようにしている。

また、活動中には見本となるようなよいコミュニケーションや会話ができていたのに、全

体の前で発表する場面となると恥ずかしがって委縮してしまうという面も見られた。

間違いを恐れず、どの友達とも安心して活動を楽しむことができるように、英語を十分に聞かせ、自信をもって言えるようになるまで発音に慣れさせることや、ICTを活用して視覚的に分かりやすく指導し、不安を取り除いてから活動に取り組ませることにした。また、児童の小さながんばりや成果を認め、全体も個人もたくさんの褒め言葉で評価し、次への自信につながるように支援していきたい。

児童が「わかった」「できた」「楽しい」と感じる気持ちを持続させながら、外国語を通じて積極的にコミュニケーションを図ることができるよう指導していきたい。

８．本時の目標（第２時／４時間扱い）

丁寧に注文を尋ねたり答えたりする言い方に慣れ親しむ。

９．本時の展開

<table>
<tr><th></th><th>児童の活動</th><th>学級担任（HRT）</th><th>● 指導のポイント
☆ 評価の観点
□ 準備するもの</th></tr>
<tr><td rowspan="3">導入８分</td><td>1.始めのあいさつをする。
2.前時の振り返り、本時のめあてを確認する。</td><td>・児童にあいさつをする。
・前時の授業の感想を紹介する。</td><td>● 楽しい雰囲気を作る。</td></tr>
<tr><td></td><td colspan="2">丁寧に注文を尋ねたり、答えたりしよう</td></tr>
<tr><td>3.異文化理解クイズをする。</td><td>・ハンバーガーショップの豆知識をクイズにして出題する。
例：ハワイのハンバーガーショップで本当にあるメニューは次のうちどれでしょう。
① うどん　② そば　③ 天丼</td><td>● 世界の食文化に興味をもつような内容をクイズにする。
□ 電子黒板、パソコン、プロジェクター、コンテンツ</td></tr>
<tr><td>状況設定・会話習得５分</td><td>4.動画を見て、状況設定を理解する。
5.注文を尋ねる時、答える時の表現を楽しみながら習得する。</td><td>・ハンバーガーを注文するという状況を動画で示す。
・注文の仕方を確認する。
A: Hi!　(B: Hi!)
A: What would you like?
B: I'd like (a Big Mac), please.
A: OK.（渡す動作をしながら）
Here you are.
B: Thank you.
A: Bye. (B: Bye.)</td><td>□ 動画
● 学年の先生たちに店員役、客役を演じてもらい、良い例と悪い例を示す。
● What would you like? と I'd like ～, please. は、復習でもあるので飽きないようにテンポ良く進める。</td></tr>
<tr><td>アクティビティ①５分</td><td>6.アクティビティ
① 歩きながらペアを探し、ハンバーガーメニューを見ながら注文の会話を楽しむ。</td><td>・デモンストレーションを行いながらやり方を説明する。
・たくさんのハンバーガーの中から自由に選択できる。
・ハンバーガーの名称は、日本語の発音で良しとする。
・ここでは
What would you like?
I'd like ～, please.
を重点としたコミュニケーションを目指す。</td><td>□ メニュー表全員分
● 目を見て、笑顔で接客したり注文したりすることの大切さに気付かせる。
☆ 丁寧に注文を尋ねたり答えたりする言い方を使って相手に話しかけようとしている。（ウ－② 行動観察）</td></tr>
</table>

<table>
<tr><td>単語習得5分</td><td>7．9種類の食べ物の単語の発音に慣れ親しむ。</td><td>・ALTの発音の動画を見て、ネイティブの発音に慣れ親しませる。
・電子黒板に9種類の写真を映しながらテンポ良く発音する。
（ハンバーガー3種類、ドリンク3種類、サイドメニュー3種類とする。）
① hamburger　⑥ shake
② cheeseburger　⑦ apple pie
③ chicken burger　⑧ French fries
④ Cola　⑨ chicken nuggets
⑤ orange juice</td><td>□ 動画
● コンテンツ
☆ 音声に注意深く耳を傾け、正しい発音を聞き取ろうとしたり、真似をして発音しようとしたりしている。
（ウ－① 行動観察）</td></tr>
<tr><td>アクティビティ②　説明5分・前半5分・後半5分　計15分</td><td>8．アクティビティ②注文ゲームをする。
・班の中で、前半・後半に分かれる。
・前半2人（3人）が店員役になる。
・客は、1回目は自分の欲しい物を3点選び、自由に注文する。
・2回目以降は、代表児童が欲しいと答えたメニューを注文する。（1人3点）（黒板に選んだ食べ物カードを掲示しておく。）
・5分間、何回も買い物に行くことができる。
・1号店から6号店まであるので、毎回別の店に行く約束にする。
・店員は、注文された食べ物の欄にシールを貼る。</td><td>・会話のやり取りをビデオ映像で示し、アクティビティ②を理解させる。
A: Hi! (B: Hi!)
A: What would you like?
B: I'd like (a hamburger), (a Cola), (a French fries), please.
A: OK.（コーラの絵を指さして）What size?
B: Small, please.
A: OK.（ポテトの絵を指さして）What size?
B: Large, please.
A: OK.（トレーを渡すジェスチャーをしながら）
Here you are.
B: Thank you.
A: Bye. (B: Bye.)
・サイズの聞き方を確認する。
A: What size?
B: Small/Medium/Large, please.
・前で代表児童に見本をさせる。</td><td>● 動画では、担任とALTで店員役、客役を演じる。
□ 動画
□ 注文カード全員分（9種類の食べ物の写真が入ったメニュー表）
□ 9種類の食べ物カード（黒板掲示用）
□ 店員用の帽子15個
● たくさん会話して、より多くのシールを集めた児童を皆で賞賛する。
☆ 丁寧に注文を尋ねたり答えたりする言い方に慣れ親しむ。
（ウ－② 行動観察）</td></tr>
<tr><td>まとめ7分</td><td>9．振り返り
10．終わりのあいさつ</td><td>・振り返りカードに感想を書かせる。
・良い感想を取り上げる。
・あいさつをする。</td><td>● 本時のねらいを踏まえ、児童のがんばりや身に付いた力などを認めて褒める。</td></tr>
</table>

―― 江戸川区小学校教育研究会外国語活動部における研究の成果 ――

① ねらいを大切にした活動

本時のねらいに則した、最も適切だと考えるゲーム・アクティビティを行う。指導書の通りにカルタやビンゴを行うのではなく、「ねらいは何か」、「なぜその活動を行うのか」というところに戻って活動内容を吟味することが大切である。

② 授業の見通しを持つ

教師にも児童にも、授業の見通しをもつことは大切である。そのために、「Today's Menu」（本時の活動の大まかな流れを表に示したもの）を黒板に掲示することが有効であった。また、活動に入る前に、何分間という時間の目安を教えておく、音楽が鳴ったら活動を止めて座席に着く、というようなルールを伝えることも、見通しを持たせ、授業にメリハリを付けることにつながる。

③ 指導技術の向上

外国語活動では、楽しく、リズム・テンポの良い授業展開を目指す。児童が飽きたり、他のことをしたりする隙を与えないためと、できるだけ多くの英語をシャワーのように浴びることが大切だと考えるためである。変化のある繰り返しで英語の音声に慣れ親しんだり、教師や友達の英語を聞いたり、発話量を多く確保したりする。リズム・テンポの良い授業を行うためには、教師のイメージが何よりも大切である。児童の状況を見ながら一番良いスピードを探り、児童と共に授業を作っていく。

男女が仲良くかかわるための手立てや、デモンストレーションの示し方、クラスルームイングリッシュの使い方等を実践的に学ぶことができた。

④ 教材開発

ICTの活用をはじめ、フラッシュカードやワークシート、小道具等、毎回たくさんの工夫を教えてもらい、引き出しを増やすことができた。

⑤ 評価

児童の良い行動、良い発言を見つけ、それを全体に紹介したり、広めたりすることの大切さを感じた。ワークシートや振り返りカードのバリエーションを知り、児童のがんばりを評価するための方法を学んだ。

⑥ 言葉の精選

教師の説明や指示は長くなりがちである。クラスルームイングリッシュを駆使し、簡単な英語とジェスチャーで、児童に内容が伝わるようにする。児童の実態に合わせることが第一なので状況に応じて日本語を使っても良いが、その際も簡潔で明確な説明や指示を心掛ける。

⑦ 活動に合った場の工夫

児童の意欲が湧くような楽しい場の設定や、必然性をもたせるためのバリエーションを考える。また、活動内容によって机や椅子の配置を変えたり、教室ではなく多目的室や体育館等で授業を行ったりする等、様々な工夫が考えられる。

第６学年　外国語活動指導案

前江戸川区立第五葛西小学校教諭
新宿区立牛込仲之小学校教諭　佐藤 真季

１．単元名

Lesson 6「What time do you get up?」（『Hi, friends! 2』）

２．単元の目標

- 積極的に自分の１日を紹介したり、友達の１日を聞き取ったりしようとする。
  （積極的にコミュニケーションを図ろうとする態度）
- 生活を表す表現や、１日の生活についての時刻を尋ねる表現に慣れ親しむ。
  （外国語の音声や基本的な表現の慣れ親しみ）
- 世界には時差があることに気づき、世界の様子に興味をもつ。
  （言語や文化に関する気づき）

３．単元の評価規準

積極的にコミュニケーションを図ろうとする態度	外国語の音声や基本的な表現への慣れ親しみ	言語や文化に関する気づき
・相手に伝わるように工夫して自分なりの１日を紹介したり、聞いたりしている。	・１日の生活の時刻を尋ねたり言ったりしている。	・世界には時差があることや、世界はつながっていることに気づいている。

４．使用表現・使用語句

What time do you get up?　I get up at 6:00.

1～60, get up, go to bed, eat dinner, eat lunch, study at school, go to school, clean my classroom, take a bath, play the piano, play basketball, play soccer, watch TV, go home, swim, eat breakfast, study at home

５．指導観

本単元のねらいは２つある。１つ目に、自分の１日を紹介したり、友達の発表を聞く活動をしたりすることを通して、自己表現する喜びを味わい、友達の生活を自分の生活と比べ、違いを認めることである。友達の新しい一面に気づき、コミュニケーションを深める中で互いの理解を促すことができると考える。２つ目に、時差を扱うことで、世界への興味・関心を広げるとともに、世界には自分たちと同じ年齢の子供たちがどのような暮らしをしているかにも目を向けさせることである。

本時では、残り３か月で小学校を巣立ち、中学校へと進学する児童に、自分の１日を紹介した後に、中学生の１日をインタビュー動画で見せることで、中学進学の意欲づけをし、今との生活の違いを知る。卒業を目前とした児童が本当に聞きたいと思う場面設定であると考える。

扱う語はあまり馴染みのないものもあるので、インタビューやゲーム等で何度も繰り返し触れる中で言えるように指導していく。児童が積極的に話そうとするためには、児童にとって不安な状況や要素を少しでも取り除き、活動内容をわかりやすく、かつ身近なものにしていくことで、積極的に話すことができると考える。

そこで、本単元の手立てとして以下の三点を挙げる。

(1) 単元の見通しをもつための工夫

○ 基本的な流れの掲示（1単位時間の流れ）

毎時間、基本的な内容やめあてを提示することで、児童が見通しをもって活動できるようにする。

○ 振り返りカードの工夫

単元を通して、どんなことができるようになるのかを児童自身がわかるようになることで、単元の見通しをもって外国語活動を進めることができる。そこで、単元の全体（計5時間）を「振り返りカード」に記録させ、単元を見通しての活動を意識させる。学習の最後に、本時の振り返りと、次回がんばりたいことを書かせることで、児童がめあてをもって積極的に活動することを期待する。

(2) 外国語で表現する必然性のある場の設定

基本的な表現や語句に、無理なく親しめるように、本単元では、様々なゲームや会話表現を取り入れる。自分が一方的に話すのではなく、友達の話もしっかりと聞き、コミュニケーションができるようにする。

(3) ICTの活用

デジタル教科書『Hi, Friends!』を使用したり、教師やALTなどが動画に登場したりすることにより、児童の関心を高める。ビデオを使って、コミュニケーションの疑似体験を見せることで、学習内容の理解を深める。

6．単元の指導計画（全5時間）【　】は『Hi friends! 2』に対応

時間	目　　標	主な活動
1	・時刻の言い方を知る。 ・生活を表す表現を知る。	・1～60までの数字のナンバーゲームをする。 ・算数の時計のセットを1人1つ持ち、時刻を聞き取って表す。 ・ジェスチャーゲームをする。
2	・時刻の言い方や生活を表す表現に慣れ親しむとともに、その時刻を尋ねる表現を知る。	・数字を使って色塗りゲームをする。 ・生活を表す表現で指差しゲームやおはじきゲームをする。ジェスチャーゲームやメモリーゲームもする。 【Chant】What time do you get up? 【Listen1】時刻を時計に書き込む。 【Listen2】さくらの1日を聞き取り、自分と比べる。 ・ビデオに録画した身近な先生の1日を予想して、聞きとる。

3	・世界には時差があることや、世界がつながっていることを知る。 ・生活を表す表現やその時刻を尋ねる表現に慣れ親しむ。	【Listen3】世界の時刻を聞いて、時差について知る。 【Chant】What time do you get up? 【Chant】What time do you get up? カラオケバージョン ・ペア同士、グループなど活動形態を変え、互いにめくったカードの内容について尋ねたり、答えたりする。 ・世界の子供たちの生活について予想し、聞きとる。 ・時差時計を作る。
4 本時	・生活を表す表現やその時刻について積極的に尋ねたり、答えたりしようとしている。	【Chant】What time do you get up? カラオケバージョン ・ビデオに録画した身近な先生の1日を予想して、聞きとる。 ・友達にインタビューをする。 ・インタビューの結果をもとにナンバーワンを予想する。
5	・相手に伝わるようにして、自分の生活を紹介しようとする。	・みんなで自分の1日について紹介する。 ・ビデオに録画した卒業生（中学生）の1日を予想して、聞きとり、自分と比べるとともに進学の意欲づけをする。 （朝練型、夜練型、習い事型など）

7．児童の実態

英語を話すことに興味を持ち、習っている児童も2割いる。昨年まではALTとのやりとりに緊張している児童もいたが、今では語彙は少ないものの、知っている言葉や身ぶり、手ぶり、表情を使って意思を伝えようとする姿が見られるようになった。2人組、4人組などの少数人での活動では、話をしっかり聞いたり思いを相手に伝えたりする児童も多いが、全体の前で発表することを恥ずかしがり、もじもじしてしまう児童もいる。

本単元では難しい表現を多く扱うので、英語を話すことに抵抗を感じる児童が出てくると考えられる。多様なチャンツやゲームを使って、既習事項を押さえ発話量をしっかり確保することで、自信をもってスピーチできるように、英語を楽しみながら進んで発言しようとする姿勢を育てていきたい。

8．本時の指導（第4／5時間）

(1) 目　標

・生活を表す表現やその時刻について、積極的に尋ねたり、答えたりしようとする。

(2) 評価規準

・生活の時刻を尋ねたり答えたりしている。（慣れ親しみ）

(3) 展開

時間	児童の活動	指導者の活動	● 指導上の留意点 ◎ 評価〈方法〉 □ 準備するもの
導入10分	・挨拶をする。 ・「学園天国」を歌う。 ・数字のゲームを使って復習する。 Number tree ・生活を表す表現を復習する。 絵カードを使って練習し、ジェスチャーゲーム。 ・【Let's Chant】 What time do you get up? ・グループで、ペア同士で、互いにめくったカードの内容について尋ねたり、答えたりする。 ・本時のめあてを確認する	・音声を聞かせながら一緒に言う。 ・16の表現から6つの表現に絞って活動させる。 ・電子黒板にチャンツを映し流しながら発音する。 ・カラオケでチャンツ以外の語もテンポよく発音する。 ・デモストレーションを行いやり方を説明する	● 歌は分かるフレーズだけ歌えば良いことを伝える。 □ 絵カード（大小） ● テンポよく進める □ デジタル教材 □ 電子黒板
展開①7分	・先生の1日の生活を当てる。 先生の生活の時間を予想したり、聞きとったりする。 What time do you get up? と全員で言ってから答えを予想し、続きを見る。	・本校教員にインタビューしたビデオを見せる。 ・答えの前で一時停止し、予想させてから続きを見る。	□ インタビュービデオ、パソコン ● 展開②のインタビュー活動への動機づけをねらう。
展開②20分	・友達の1日の生活を知るインタビュー活動、ナンバーワン当てをする。 ①活動の前に1人1人がインタビューの目標を立てる。 （例…○人に聞く、相手の目を見るなど） ②6つの表現から質問したいことを1つ決めインタビューする。 ③聞いたことをワークシートに記入する。 ④早起きナンバーワン、早寝ナンバーワンなど、インタビューしたことをもとに班で相談し予想する。 ⑤予想で名前があがった児童にクラスみんなで質問し、答え合わせをする。	・インタビューの仕方をボランティア児童とともに示し、ワークシートの記入の仕方も示す。 A: Hello!　B: Hello! A: What time do you get up? B: I get up at six thirty. What time do you go to bed? A: I go to bed at nine. A/B: Thank you. ・ナンバーワン当てをすることを伝え、できるだけ多くの情報をグループで集めるよう声かけをする。	● 交代で相手に好きなものを尋ねることを事前に知らせる。 □ ワークシート ● ゆっくりインタビューを行うためにペアで席について行う。 ● 各自インタビューの目標を立て、活動に入る。 ◎ 生活を表す表現や時刻を用いて、積極的に友達に尋ねたり、答えたりしようとしている。（行動観察）
終末8分	・ふりかえりカード（192ページ参照）を記入する。 ・終わりの挨拶をする。	・ふりかえりカードにわかったこと、感想を書くよう指示する。	● 児童がよくできたところを具体的にほめる。

９．指導を終えて

この指導の後、第５時では、全体の前で自分の伝えたい１日をスピーチし、全員が終えた後に中学生の１日をビデオで見せた。

	中学生Ａ（朝練習／放課後練習）	中学生Ｂ（放課後練習）	中学生Ｃ（放課後練習・習い事）
get up	6：00	6：30	6：10
go to school	6：30	7：50	8：00
eat lunch	12：35	12：35	12：35
go home	6：30	6：40	9：00
eat dinner	8：00	7：00	9：30
go to bed	12：00	11：00	11：30

中学生の生活と今の自分の生活を比べてみたことで、時間の違いに驚く児童、早起きを頑張ると決めた児童、３か月後の生活が楽しみだと言う児童など、振り返りには様々な感想が書かれていた。ビデオを見せた時の子供たちの表情は真剣で、その英語はどの児童にとっても“本当に聞きたい英語”であったと思うと同時に、子供の興味が中学校生活に向けられる時期だからこそできる実践だと思われた。

【外国語活動ふりかえりカード】

☆今日の授業をふりかえってみよう。

Class　　：Name

Lesson６　テーマ

自分の一日を紹介しよう

①時刻の言い方を知ろう。

がんばりチャート

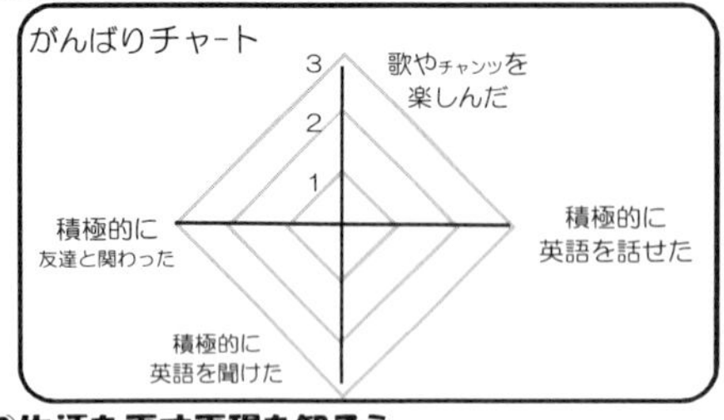

今日の感想

次回がんばりたいこと

②生活を表す表現を知ろう。

がんばりチャート

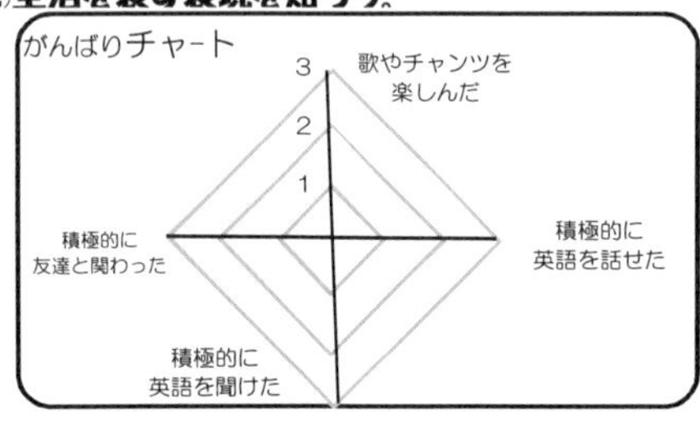

今日の感想

次回がんばりたいこと

③時差について知ろう。

がんばりチャート

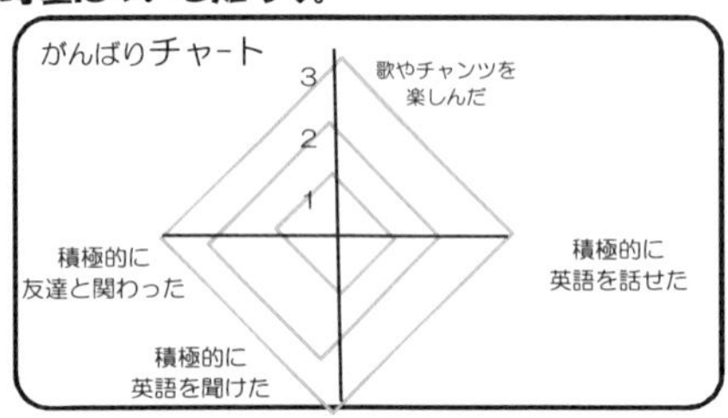

今日の感想

次回がんばりたいこと

④生活を表す表現を知り、時刻を尋ねたり答えたりしよう。

がんばりチャート

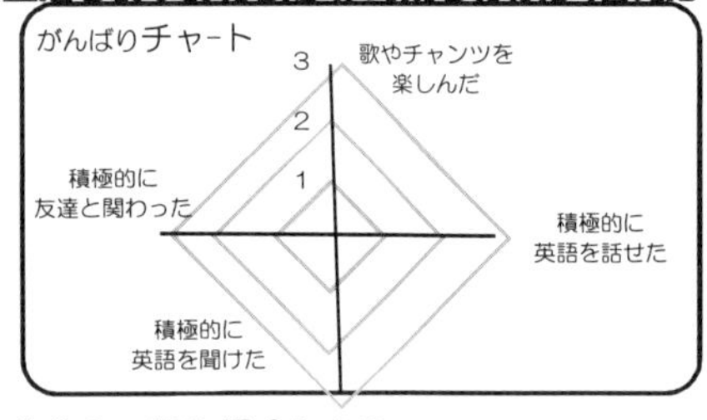

今日の感想

次回がんばりたいこと

⑤自分の一日を紹介しよう。

がんばりチャート

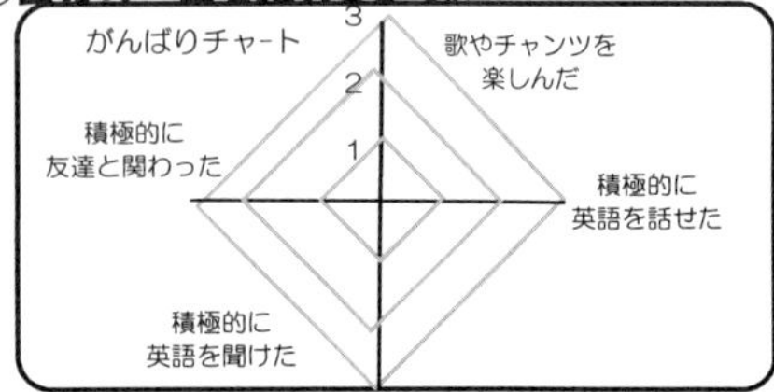

今日の感想

次回がんばりたいこと

第2部

第4章 学級担任だからこそできる英語活動の工夫

福岡 なをみ・椙山女学園大学附属小学校教諭

1．はじめに

2008年に文部科学省は小学校学習指導要領の改訂を行い、外国語活動が行われるようになった。小学校の教員であれば、外国語活動が取り入れられただけでなく、どの教科においても言語活動や表現力を育てることを重視するよう、これまでの授業に改善が求められたことはご存知のことと思う。その理由は、OECDのPISA調査など各種の調査から、我が国の児童生徒の弱点が明らかになったからである。つまり、日本の子どもは「思考力・判断力・表現力等を問う読解力や記述式問題、知識・技能を活用する問題に課題」（文部科学省『小学校学習指導要領解説総則編』2008：p.1）があることが明確になった。そのため、どの教科においても、自分の考えをもち、表現する活動が重視されるようになった。

例えば国語では、読み取り重視から、読んで自分がどう思ったかを発表するなど発信する活動が多く取り入れられるようになり、算数では、計算を速く正確に行うことを重視することから、ひとつの問題をいろいろな方法で解いたり、考え方を発表しあったりする活動を重視するようになった。理科や社会でも、単に知識を獲得することだけではなく、「どうしてそうなるか」などを考えることや、話し合うことを重視するように授業の改善が進められている。

このような各教科の授業の改善に取り組むなかで、筆者は外国語・英語活動でも、子どもたちに自分の考えをもっと表現させたいと考えるようになった。

とはいえ、外国語・英語活動に取り組みはじめた子どもたちは、自己紹介で“I like～.”とか、買い物ごっこで“～, please.”などと言っているレベルである。しかしながら、理科や社会でもっと高度な学習をしている子どもたちであるから、時にはそれらの活動をもの足りないと感じている様子も見られた。

そこで、教科の発展も含めた総合的な学習の時間との連携を図ることにした。また、学校行事である学芸会・学習発表会や卒業式にも英語を取り入れた。そうすることで、子どもたちが伝えたいことを英語で表現する場をつくることができた。このように他教科や行事と連携して英語活動を展開することは、担任だからこそできることである。多くの小学校の先生方は英語に苦手意識があると思うが、担任だからこそできる実践があることを本稿で紹介できればと思う。

2．6年生を対象にした実践

2．1．イギリスの学校にビデオレターを送ろう！

6年生担任として『英語ノート』に取り組みながら、総合的な学習の時間に、英語を使ってビデオレターを製作し、イギリスのボックス・グローブ校へ送る活動に取り組んだ。子どもたちは、まず、自分がイギリスの学校に伝えたいことをインターネットなどを使って調べ、調べた内容をせりふにするために情報を整理していった。図1は紹介する内容とせりふをワークシートにまとめたものである。上の欄が児童が書いたせりふで、下の欄が英語アシスタントに英訳してもらったものである。

ビデオレターの主な内容は、以下のとおりである。

【ビデオレターの主な内容】
八熊小学校の位置、空手、篠笛などの紹介、こままわし、竹馬、折り紙など遊びの紹介、手巻き寿司、たこやきなどの料理紹介

英語のせりふは、なるべく簡単なものにして、難しい説明は実演して撮影することにした。例えば、こままわしを紹介する時のせりふは以下のとおりである。

【こまを紹介するせりふ】
Hello.
This is Japanese toy Koma.
We can use many techniques with Koma.
I'll show you.（実演）
This is all. Thank you.

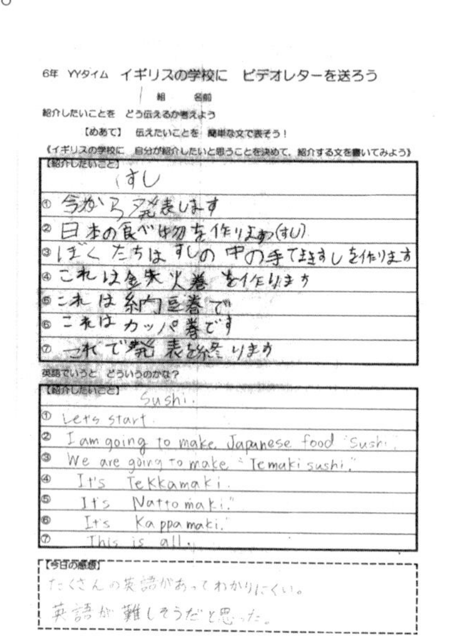
6年　YYタイム　イギリスの学校に　ビデオレターを送ろう
1組　名前
紹介したいことを　どう伝えるか考えよう
【めあて】　伝えたいことを　簡単な文で表そう！
《イギリスの学校に　自分が紹介したいと思うことを決めて、紹介する文を書いてみよう》

【紹介したいこと】すし
① 今から発表します
② 日本の食べ物を作ります（すし）
③ ぼくたちはすしの中の手まきすしを作ります
④ これは金失火巻を作ります
⑤ これは納豆巻で
⑥ これはカッパ巻です
⑦ これで発表を終ります

英語でいうと　どういうのかな？

【紹介したいこと】Sushi.
① Let's start.
② I am going to make Japanese food "Sushi."
③ We are going to make "Temaki sushi."
④ It's Tekkamaki.
⑤ It's Nattomaki."
⑥ It's Kappamaki."
⑦ This is all.

【今日の感想】
たくさんの英語があってわかりにくい。
英語が難しそうだと思った。

図1　ビデオレターのせりふ作成のためのワークシート

ビデオ撮影の様子

ビデオレターを撮影する日が近づくと、「自分の英語が、本当に外国の人に通じるのかな」と不安を口にする児童もいた。そこで、AETに英語の言い回しのチェックを受け、子どもたちの発音が正しいか聞いてもらった。以下は、AETにチェックを受けた時の児童の感想である。

○ 本当にイギリス人に通じるかなと思って心配だった。通じてよかったと思った。
○ 優しく正しい発音を教えてくれて、うれしかった。
○ 外国の人に英語で話すのは初めてだったから緊張した。合格と言われて、達成感を感じた。

実際に外国の人に自分の英語が通じるという体験をさせたことで、自信をもってビデオ撮影に臨むことができた。

このように英語を使ってビデオレターを製作したことによって、自分の伝えたいことを英語を使って表現しようとする体験をさせることができた。

2．2．発表劇「伝えよう！ 地球のすばらしさとSOSを！」

学習発表会で、1年生から5年生および保護者に、世界の様々な国の紹介や、地球規模の問題点を劇にして発表する活動に取り組んだ。

パネルディスカッションから生まれた「地球のSOSマップ」

まず、総合的な学習の時間において、自分の興味のある世界の国々や地球の問題点などについて調べさせた。それらを新聞にまとめさせ、パネルディスカッションによって互いに話し合うことにより、それぞれの国の知識を得て、問題点などについて考えを深めていった。クラスで調べた国や環境問題を、世界地図上にまとめて、「地球のSOSマップ」を作成した。そして、それらを基にして、学習発表会に向けて発表劇の台本を作成させた。

当日は、外国からのお客様も招き、英語を使う必然性をもたせた。フィナーレでは、外国からのお客様にも舞台に上がってもらって、一緒に“We are the world.”を日本語と英語で合唱した。

このように外国語活動を通して簡単な英語の知識を身に付けさせ、総合的な学習の時間を活用して、発表劇を製作した。発表劇では、子どもたちの思いを生かして簡単な英語を使いながら世界の国々を紹介したり、地球の問題を訴えることができた。まず日本語で自分の意見をもち、簡単な英語で自分の意見を表現しようとする力をつけることができたと考えている。

【発表劇「伝えよう！地球のすばらしさとSOSを！」のあらすじ】
ある日、地球に宇宙人がやってきました。宇宙人は、地球で共通語として使用されることが多い英語を事前に学習してきていました。そして、地球の子どもたちに簡単な英語を使いながら、地球を案内してくれるよう依頼します。子どもたちは、日本、中国、アメリカ、ケニア、フランスの文化や食べ物、簡単な挨拶を紹介しました。宇宙人は、地球を気に入りましたが、子どもたちは、地球温暖化により、酸性雨や絶滅危惧種の増加などの大きな問題があることも伝えます。そして、全世界に“Let's stop the global warming!”と訴えました。

劇中で環境問題を訴える様子

２．３．小中連携授業「中学校の先生から、英語で先生や部活を紹介してもらおう！」

３学期２月ともなると、「中学校に行ったら、どの部活に入ろうかな」「怖い先生はいるかな」などと、子どもたちの関心は中学校に向いていく。それらを察することができるのも、担任だからこそである。早速、学区の中学校の先生にお願いして、実際の中学校の先生や部活動について紹介してもらうことにした。しかも、オールイングリッシュで授業をしていただくことにした。

【中学校の英語の先生と子どもたちの様子】
（T：中学校の英語の先生　C：６年生児童）
T：Junior high school has nine subjects.
How do you say math in Japanese?
C：算数！
T：No!
C：数学！
T：Yes, we call it Sugaku.

中学校の英語の先生からの質問に、英語で答えている様子

中学校の先生の写真を黒板に貼り、何の教科の先生かを当てるクイズや部活動紹介などに、子どもたちは楽しく取り組んだ。

中学校の先生は、どの児童も英語を使って自己紹介ができ、英語をよく理解して、なるべく英語を使って返答しようとしていたことに感心してくださった。自分の思いや意見を、英語を使って進んで表現しようとする力を発揮して、活動することができていたのだと思う。

2．4．卒業式の呼びかけにも英語を入れたい！

卒業式の呼びかけの言葉は、6年生全員から思い出や未来に向けての言葉を集め、言葉をつなぎ合わせて作成した。「呼びかけの言葉にも、英語を入れたい！」という意見があり、簡単な英語を入れて卒業式に臨んだ。

【卒業式の呼びかけの一部】
（前略）
社会科で学んだ日本と世界の結びつき
ワイワイフェスタで伝えた「地球のすばらしさとSOS！」
地球温暖化がもたらす影響を学習し
エネルギー資源の有効活用と
環境保護への思いをいっそう強くしました
Let's stop the global warming!
この美しい地球に生きる人間の一人として
世界の人々と手をたずさえて
ぼくたち一人一人がやるべきことを学びました
We can do it!（後略）

この時は、学習発表会でせりふとして使った英語を言う程度であったが、卒業証書をもらった後、一人一人の児童が将来の夢を語る際に“I want to be ～.”と英語でスピーチをする取り組みも有意義である。

3．5年生を対象にした実践

3．1．学芸会「知っている英語を使って劇をしよう！」

英語が堪能な先生だと、英語劇に取り組まれるかと思うが、そうでない先生にとっては、オールイングリッシュの劇は重荷である。また、少なからず暗記を強いられる子どもたちのなかにも、重荷に感じる子どもがいるのではないだろうか。観覧するなかには低学年児童もいることを考慮して、無理のない範囲で英語を入れて「不思議な国のアリス」を劇化した。

白うさぎは、“Hurry up!”と言いながら走り、アリスは、チェシャ猫や女王に“My name is Alice.”と自己紹介する程度である。また、普段の外国語活動でク

アリス上演後のクラスの記念写真

ラスルームイングリッシュとして使っているものを、場面に応じて劇のなかで取り入れた。

こうすることにより、英語を使う場面をより理解し、自然に英語を発することができるようになった。

３．２．家庭科の学習を生かしたランチメニュー作り

『英語ノート』L９「ランチメニューを作ろう」では、２学期に家庭科で学習した３つの栄養の働きを含んだランチメニューを考えさせた。単に好きなもの、英語で言いやすいものを寄せ集めてランチメニューを考えさせるより、「３つの栄養の働きを含んだもの」という条件をつけることによって、子どもたちの知的好奇心や活動への意欲を高めることができると考えた。

食品を栄養素の働きごとに分類している様子

そのためには、栄養素表にある約60種類の食品の英語の言い方を知り、その栄養の働きを復習する必要がある。そこで、プレゼンテーションソフトを絵カード代わりに活用したり、電子黒板の機能を活用したりした。プレゼンテーションソフトは、他教科でも活用している先生も多いと思うが、外国語活動や英語活動でも大変役に立つ。イラスト集やインターネット上の画像を貼り付け、英語の文字を添付し、音声はAETに発音してもらって音声ファイルとしてスライドに貼り付けた。英単語の綴りをパソコンに打ち込むと英語で発声するソフトもある。それらを活用すると、正しい発音を子どもたちに示すことができるので大変便利である。

作成したスライドの一例

"What would you like?"を用いてランチメニューの材料を集めている様子

また、単元の基本表現“What would you like?”を用いて、買い物ごっこのようにして料

理の材料を集めることにより、英語を使って人とかかわる体験を増やすことができた。さらに、グループで話し合ったり、発表したりする活動を行うことで、自分の意見をもち、人に伝えようとする力をつけることができた。

クラスの実態を把握しつつ、他教科と連携した活動を工夫できるのは、担任だからこそである。

４．４年生を対象にした実践

４．１．他教科および総合的な学習の時間「環境問題について調べよう！」

４年生１学期の社会科では、自分たちの生活を支えている公共事業について学習する。それに関連して、清掃工場や下水道科学館への校外学習に出かけ、環境を保持するための人々の工夫について学んだ。また、理科では「季節と生き物」という単元を通して、季節の変化と生き物の生長を学びながら、環境問題に目を向けさせていった。

２学期には、総合的な学習の時間において環境問題に取り組んだ。１学期に学習した内容をふまえて、ゴミの増加と藤前干潟の問題や海の生き物の被害などを、一人一人が調べて発表し合った。そして、それらの活動の集大成として、オリジナル発表劇を製作し、学習発表会で全校児童と保護者に発表した。

学習発表会の様子

４．２．他教科および総合的な学習の時間との連携「英語でエコ宣言をしよう！」

３学期には、総合的な学習の時間において英語活動に取り組んだ。その題材として、１学期から取り組んできた環境問題をテーマにすることにした。八熊小学校と交流を続けているイギリスの学校に向け、英語によるエコ宣言を録画し、ビデオレターを製作することにした。

⑴ 教具の作成

「英語でエコ宣言をしよう！」と言っても環境問題を扱った英語の教具がなかったので、これもプレゼンテーションソフトを活用して、オリジナルで作成した。プレゼンテーションソフトを使えば、スライドをフラッシュカード代わりに活用することができる。また、Ａ４版に印刷して掲示用絵カードにもできるし、小さいカードのように印刷してカードゲームに活用することもできる。

スライドの一例

英語でエコ宣言をするためのチャンツもオリジナルで作成した。筆者がキーボードを弾いてAETにチャンツを発声してもらい、音声ファイルをプレゼンテーションソフトに貼り付け、朝の会などで練習した。

【エコ宣言チャンツ】

AET：What will you do?	C：What will you do?
AET：We'll recycle bottles.	C：We'll recycle bottles.
AET：We'll reuse clothes.	C：We'll reuse clothes.
AET：We'll reduce plastic bags.	C：We'll reduce plastic bags.
AET：We will not throw away cans.	C：We will not throw away cans.
AET：We will not burn the papers.	C：We will not burn the papers.

社会科で、ごみを減らす３Ｒとして、リデュース・リユース・リサイクルを学習しているので、子どもたちは画像とともに意味を理解して英語を言うことができていた。

⑵ 指導法の工夫

子どもたちが、なるべく「英語を覚えさせられている」と思わないように授業での活動を工夫するように努めている。“思わず言いたくなる活動”“活動しているうちに自然に言えるようになる”ということを心がけて授業を考えた。また、最初は全員で英語を言うことから始め、次にグループやペアなどで活動し、最後は一人で言えるようにするなど、活動形態にも配慮した。これをふまえた授業の一例を紹介する。

本時の指導目標

- 自分から進んで友だちに“What will you do?”と尋ねて、仲間集めゲームを行うことができる。（コミュニケーションへの関心・意欲・態度）
- 自分がしようと思うエコ宣言を、英語で表現しようとすることができる。（英語への慣れ親しみ）
- Good or Badゲームで、“We will not throw away cans.”と、“We will throw away cans.”の違いに気付く。（気付き）

主な言語材料

《表現》What will you do?
We'll recycle bottles. We'll reuse clothes. We'll reduce plastic bags.
We will not throw away cans. We will not burn the papers.

《主な語彙》Broken toys. Food waste. Plastic containers. Pet bottles.
Plastic bags. Milk cartons. Clothes. Magazines. Newspapers.
Cardboard. Batteries. Plastic trays. Cans.

本時の指導過程

時間	児童の活動	指導者の活動	● 指導上の留意点　◎ 評価方法
8分	1　ウォーミングアップ、チャンツ、語彙の復習	○ プレゼンテーションソフトを操作し、チャンツやゴミや資源の英語の音声を聞かせる。 ○ プレゼンテーションソフトを活用して、ミッシング・ゲームを行い、児童にゴミや資源の単語を答えさせる。	● クラスみんなで答えさせることにより、自信のない児童も理解できるようにする。 ◎ 語彙やチャンツを正しく言うことができているかを、発言の様子から把握する。
8分	2　Good or Badゲームを行う。 Good or Badゲーム 1　1つのグループが前に出る。そのグループに他の児童全員で、“What will you do?” と尋ねる。 2　グループは、教師に数字と色を言って、一枚のカードを引く。 3　グループ全員で、そのカードの示す表現を言う。例えば “We will not throw away cans.” “We will throw away cans.” など。 4　教師は他の児童に、“Is this good or bad for the earth?” と尋ねる。 5　地球に良いことであったら、そのグループに1ポイント与える。 6　順に、それぞれのグループが繰り返す。 Good or Badゲームの様子		● エコ宣言に関連する様々な表現をグループで言うことにより、いろいろな表現を抵抗なく言えるようにする。 ◎ エコ宣言に関わる表現を理解しているかどうかや、言うことができているかどうかを活動の様子から把握する。
10分	3　エコ宣言バスケットゲームを行う。 エコ宣言バスケットゲーム 1　椅子を丸く並べ、真ん中にオニが立つ。 2　全員で、オニに “What will you do?” と尋ねる。 3　オニは、チャンツのエコ宣言に関わる表現のうちの1つを言う。 4　オニの言ったカードを持っている児童は、席を替わる。	○ 一人で言うことに自信のなさそうな児童と一緒に言いながらゲームに参加し、支援する。	● ゲームを行いながら、エコ宣言に関連する表現や語彙を繰り返し練習し、一人で言えるようにする。

<table>
<tr><td></td><td></td><td></td><td>◎ エコ宣言に関わる表現を、言うことができているかどうかを活動の様子から把握する。</td></tr>
<tr><td rowspan="3">7分</td><td>4 仲間集めゲームを行う</td><td></td><td>● 一対一で尋ね合って仲間さがしをするゲームを行うことにより、対話として表現を使えるようにする。</td></tr>
<tr><td colspan="3">エコ宣言仲間集めゲーム
1 一人一人が小型カードを１枚持つ。
2 友だちに“Hi!”と声をかけ、相手も“Hi.”と答える。
3 互いに“What will you do?”と尋ね合う。
4 持っているカードの示すエコ宣言を答える。
5 同じだったら、仲間として一緒に他の仲間を捜しに行く。違っていたら、仲間を捜して尋ね合う。</td></tr>
<tr><td></td><td>○ 一人で言うことに自信のなさそうな児童を支援する。</td><td>◎ エコ宣言に関する表現を使って対話活動ができているかどうかを、活動の様子から把握する。</td></tr>
<tr><td>10分</td><td>5 自分のできるエコ宣言を考える。
・それぞれの自作のエコ宣言用絵本に、ゴミや資源のカードを選んで貼り、英語でエコ宣言を行う。</td><td>○ エコ宣言用絵本に貼るカードを配布し、児童に選択させて絵本のエコ宣言用ページに貼らせる。
○ 自分が本当に実行できることを宣言するように説明する。</td><td>◎ エコ宣言を英語で言うことができているかどうかを、机間巡視により把握する。 </td></tr>
<tr><td>2分</td><td>6 本時のまとめと次時の予告</td><td>○ 英語を使って活動したことへの励ましを伝える。
○ エコ宣言のビデオ撮影を予告する。</td><td></td></tr>
</table>

エコ宣言をするためカードを選ぶ様子

⑶ 指導を終えて

小学校英語では文字を書かせないので、子どもたちが自分の伝えたいことを表すために小カードを用いた。自分の言いたい文章を、カードを並べることによって表現し、エコ宣言を行った。４年生の英語活動で自分の意見を英語で表現する体験をさせたことにより、５年生からの外国語活動に、「もっと英語を言えるようになりたいから外国語活動が楽しみ」という気持ちをもたせることができた。

１年間、社会や理科、総合的な学習の時間で学んだことを、イギリスの学校に発信するという年間を通した活動に発展できたのは、学年のすべての活動を企画し、教材開発をすることができる担任だからこそ取り組めたのだと考える。

５．特別活動と英語活動の連携

本校では、児童会が主催する児童集会で、全校ハロウィン集会を行っている。

簡単な英語を使ったゲームを行うことにより、英語に慣れ親しませることをねらいとしている。また、他学年の児童や先生方と、言語活動を通して交流することにより、コミュニケーション能力の素地を養いたいと考えている。

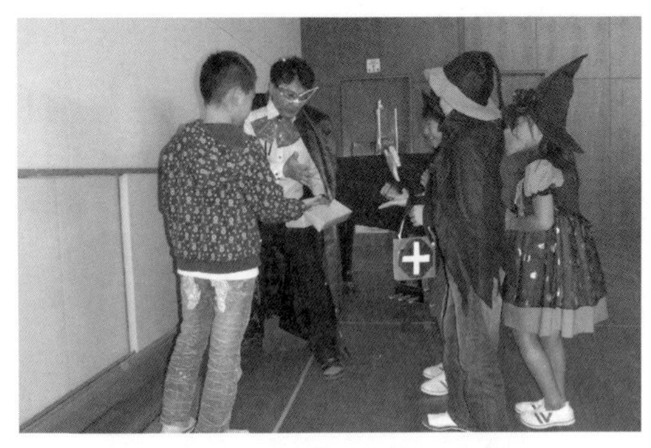

“Trick-or-treat,1, 2, 3.” と言って
じゃんけんをしている様子

事前に、子どもたちにシールを11枚ずつ配っておく。集会では、まずハロウィンの音楽に合わせてじゃんけんをする相手を探して歩きまわり、自分が欲しいキャラクターのシールを持つ相手を見つけ、“Hello! I'm mummy.” などと互いに名乗る。そして、“Trick-or-treat 1, 2, 3.” と言い、じゃんけんをする。負けたら “Here you are.” と言って相手に自分のシールを渡し、勝った児童は “Thank you. Happy Halloween!” と言って、次の相手をさがす。

仮装した八熊小の先生方

このような簡単な活動であるがとても人気のある集会である。校長先生をはじめ、先生方も仮装してくださり、全校で英語に親しむ集会となっている。

６．おわりに

筆者が、英語活動に取り組み始めて10年になる。多くの小学校教員がそうであるように、筆者も小学校で英語を教えることになるとは思っていなかった。そして、英語に苦手意識もあり、最初はいろいろな英語のゲームの本の真似から始めた。それらのゲームを通して、子どもたちは英語の知識をもつようになったが、知識を身につければよいのか？ という疑問が頭をかすめるようになった。それで今回、ご紹介したような実践に取り組んだのである。

一方で、これらの実践について「英語教育と言えるのか？」という疑念をお持ちになる方もいるかと思う。英語教育で言われる○○メソッドなどの英語の知識を身につけさせるための指導法とは違うように思われるからであろう。

小学校学習指導要領の外国語活動の目標は、「コミュニケーション能力の素地を養う」とある。素地を養うとは、「英語を使おう」「伝えたいことを表現しよう」という態度を育てることだと考える。英語の知識だけ身につけさせても、英語を使おうという態度を育てなければ、英語のテストはできても英語が話せないという、これまでの多くの日本人と同じことになってしまうだろう。

英語でも日本語でも、自分の考えを表現しようとする子どもを育成するには、朝の会でスピーチ活動をしたり、どの教科でも意見を発表する機会を多くしたりすることが必要である。したがって「コミュニケーション能力の素地を養う」には、外国語活動だけで十分とは言えないと考える。全教科、全生活の場面で取り組むべきことであろう。今回報告した実践は、クラスのほとんどの教科の指導をしている担任だからこそ、「英語で自分の思いや考えを伝えることができる」という自分が育てたい子ども像をもち、全教科・行事において活動や指導を工夫することができたと考えている。

もちろん、発音や英語の言い回しに不安はあるだろう。そういう時は、地域人材であるJETやAETに教えてもらえばよい。便利な発音ソフトも開発されている。そうした英語の専門家の助けを受けながら、育てたい子ども像に向かって活動全体をプロデュースするのは、大変やりがいのあることだと思う。

小学校の担任の先生方が、「こんな風なら、私にもできる」という思いを持ってくださり、英語に臆さずに取り組む一助になればと願っている。

【引用文献】

文部科学省（2008）『小学校学習指導要領解説総則編』東洋館出版社

【参考文献】

文部科学省（2006）『読解力向上に関する指導資料』東洋館出版社
中本幹子（2003）『実践家からの児童英語教育法』アプリコット出版
有元秀文（2008）『「PISA型読解力」が育つ七つの授業改革』明治図書
町田淳子・瀧口　優（2010）『テーマで学ぶ英語活動』三友社出版

第2部

第5章 子どもが主体的に活動する外国語活動の授業づくりと活動の実際

緒方 敦子・福岡市立南片江小学校教諭

1．はじめに

グローバル社会を生きていく上では、異文化を背景にもつ人々と、外国語をツールとして、コミュニケーションを図っていくことが求められる。コミュニケーションを図る際には、相手の言いたいことを分かろうとしたり、自分の言いたいことを相手に分かってもらおうとしたりする態度が必要とされる。

外国語活動において、子ども達が「楽しい」「どのように伝えたらよいのだろう」「通じた、分かった」といった実感を伴いながら活動を行うためには、教材化と単元構成の2つから考えていく必要がある。どのように教材化を考えていけばよいのか、単元構成はどのようにしていけばよいのか、以下の内容をもとに、授業づくりを行い、実践に取り組んだ。

2．教材化の視点

外国語活動の教材化を行う際に、以下の点から、単元構成や活動について思考し、具体的な授業づくりに活かしていった。

① 必然性のある課題設定

- 伝えたい、やってみたいと思えるような活動を提示し、課題を設定する。
- 動作化がしにくい伝達内容や直接的表現を知らない伝達内容でも、言語やその他の方法でコミュニケーションをせざるを得ない状況を設定する。
- 聞き手と話し手の間に、インフォメーションギャップ（情報格差）があり、コミュニケーションの必然性がある状況を設定する。

② 自己選択、自己決定の場の設定

- 話し手には、伝える内容や、伝え方に選択権があること。つまり、自分のもっている情報をすべて伝えるのではなく、課題の達成や相手の必要度や興味に応じて、伝える内容を選んだり、伝え方を工夫したりする。

③ 伝わったことが評価できる課題の設定

- 話し手の伝達内容が、確実に聞き手に伝わったのか、伝えることができたのか評価する。話し手の伝達内容が正しく伝わっていないと、伝えられた側の課題の達成に困難さが生じる課題にする。

④ 伝わったかどうかを確認したり、反応したりさせる支援

- 話題別のグループや学級で、活動における伝え方の工夫や反応の仕方についてふり返る活動を設定する。伝え方の工夫とは、言語や非言語で理解の程度を示す反応を返させたり、話し手と聞き手の双方が、タスク達成のために必要な情報が何かを伝えたりするなどの働きかけを行うことである。

3．単元構成について

単元を構成するにあたり、「であう、つかう、ひろげる」の3つの段階に分けて構成した。それぞれの段階での主なねらい、活動と内容は以下の通りである。

段階	であう段階	つかう段階	ひろげる段階
ねらい	◎ 言語や文化、単元での活動に対する興味・関心を高め、ねらいとなる語彙や表現を知る。	◎ 語彙や表現の意味を、活動を通して理解し、慣れ親しみ、活動の中で使う。	◎ 互いの意思疎通を図るために反応したり確認したりする工夫を行い、慣れ親しんだ表現や語彙を用いて、活動の中で使う。
活動（●）と内容（○）	● デモンストレーションや、写真や映像を見る。 ● 必要な表現について話し合う。（日本語、英語） ○ 言語や文化、活動への興味・関心を高めること ○ ねらいとなる語彙や表現を知ること	● 使用予定語彙や表現を使って、インタビュー活動をしたり、ゲーム活動をしたりする。 ● コミュニケーション活動を行う際の工夫について話し合う。 ○ 単元のねらいとなる語彙や表現の意味が分かること ○ 活動を通して語彙や表現に慣れ親しむこと	● 自分たちで活動の場を作ったり、使用教材を付け加えたりする。 ● コミュニケーション活動を行う際の工夫について話し合う。 ● コミュニケーション活動での工夫についてふり返りながら活動する。 ○ 慣れ親しんだ語彙や表現の伝え方を、相手や自分の状況に応じて工夫すること

4．実践

4．1．単元　どこにあるのかな？～Where is the ○○？～

○ 単元の目標

・積極的に道を尋ねたり、道案内したりしようとする。

・目的地への行き方を尋ねたり言ったりする表現に慣れ親しむ。

・英語と日本語とでは、建物の表し方が違うことに気付く。

○ 計画（約5時間）

段階	であう段階	つかう段階	ひろげる段階
ねらい	◎ 道案内の活動に興味・関心をもち、地図を使った活動への見通しをもつ。	◎ 建物の言い方や、方向を表す表現に慣れ親しむと共に、自分や友だちの情報を地図上で表すとどのようになるのか思考しながら聞いたり、話したりする。	◎ 複雑になった地図を完成させるために、相手の情報や自分の位置を確認する等の工夫をしながら、地図作りを行う。
活動と内容（○）	1 オリジナルタウンマップにであい、建物や方向を表す語彙や表現について話し合う。 ○ 地図を使った活動への見通しをもつこと	2 建物や方向を表す語彙や表現に慣れ親しむために、地図を使って活動する。 (1) 単純な地図を使って、建物の語彙や右、左などの表現を使って何がどこにあるのかを友だちに伝える。 ○ 建物の言い方や、方向を表す表現に慣れ親しむこと (2) 友だちに自分の地図の道案内をしながら、互いの町を完成させる。 ○ 自分や友だちの情報を地図上で表すとどのようになるのか、思考しながら聞いたり、話したりすること	3 オリジナルタウンマップを作り、自分達の地図をもとに、互いに道案内をする。 （ウォークラリー形式） (1) オリジナルタウンマップを作り、地図が複雑になった場合に、どんな工夫が有効に働くのか話し合う。 ○ グループごとに道順を考えたり、コミュニケーション活動での工夫について考えたりすること (2) 道案内役と案内される役に分かれて、工夫を活かしながらお互いに作ったオリジナルタウンマップを完成させる活動を行う。 ○ 相手の情報や、自分の位置を確かめることを、自分の地図作りに活かすこと

○ 活動の実際

であう段階：１／５時
　オリジナルタウンマップにであい、建物や方向を表す語彙や表現について話し合う。

単元のめあて　オリジナルタウンマップを使って、建物や方向の名前を伝え合いながら活動しよう。

　今まで地図を使って、相手に説明する活動はしたことがないので、何だか難しそうだなあと思いました。でも、知っている単語があったり、右、左などの言い方は聞いたりしたことがあるので、できそうだなと思いました。英語では建物の言い方が日本語とは違うところがあったので、おもしろいと思いました。今回はどんな活動になるのか楽しみです。

資料１　活動への見通しをもったＡ児の発言

であう段階

　であう段階では、単元の活動にであい、地図を使った活動への見通しをもつことをねらいとしている。そのために、地図を見ながら道案内を行い、町の地図を完成させていくというデモンストレーションを提示した。さらに、身近な建物の名称や道案内に必要な表現について話し合わせた。

考察１

　単元の中心となる「道を尋ねる、道案内をする」というデモンストレーションを提示したことは、本単元での活動に対して見通しをもつことに有効であったと考える。資料１のＡ児の発言から、今までに経験してきていない相手に説明するという活動を行うことへの気づきや、知っている語彙を使えば何とかできそうだという内容から、活動への見通しをもつことができたと考えられる。

つかう段階：２～３／５時
　建物や方向を表す語彙や表現に慣れ親しむために、地図を使って活動する。

(1) 単純な地図で建物の語彙や右や左などの方向を表す表現を使い、何がどこにあるのかを友だちに伝える。

写真１　道案内できるかな？

つかう段階

　つかう段階では、建物の言い方や方向を表す表現に慣れ親しんだり、自分や友だちの情報を地図上で表すとどのようになるのか思考しながら聞いたり、話したりすることをねらいとしている。そのために、まず、資料２のような地図を準備し、身近な建物の名前や方向を示す表現などに慣れ親しむことができるようにした。慣れ親しむために提示した地図は、道に行き止まりのないものと（資料２－①）、行き止まりがあるもの（資料２－②）を２種類を提示し、行き止まりなしから行き止まりありへと段階的に活動できるようにした。また、道案内す

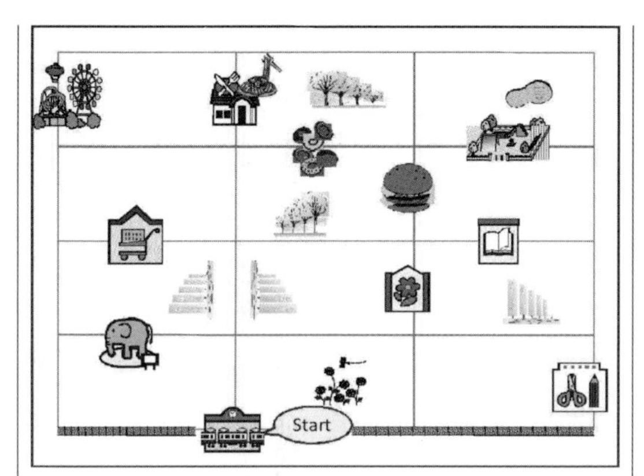

資料２－①　活動での地図・行き止まりなし

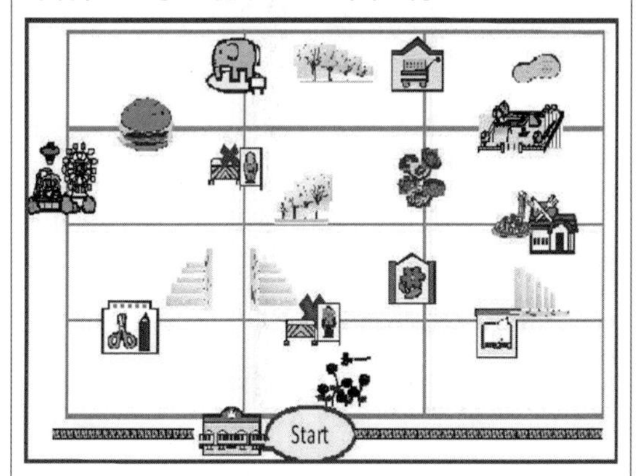

資料２－②　活動での地図・行き止まりあり

⑵ 友だちと自分の町の道案内をし合い、互いの町を完成させる

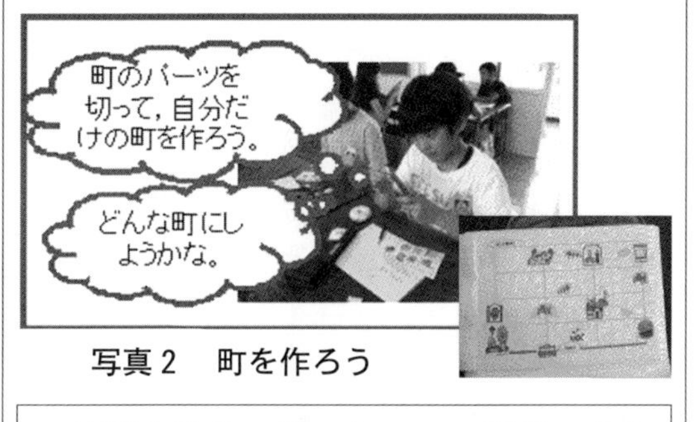

写真２　町を作ろう

地図を自分で作ったので、相手に分かるように伝えました。でも途中で相手や自分が分かっているのか不安になるときがありました。会話の途中に確認や繰り返しなどの工夫が必要だなと思いました。

資料３　地図作りを終えてのＢ児の発言

る側と、道案内される側には異なる地図を渡しておき、インフォメーションギャップが生じるようにした。次に、道のみの地図やオリジナルタウンのパーツを提示し、子ども達に町の地図を作らせた。その後、それぞれが作った町がどのような町になっているかを知るために、互いに道案内を行い、友だちの町の地図を完成させた。

考察２

⑴の活動において、道案内をする人と、道案内される人とに分け、両者の間にインフォメーションギャップを生じさせたことは、相手のもっている情報を尋ねたり、相手に伝えようとしたりする必然性をもたせることに有効であった。写真１から、子ども達は習った語彙や表現を使い、それらを活動の中で用いてコミュニケーションを図ろうとしていたことが分かる。また、地図を段階的に用いたことや、互いに繰り返し活動をすることができたので、子どもの聞く量、話す量が増加し、語彙や表現への慣れ親しみが促進されたと考える。

⑵の活動では、自分で地図のパーツを切り取り、町の地図に貼り付けることで、自分だけの町の地図を作ることができ、活動への意欲を高めることに有効であったと考える。建物のパーツや、位置する場所を選択しながら活動に取り組んだことで、資料３の発言から分かるように、道案内の活動に対して意欲的に取り組むことができた。さらに、この活動を通して、会話の途中に、確認や繰り返しなどの工夫をする必要性を感じていることがうかがえた。

> **ひろげる段階：４～５／５時**
> オリジナルタウンマップを作り、自分達の地図をもとに、互いに道案内をする。

(1) オリジナルタウンマップを作り、相手の情報を確かめたり、自分の位置を確認したりする工夫について話し合う。

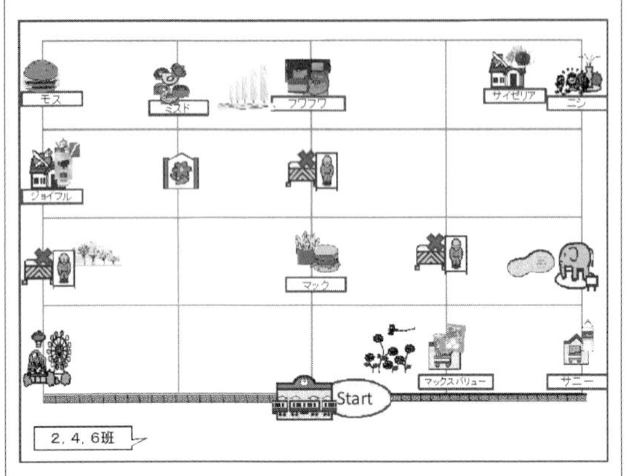

資料４　同じ種類の建物が複数ある町の地図

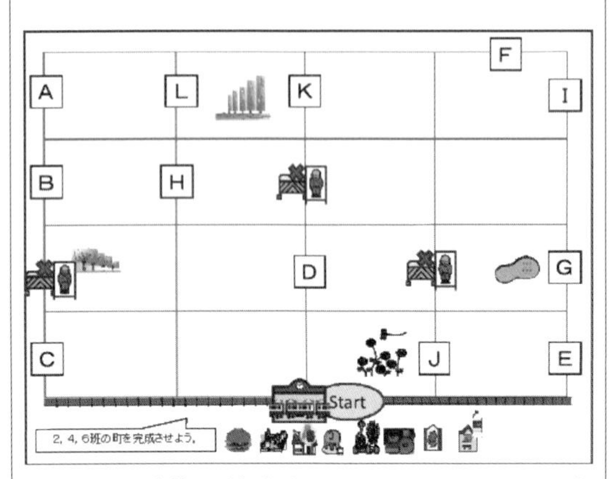

資料５　建物の地点を聞き取り、Ａ～Ｌに書き込む

ひろげる段階

ひろげる段階では、相手の情報や自分の位置を確認する等の工夫をしながら地図作りを行うことをねらいとしている。互いの情報をより確かに聞いたり、伝えたりするために、用いる町の地図を複雑にした。具体的な条件は、同じカテゴリーの店を複数地図上に載せるようにしたこと、道の本数を増やしたこと、行き止まりを３か所作ったことである（資料４）。同じカテゴリーの店では、建物に名前を付け、“Where is the ～？” と尋ねられた後に“○○ or △△？” と建物を特定する表現を子ども達に提示した。さらに、複雑化した情報を相手に分かりやすく伝えたり、自分が分かっているのかを確かめたりするために、“One more time, please.” “OK?” を使ったり、相手に道案内の情報を繰り返し言ったりする工夫を話し合わせた。最後に、道案内される側に資料５のような地図を渡し、どの地点に何があるのかを道案内する側から聞き取り、地図上に記入していくようにした。

考察３

資料４から分かるように、同じ種類の店を地図上に複数配置したことや、工事中の道を設定したことで、地図が複雑になり、道案内をする側とされる側の間で交わされる情報の量を増やすことができた。また、道案内される側の地図に、建物の位置を示す印をＡ～Ｌと入れていった（資料５）。建物の位置を道案内の情報を聞いた後に特定し、場所がどこかを確認することに役立てることができた。子ども達はコミュニケーション活動を行っている間、道案内する側は、自分の伝えた情報が相手に伝わってい

⑵ 道案内役と案内される役に分かれて、お互いに作ったオリジナルタウンマップをもとに活動する。

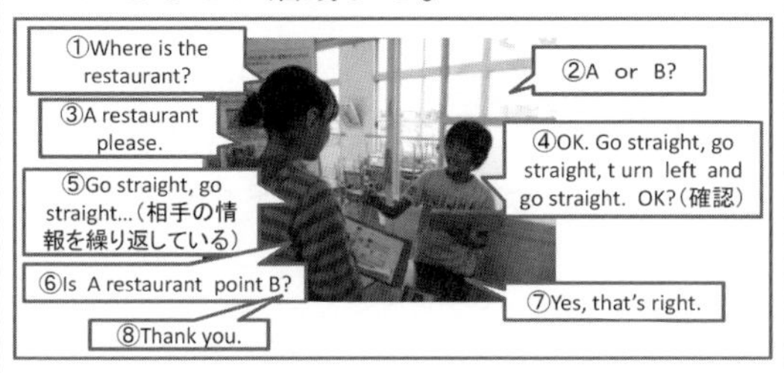

写真４　相手の情報を繰り返して確認しよう

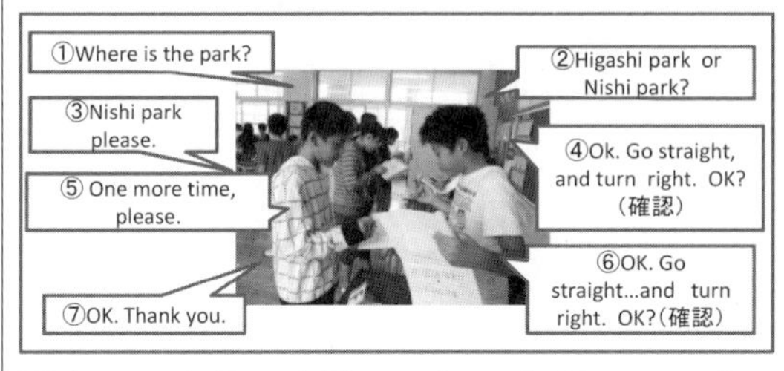

写真５　もう一度言ってね。今どこにいるのかな？

> この活動をして、自分のもっている情報を、相手に分かりやすく伝えるために、確認するなどの工夫をすることは大切なんだなあと思いました。互いに、言いたいことはこんなことかなあと、考えながら活動できたところがよかったです。

資料６　道案内の活動後の児童の感想

るのか、相手が分かっているのかを確かめながら活動することができていた。また、道案内される側も、聞いた情報を繰り返し言って、正しいのかどうかを自分なりに確認したり、もう一度言ってほしいなどの依頼をしたりしながら活動することができた（写真４、５）。これらのことと、資料６から分かるように、道案内する側、される側に分かれて活動を行ったことは、それぞれの立場から、情報を伝えたり、聞いた情報を自分のタスク達成に活かすということに有効に働いたと考える。

○ 成果

◎ 道案内の活動において、道案内をする側とされる側の二者に分かれて活動を行ったことと、用いる地図を段階的に複雑にしていったことは、道案内の語彙や表現に慣れ親しませることに有効であったと考える。

◎ 相手の言ったことを繰り返したり、相手が理解しているかどうかを確認するにはどういった工夫が考えられるかを話し合わせたことで、複雑化した地図の情報を共有するときに、考えた工夫を活かしながら活動することができた。

４．２．単元　つくろう！　わたしの旅行プラン！
〜Where do you want to go?〜

○ 単元の目標

- 世界にはいろいろな文化があることに気付く。
- “Where do you want to go? I want to go to〜.” 等の表現に慣れ親しむ。
- 自分の行きたい国やそこでしたいこと、見たいことを集めた旅行プランを伝えたり、聞こうとしたりする。

○ 計画（全５時間）

段階	であう段階	つかう段階	ひろげる段階
ねらい	◎ 本単元の活動や、日本や世界の国々に興味・関心をもつと共に、英語で伝えたいことを簡単な日本語で考える。	◎ 活動を行うのに必要な語彙や表現に慣れ親しみ、工夫をしながら友だちとコミュニケーション活動を行う。	◎ 自分の旅行プランを伝えるために、どんな工夫が必要なのか考えると共に、自分の旅行プランを発表したり、友だちの旅行プランを知ったりする。
活動と内容（○）	1　日本や世界の国々についての紹介映像を見たり、活動で使いたい表現について話し合ったりする。 ○ 本単元の活動や日本や世界の国々に興味・関心をもつと共に、活動をする中で知りたいことや伝えたいことを簡単な日本語で考えること	2　友だちに行きたい所や、どんなものに興味があるのかを尋ね、自分の旅行プランを作る。 (1) 友だちに行きたい所をインタビューしたり、理由を伝えたりして活動する。 ○ 行き先の尋ね方や、答え方、理由の言い方について慣れ親しむこと Where do you want to go? I want to go to 〜. I want to eat 〜. I want to see 〜. I want to buy 〜.　等 (2) 旅行プランを作る際に、どんな反応や確認をすればよいのか話し合い、自分の旅行プランを作る。 ○ 自分の行きたい国を伝えたり、相手の欲しいものを理解したり、コミュニケーションでの工夫をしたりして、楽しさを味わうこと	3　前時に作った旅行プランを友だちに伝えたり、友だちの旅行プランを聞いたりする。 ○ 自分の旅行プランを伝えるために、どんな工夫が必要なのか考えると共に、友だちがどんな国や何に興味をもったのかについて知ること

○ 活動の実際

であう段階：１／５

日本や世界の国々についての紹介映像を見たり、活動に必要な語彙や表現について話し合ったりする。

単元のめあて　行ってみたい世界の国を選んで、自分の旅行プランを作り、紹介しよう。

写真１　どんな国があるのかな？

写真２　どんなことが伝えられたらいいだろう

外国には、いろいろな食べ物・生き物・建物などがあると分かりました。英語で聞き方を覚えて、みんなは、どこへ行くのか知りたいです。

資料１　児童の感想

であう段階

であう段階では、本単元の活動や日本や世界の国々に興味・関心をもつと共に、英語で伝えたいことを簡単な日本語で考えることをねらいとしている。そのために、世界の国々の国旗や、生活の様子などを表した写真や映像を提示したり、本単元でのプラン作りの活動をデモンストレーションとして提示し、見通しをもつことができるようにした。また、単元のゴールに向けて、知りたいことや、英語で伝えたいことを、日本語で考える活動を設定し、活動への見通しや意欲をもつことができるようにした。

考察１

デモンストレーションを提示したことは、子どもたちにとって、世界の国々への興味・関心を高めることに有効であった（写真１）。デモンストレーション後に、単元のゴールに向けて、どんなことを知りたいのかを考える活動では、「友だちの行きたい国について知りたい」や、「外国についてもっと知りたい」という思いをもつことができた。また、活動で言いたいことを日本語で考えた（写真２）ことで、それらを英語で言うことへの期待感や活動への意欲が高まったと言える（資料１）。

つかう段階：２～４／５

友だちに行きたい所や、どんなものに興味があるのかを尋ね、自分の旅行プランを作る。

⑴ 活動で使用する語彙や表現を使って、キーワードゲームをしたり、インタビューゲームをしたりする。

写真３　インタビューゲームをしている様子

⑵ 伝えたり、聞いたりするときの工夫点について話し合い、旅行プランを作る。

写真４　こんなところを工夫したらいいね

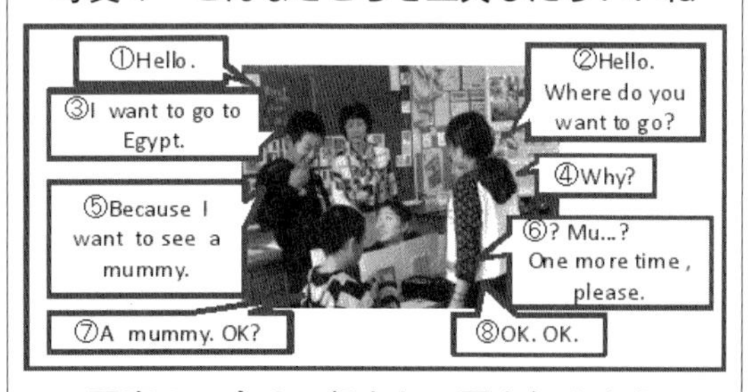

写真５　自分の行きたい国を伝えよう

つかう段階

つかう段階では、活動を行うのに必要な語彙や表現に慣れ親しみ、工夫をしながら友だちとコミュニケーション活動を行うことをねらいとしている。

そのために、必要な語彙や表現を用いたキーワードゲームやインタビュー活動を行った。また、旅行プランを作る活動においては、旅行プラン作りのデモンストレーション後に、友だちに伝えるときの工夫について考えたり、話し合ったりする活動を設定した。そして、その工夫を活かし、自分の行きたい国を選んで、自分の旅行プランを作成する活動を行った。さらに、活動の途中で、活動のモデルを提示し、より相手を意識してコミュニケーションできるようにした。

考察２

⑴において、活動で使いたい語彙や表現をキーワードゲームやインタビューゲームの中で用いたことで、繰り返し聞いたり、活動の中で使おうとしたりすることができた。繰り返し活動に取り組めたことで、児童は無理なく英語の語彙や表現に慣れ親しむことができたと考える（写真３）。

⑵において、デモンストレーション後に、自分の旅行プランを作る活動の前に、伝えるときや聞くときの工夫点について話し合わせたことは、学級で工夫点についての共通認識をもったり、その工夫点を活動に活かすことに有効であったと考える（写真４）。工夫点を話し合った際には、分からなかったときに聞き返しをすることや、相手や自分が分かったかどうかの確認をすることが、活動をする上でも必要であるという意見が

出された。旅行プランを作る場面では、話し合ったことをもとに、工夫を活かしながら活動することができたと考える（写真５）。また、活動のモデルを提示して、さらに工夫を考えさせたことは、より相手を意識したコミュニケーションを図ることに有効であった。

旅行プラン作りでは、１人１人に複数の国や行きたい理由を、自分の思いに合うものを選択させたことで、自分の思いが反映された旅行プランを作ることができ、満足な気持ちを味わうことができたと考える（写真６、資料２）。

写真６　さあ、自分の旅行プランを作ろう

分からなかったら聞き返す。相手に確認する。そういう所を気を
つけて活動出来ました。あと、自分の旅行プランもうまく出来たの
でうれしかったです。

伝える時や聞く時の工夫点を使って活動に
活かせ楽しく旅行プランを作ることができた。
あいさつやお礼を使うと会話が楽しくなることが分かった。

資料２　活動を終えての児童の感想

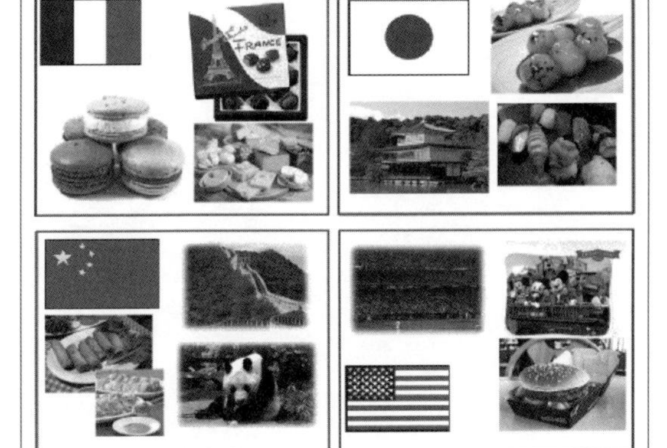

資料３　用いた教材の一部

ひろげる段階：５／５

前時に作った旅行プランを友だちに伝えたり、友だちの旅行プランを聞いたりする。

ひろげる段階

ひろげる段階では、自分の旅行プランを伝えるために、どんな工夫が必要なのかを考えると共に、自分の旅行プランを発表したり、友だちの旅行プランを知ったりすることをねらいとしている。そのために、グループなど複数の人に対して、発表するときにどんなところに気をつけて行えばよいのかを考える活動や、実際に考えたことを

写真7　僕の旅行プランを紹介します

写真8　私のプランの発表です

コミュニケーションもよくとれたんじゃないかなぁと思います。Me too.がたくさん言えたので、よかったです。○○君が明るくみんなの発表に反応を返していたので私も反応を返すことができました。紹介が楽しくできました。

紹介では、「Me too.」や「I like it.」もたくさん使えました。友達と同じところやちがうところがあったので、みんなちがってみんないいと思いました。友達のことを知れたし、外国のことも分かったので、うれしかったです。

資料4　活動後の感想

もとに、自分の作った旅行プランを発表する活動を設定した。

考察3

グループなどの複数の人に対して、伝えるときと聞くときの工夫点について話し合わせたことは、工夫点を活かしながら活動することに有効であった。工夫点の内容としては、確認をしたり、自分も同じ思いであれば“Me too.”“I like it.”などの反応をすると、発表している人もうれしくなる等の意見が出された。これらの工夫を活かして活動することができたということが写真7、8から分かる。また、活動後の児童の感想から、工夫点を活かして活動したことの心地よさや、うれしい気持ちが分かり、この活動が児童にとって、有意義なものであったことがうかがえる（資料4）。

○ 成果

◎ であう段階で、伝えたいことを大まかに日本語で考えたことで、どんな意味を英語で言うのかが分かり、児童の英語を話したいという意欲の向上につながった。

◎ つかう段階では、旅行プランを作る前に、自分の行きたい国や理由を友だちに伝えるために、どんな工夫が必要なのかを考えさせた。このことで、自分の伝えたいことを一方的に伝えるのではなく、確認や、聞き返しなどを行い、相手の伝えたいことをしっかり聞こうとする態度の育成にもつながった。

◎ ひろげる段階では、自分の作った旅行プランを友だちに紹介するために、どんなところを工夫すればよいのかについて考えさせたところ、友だちの旅行プランの紹介に対して反応をするなどの意見が出された。その結果、活動中に、反応が返ってきたうれしさを味わったり、「友だちも工夫を活かして活動していたから、自分もできた」等のコミュニケーション活動に対する肯定的な気持ちが起こったりした。

【参考文献】
文部科学省（2008）『小学校学習指導要領』東京書籍
安彦忠彦（監修）、大城賢・直山木綿子（編著）（2008）『学習指導要領の解説と展開』教育出版
J. ブルースター/G. エリス（2006）*The Primary English Teacher's Guide.* 佐藤久美子（編訳）、大久保洋子・杉浦正好・八田玄二（訳）『小学校英語指導法ハンドブック』玉川大学出版部
文部科学省（2010a）『Hi, friends! 1』東京書籍
文部科学省（2010b）『Hi, friends! 2』東京書籍

第2部

第6章 自立活動の手段としての英語活動の有効性

髙木 理人・岡崎市立本宿小学校教諭

1．はじめに

岡崎市立本宿小学校は、2007年度に岡崎市の英語パイロット校となり、2009～2011年度の3年間、市の研究委嘱を受けて『生きる力を育む小学校英語の創造～英語が話せる本宿っ子をめざして～』という研究テーマを掲げ、実践を行ってきた。

特別支援学級も他の学年と同じように年間カリキュラムを組み、低学年と同じ年間10時間の英語活動を行っている。カリキュラムを組むにあたっては、「体験を通して楽しく英語に触れる」ことを基本にしている。あいさつから始まり、ゲームにしやすい数や色、子供たちにとって楽しく興味がある身近な動物や食べ物などを取り上げ、授業を構成している。特別支援学級は、在籍児童が学年をまたがっているだけでなく、卒業や転出入による入れ替わりもある。そこで英語活動においては、同じ単元でも内容を少しずつ変え、より英語に慣れ親しむことができるように考えて毎年カリキュラムを組み替えている。

2．自立活動の手段としての英語活動

特別支援学級（以下、支援学級と記す）の子供たちは、技能教科を中心に通常学級に交流学習に出かけているが、自分から積極的に周りの児童と関わる姿はあまりみられない。支援学級の中でも、コミュニケーションがうまく図れず、トラブルになることも多い。そこで、英語活動を支援学級の自立活動に取り入れることを考えた。

学習指導要領（特別支援学校における「外国語活動」を参照）には、「児童の障害の状況等に応じて、指導内容を適切に精選するとともに、その重点の置き方等を工夫すること。」という1文がある。筆者らはその重点を、「コミュニケーションの基礎能力」に置くことにした。コミュニケーションの基礎能力といってもいろいろ考えられるが、以下の3つに絞ることにした。

① 相手の目を見て話す ⇒ eye contact

② はっきりとした声で話す ⇒ clear voice

③ うなずきながら聞く ⇒ response

では、「なぜ、英語活動なのか」ということであるが、それには2つの大きな理由がある。1つ目は、英語活動の時間は日常生活と違う雰囲気があるということである。

支援学級の子供たちには英語活動が好きな子が多く、元気よく歌い、発話することができる。また、ALTの発音をよく聞き、真似して話そうとする姿が見られる。それは英語活動が持つ独特の雰囲気が影響しているように思う。２つ目は、英語活動には子供たちが好きなゲーム性のある内容が多く含まれていることである。遊びを繰り返す中で、コミュニケーションの基礎となる能力を体得できると考えている。

３．英語活動の流れ

⑴ Warm-up

“Warm-up”は、英語活動へ入っていく雰囲気作りをする段階である。子供たちが円を作り、ALTと１対１の会話を行う。簡単なあいさつをしたり、ジェスチャーを交えながらその日の体調を答えたりしている。

ＡＬＴ：Hello.
児　童：Hello.
ＡＬＴ：How are you?
児　童：I'm happy. How are you?
ＡＬＴ：I'm fine.

⑵ Review

“Review”は、本時につながる復習をする段階である。歌やチャンツ、ミニゲームを行い、前時の復習をするとともに、本時の学習へとつなげていく。

● キーワードゲーム

「banana, melon, pineapple, orange, kiwi」の単語の中からキーワードを１つ選んでおく。ALTが順番に単語を発話して、キーワード以外の場合はALTに続いて発話し、キーワードが出た場合は、カードを拾い上げる。

キーワードが出てカードを拾い上げる

⑶ Activity

“Activity”は、新出単語・新出ダイアローグの導入と練習をする段階である。新出単語の練習には、ALTの発音のまねが楽しくできるように「へんしんトンネル」を用いている。担任が日本語で発音し、絵カードがトンネルを通るとALTが英語で発音する。チャンツは最初全体で練習し、その後個人でも発音練習ができる時間を確保し、自信をつけさせる場となるように配慮している。

Ｔ　１：オレンジ、オレンジ、♪♪♪…
ＡＬＴ：Orange, orange.
　　　　Orange, 1, 2.
児　童：Orange.

※ 数回繰り返した後、個別に指名する。

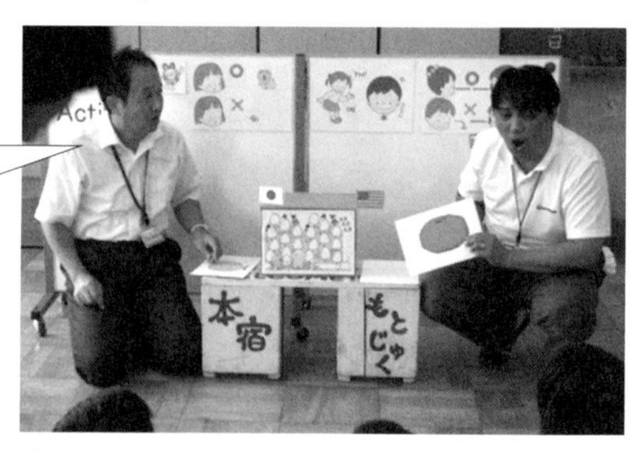

「へんしんトンネル」を使った単語の発音練習

⑷ Main Activity

“Main Activity” は、学習した英語を用いてコミュニケーションを楽しむ段階である。ここでは、いくつかある活動のうちの１つを紹介する。

● フルーツやさんゲーム

８種類のフルーツの中から、自分の好きな果物を好きな数だけ注文してかごに入れる。お店屋さん役とお客さん役に分かれて活動し、途中で交代をする。

児童Ａ：Melons, please.
児童Ｂ：OK. How many?
児童Ａ：Three, please.
児童Ｂ：（言われた数だけフルーツ模型を取ってかごに入れる）
　　　　Here you are.
児童Ａ：Thank you.

４．英語活動における役割分担

英語活動は２つの支援学級の合同で行っている。ALT・Ｔ１・Ｔ２それぞれの役割を明確にして授業を進めている。

ＡＬＴ：児童との対話や活動の支援　英語のモデル
Ｔ　１：授業の指揮、支援（Classroom English を使う）
　　　　ＡＬＴとの対話　英語を学ぶモデル
Ｔ　２：児童支援　教材の準備　英語を学ぶモデル

支援学級の児童の場合、30分間活動を続けること自体、難しいことが予想される。子供を飽きさせないような活動や教材を意識して準備をしているが、その一方で、子供の体調によってはいつどのような状況が起きても不思議ではない。英語活動に関係すること以外で個別に対応する必要が出てきた場合、ALTとT1で授業を進め、T2がその子供に対応するように決めている。

ALTに渡す授業の指導案については、指導案の横に、細かい指示や活動の内容を詳しく書き込んだものを添付している。言葉だけでは伝わらない部分もあるため、イラストを交えて授業の内容をイメージしやすくすることで、ALTとのコミュニケーションを図るように工夫している。

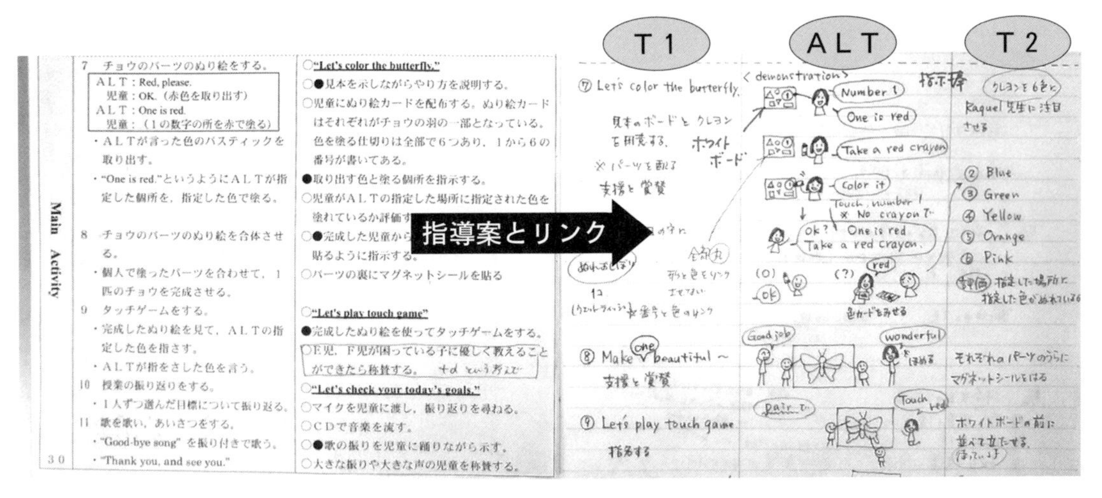

ALTに渡す指導案と補足資料

授業の中での３人の立ち位置は基本的にトライアングルの形になるように意識している。ALTが主体で行う活動では、T1・T2が分担して児童の支援を行う。また、ALTとＴ１が前で活動する時は、Ｔ２が児童全体の支援を行う。このように立ち位置を決めることで、児童の様子をまんべんなく観察し、できた時を逃さずに称賛することがスムーズにできると考えている。

３人の位置がトライアングルの形

個別の対応

もう１つ気を付けていることは、教師側の声の大きさである。ALTなりT1なり、授業の中でメインに立つ者が大きな声で発話し、反対に、例えば“Listen”というように、子供たちに注意を喚起する場合はT2が小さな声で指示を出す。そうすることで、メインに立つALTやT1に注目させるとともに、楽しい雰囲気を壊さずに活動を進めることが可能となる。

５．TODAY'S GOALの設定

コミュニケーションの基礎能力の中から eye contact, clear voice, response の３つを選び重点目標としたことは前述の通りである。この３つを、子供たちが体験を通して体得していくことが英語活動の目標である。

支援学級の英語活動では、活動の最初に各自の“Today's Goal”を決定する。３つの目標の絵カードの中から１つを選び、その下に自分のネームプレートを貼ることで、本時は何を意識するのかを子供たちに分かりやすく示している。目標の決め方であるが、教師側には、「この子にはここを頑張ってもらいたい」という願いがある。そこで、事前にそれぞれの子供に「あなたはアイコンタクトに注意するといいよ」というように声かけをし、気持ちを高めて活動に参加できるようにしている。

自分の“Today's Goal”を決める

評価については、それぞれの活動の場面で声かけを行っており、目標以外のことでも“Good gesture!”“Nice smile!”といった称賛のことばかけをしている。各自が目標にしていることができた瞬間には、さらに大きな声で称賛するように意識して取り組んでいる。

また、授業の終末に“Today's Goal”の振り返りを行っている。一人一人がマイクを持ってみんなの前に立ち、本時の授業の感想を述べる。内容はゲームなどの活動のおもしろさが中心であるが、「今日は“OK. How many?”が言えました」と話すなど、自分ができたことについて発表する姿も見られるようになった。さらに、「ぼくは今日、アイコンタクトができました」と言うなど、少しずつではあるが、子供たちの意識の中に、英語を楽しむだけでなく、コミュニケーションへの関心が高まっていることが感じられた。

マイクを持って本時の振り返りをする。

６．活動内容の工夫

６．１．英語に慣れ親しむために

⑴ 視覚から入る情報を重視

支援学級の子供たちは、視覚から入る情報に敏感なので、子供たちを引きつけるような工夫をしている。例えば、モデルダイアローグのデモンストレーションを行うにあたり、パペット（人形）を使ってスキットを行ったこともあった。パペットの効果は抜群で、どの子もスキットを食い入るように見ていた。

ＡＬＴ：How are you?
Ｔ　１：I'm sick.
ＡＬＴ：(ALTがT1のパペットに体温計をはさんで)
Pi pi pi…. Oh! Fever.
Take care.

⑵ リアルな状況設定

● くだもの当てクイズ

「くだもの当てクイズ」は、形や匂い、触った感触から、新聞紙の中に入っている果物を当てるというものである。目の前に新聞紙の包まれた果物が出てきた瞬間、子供たちの目はいきいきと輝き、表情がぱっと明るくなった。次々と予想する果物の名前を挙げ、積極的にコミュニケーションに参加する子供たちの姿が見られた。

キウイ３個をバナナの形に見えるように新聞紙で包んだ

袋の中に熟したバナナを入れ、匂いで何かを予想させた

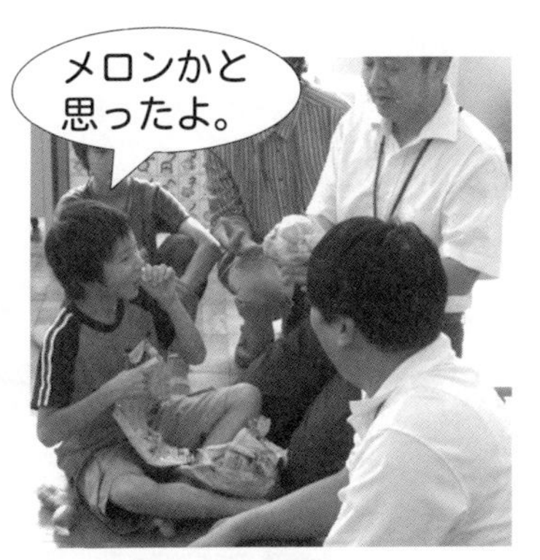

オレンジを新聞紙で包んで大きな塊にした

● フルーツがりゲーム

ダンボールに果物の木やつるの絵を描き、そこにフルーツ模型を両面テープで取りつけておく。子供たちがフルーツパークの店員になり、ALTやT1の注文する数だけフルーツ模型をもぎ取り、かごに入れて渡すゲームである。

ＡＬＴ：Melons, please.
児　童：OK. How many?
ＡＬＴ：Three, please.
児　童：（言われた数だけ取ってかごに入れる）Here you are.
ＡＬＴ：Thank you.

(3) 身体を使ったゲームや歌

身体を使ったゲームや歌も多く取り入れている。子供たちは身体を動かすことが好きであり、こうした活動を取り入れることで、気持ちの切り替えを図ることができる。

● 歌 “Action Colors”

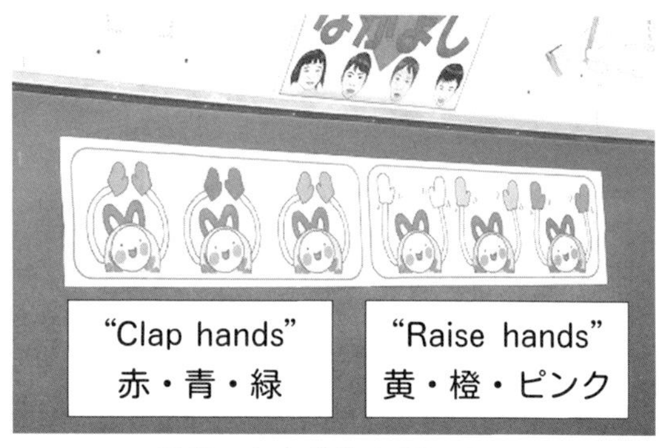

手袋の色と動作を図示する

● マジックウォーター

ペットボトルに水を入れ、キャップの裏にあらかじめ絵の具をつけておく。ALTの合図で一斉にボトルを振り、色水を作る。その後、ALTの“What color?”の問いに答える。

● フラフープゲーム

フラフープの中に学習した単語の絵カードが入っている。ALTの発音する単語を聞いて、当てはまる絵カードが入ったフラフープに入る。最初は個別に行い、１通り終わったところで、全体で行う。

ＡＬＴ：Come on, come on, turkey.

6．2．コミュニケーションへの関心・意欲・態度を高めるために

⑴ ペアでの活動

● Tell and Passゲーム

全員で円を作り、隣の友達とあいさつをして、ぬいぐるみを渡していくゲーム。

Ａ：Hello.　　Ｂ：Hello.
Ａ：My name is ～.　　Ｂ：My name is ～.
Ａ：Here you are.　　Ｂ：Thank you.

● インタビューゲーム

友達とあいさつをしながら体調を聞く。「あいさつカード」には、全員の顔写真と体調を表す絵が印刷してあり、インタビューした友達の顔写真や体調の絵を丸で囲む。

A：Hello.
B：Hello.
A：How are you?
B：I'm hot/cold/sick/hungry.
　How are you?
A：I'm hot/cold/sick/hungry.

⑵ 1つの素材をもとにした全員で行う活動

まず、パネルシアターによる“A Beautiful Butterfly”の読み聞かせを行う（下線ア）。

次に、ALTが指定した数字部分を、指定した色のクレヨンでぬる活動を行う。蝶を6つのパーツに分けたものを1人1枚配布する。それぞれのパーツには6か所色をぬる部分があり、それぞれに1～6の数字が記してある（下線イ）。

“A beautiful Butterfly”の読み聞かせ

10	・“Action Colors”を振り付きで歌う。	●児童と一緒に楽しく歌う。
ア Activity	6 “A Beautiful Butterfly”のお話を聞く。 ・パネルシアターを見ながら，ALTによる英語の語りを聞く。	○**“Let's enjoy.”** ● “A Beautiful Butterfly”の話（一部改編したもの）を聞かせる。丁寧に，語りかけるように話し，色名の部分は特にゆっくり強調する。 ○ALTの語りに合わせて，パネルシアターで場面の様子を見せる。
15 イ Main Activity	7 チョウのパーツのぬり絵をする。 ALT：Red, please. 児童：OK.（赤色を取り出す） ALT：One is red. 児童：（1の数字の所を赤で塗る） ・ALTが言った色のパスティックを取り出す。 ・“One is red.”というようにALTが指定した個所を，指定した色で塗る。	○**“Let's color the butterfly.”** ○●見本を示しながらやり方を説明する。 ○児童にぬり絵カードを配布する。ぬり絵カードはそれぞれがチョウの羽の一部となっている。色を塗る仕切りは全部で6つあり，1から6の番号が書いてある。 ●取り出す色と塗る個所を指示する。 ○児童がALTの指定した場所に指定された色を塗れているか評価する。
	8 チョウのパーツのぬり絵を合体させる。 ・個人で塗ったパーツを合わせて，1匹のチョウを完成させる。	○●完成した児童からパーツを持ってきて黒板に貼るように指示する。 ○パーツの裏にマグネットシールを貼る
ウ	9 タッチゲームをする。 ・完成したぬり絵を見て，ALTの指定した色を指さす。 ・ALTが指をさした色を言う。	○**“Let's play touch game”** ●完成したぬり絵を使ってタッチゲームをする。 ○E児，F児が困っている子に優しく教えることができたら称賛する。
	10 授業の振り返りをする。	○**“Let's check your today's goals.”**

色をぬる時には、例えば赤色なら“Red, Red, Red…”と声に出しながらぬることで、音と色、目で見ていたものとが結びつくと考えた。その後、一人一人がぬったパーツを合わせて、みんなで1匹の蝶を完成させた。みんなで1つのものを作り上げたという実感を味わわせることは、支援学級の活動の中で重要だと考えたからである。

指定された番号に指定された色をぬる

最後に完成した蝶を使って、ALTの指定した色を指さすタッチゲームを行った（下線ウ）。ペアで1つの素材を使って、聞く・色を取り出す・ぬる・言う・触るという5つの活動を入れたことで、子供たちも飽きることなく楽しみながら活動に参加できた。

ALTの指定した色を指さす

7．成果と今後の課題

英語活動のよさは、ゲームを通してコミュニケーションが図れることである。普段の会話ではなかなか目線が合わない児童Aと児童Bが、右の写真のようにインタビューゲームの中では、相手の目を見て、ジェスチャーも交えながら会話をする姿が見られた。

7月のお誕生日会でかき氷を作った時、児童Aはたくさん食べすぎて身体が冷えたのか、“I'm cold!”とジェスチャーを交えて話しかけてきた。また児童Bは、給食でカットされたパイナップルが出た時、袋の表示が英語であることに気付いて、「先生、これはパインではなくてパイナポーだね」と発言していた。こうした姿からも、英語への慣れ親しみが深まり、学習した内容が普段の生活の中にも出てくるようになってきたことが分かる。

英語活動を始めた1学期は、全員が30分間の活動に参加できなかった。子供の実態に合わせた活動内容に修正していったことや、自分が座る場所の目印に座布団を置くように障害特性に配慮したことなどもあり、２学期からは最後まで全員が参加できるようになった。

また、活動の中で褒めることを大切にしているが、子供たちが褒められることに慣れてきてしまったという面もあるので、それぞれが決めた“Today's Goal”を達成できた瞬間に、教師とALTがきちんと褒めることで、子供たちもより一層自分のめあてを意識できるのではないかと考える。“Today's Goal”の振り返りの場面では、発表した子供に対して、みんなで“Good job!”と声かけをしている。それに加えて、例えば“clear voice”が目標の子供なら、「今の言い方が clear voice だったよ」と声を掛けることで、子供たちも自分が褒められたという自覚が高まり、「次の時間もやってみよう」という気持ちにつながるのではないかと考えている。

今までの積み重ねがあって、現在の子供たちの姿がある。今後は、それぞれが身に付けたコミュニケーションの基礎能力を生かし、日常生活の中で自分の思いをきちんと発言できる子供に育てていくことを目指したいと思う。

第7章 特別支援学級における外国語指導
～英語の音声・リズムに慣れ親しむ活動の工夫～

川﨑 育臣・和泉市立北松尾小学校教諭

1．はじめに

筆者の勤務する小学校では、特別支援学級における外国語活動は、自立活動の時間を使って行っている。在籍児童の学年や障がいも様々なので、まずは、外国語（英語）の音声やリズムに慣れ親しむような活動ができるように工夫している。教室での活動内容は、できるだけ同じパターンで進めていくことで、児童も見通しを持つことができ、不安を軽減し、集中して活動に取り組むことができる。

2．支援を必要とする児童への外国語活動の可能性

支援を必要とする児童の障がいは一人ひとり違っている。日常会話がきちんと成立していても、字を読むことが困難であったり書くことが困難であることもある。しかし、話すことはできるので、日本語以外の言語も話せるようになる可能性はあるので、英語を話せるようになることで自信が持てるようになるかもしれない。自信を持つことで、読んだり、書いたりすることへの意欲につながることも十分に考えられる。また、得意なことや長所を伸ばすことで、それまでできなかったことができるようになったり、挑戦しようとする意欲につながることが期待できる。

このように外国語活動は、支援を必要とする児童にとっても、脳を刺激し、それまで眠っていた才能を開かせることができる可能性があると考えている。

3．英語を教えるにあたって

外国語活動では、遊び感覚を大切にすることが重要である。授業の中に遊びがたくさん入っていることで楽しさが増すので、児童が楽しむことができる歌、絵本の読み聞かせ、ゲームなどを工夫して、英語に慣れ親しむことができるようにすることが大切である。

歌は、声に出したり体を動かす活動もできるので、外国語活動のウォーミングアップにとても有効である。一番おすすめなのが、「Head, Shoulders, Knees and Toes」で、頭、肩、ひざ、つま先、目、耳、鼻と口を歌いながらさわっていくので楽しみながら歌うことができる。毎回、活動のはじめにこの歌を入れることで同じパターンになり、外国語活動を今からするという意識付けにもなる。繰り返し行うことで上手に

なり、自信にもつながっていく。

絵本の読み聞かせは、落ち着いて話を聴く時間になる。歌を歌ってから、少しの時間静かに聴く時間でクールダウンをはかることができる。絵本は、ALTに読んでもらうと、英語の世界に浸ることができる。また、教師自身にとっても読み聞かせの方法を学ぶ機会にもなる。日本語訳が出ている絵本の読み聞かせを英語で行う場合、日本語訳は行わずに英語で全て読むことが大切である。絵本は、英語を聴きながら目で絵を見ることができるので、お話の内容を想像しながら楽しむことができるからである。外国語活動の後で、日本語訳の読み聞かせや自分で読める機会をつくっていけばよい。

日本語訳のある英語の絵本の中には、大型の本もあるので、通常の学級で外国語活動を行う際にも活用することができる。

外国語活動で取り組みやすい絵本の紹介（白丸数字：日本語、黒丸数字：英語）

①エリック カール・もりひさし訳（1976）『はらぺこあおむし』偕成社
❶Eric Carle（1969）『THE VERY HUNGRY CATERPILLAR』Puffin Books

②ジュリエット ダラス コンテ著・アリソン バートレット絵・たなかあきこ訳（2001）『コッケモーモー』徳間書店
❷Juliet Dallas Conte, Alison Bartlett（2001）『Cock-a-Moo-Moo』MacMillan Children's Books

③ドーン アパリー・垣内磯子訳（2002）『いちばんたいせつなともだち ひなぎくちゃんとくうのものがたり』フレーベル館
❸Dawn Apperley（2000）『Blossom and Boo, A Story About Best Friends』Little Brown

④きもとももこ（1994）『うずらちゃんのかくれんぼ』福音館書店
❹きもとももこ・ミアリンペリー訳（2005）『Quin and Peep Play Hide and Seek』アールアイシー出版

⑤ケイト リー著・エドワード イーブス絵・櫻井みるく訳（2004）『サンタさんに にあうふく』大日本絵画
❺Kate Lee, Edward Eaves（2003）『Santa's Suit』Campbell Books

⑥なかのひろたか（1968）『ぞうくんのさんぽ』福音館書店
❻なかのひろたか・ピーター ハウレット／リチャード マクナマラ訳（2003）『Elephee's Walk』アールアイシー出版

⑦アーノルド ローベル・三木卓訳（1972）『ふたりは ともだち』文化出版局

❼Arnold Lobel（1970）『Frog and Toad Are Friends』Harper Trophy

⑧エド ヤング・藤本朝巳訳（1999）『七ひきのねずみ』古今社
❽Ed Young（1992）『SEVEN BLIND MICE』PHILOMEL

⑨なかがわりえこ著・おおむらゆりこ絵（1963）『ぐりとぐら』福音館書店
❾なかがわりえこ著・おおむらゆりこ絵・ピーター ハウレット／リチャード マクナマラ訳（2002）『Guri and Gura』チャールズ・イー・タトル出版

⑩A.トルストイ再話・内田莉莎子訳・佐藤忠良絵（1962）『おおきなかぶ』福音館書店
❿内田莉莎子再話・佐藤忠良絵・ピーター ハウレット／リチャード マクナマラ訳（2004）『The Gigantic Turnip』アールアイシー出版

⑪エリック カール・もりひさし訳（1994）『月ようびは なにたべる？』偕成社
⓫Eric Carle（1996）『Today Is Monday』Puffin Books

⑫ビル マーチン著・エリック カール絵・偕成社編集部訳（1984）『くまさん くまさん なに みてるの？』偕成社
⓬ビル マーチン著・エリック カール絵・偕成社編集部訳（2006）『英語でもよめる Brown Bear, Brown Bear, What Do You See?』偕成社

⑬マイク セイラー著・ロバート グロスマン絵・今江祥智訳（1980）『ぼちぼちいこか』偕成社
⓭マイク セイラー著・ロバート グロスマン絵・今江祥智訳（2011）『英語でもよめる ぼちぼちいこか』偕成社

⑭松谷みよ子著・瀬川康男絵（1967）『いないいないばあ』童心社
⓮松谷みよ子著・瀬川康男絵・ミア リン ペリー訳（2006）『Peek-a-Boo』アールアイシー出版

ゲームは、勝ち負けにこだわる性格のある児童にとっては、興奮してしまう原因にもなるので配慮が必要である。はじめにルールを伝え、ゲームの時間を短めに設定しておくとよい。慣れてきたら、ゲームの時間も長くとれるようになっていく。

児童たちは、通常の学級で始まりのあいさつをしてから特別支援学級の教室に移動して来ることもあるので、特別支援学級での外国語活動は、45分間の授業の20～30分間位で行うこともある。

そういった場合、以下のような学習指導案をつくることで、事前に打ち合わせができ、他の特別支援学級の担任、介助員やALTとも共通理解も図ることができる。

外国語活動学習指導案（特別支援学級）

1．単元名　じゃんけんを英語でしてみよう。

2．場　所　特別支援教室

3．単元計画について

・体を使って英語で歌ったり、じゃんけんをする。

・絵本の読み聞かせを行う。

4．本時のねらい　ALTの先生と一緒に英語に慣れ親しむ。

5．教材・教具　CD「Head, Shoulders, Knees and Toes」
絵本「Quin and Peep Play Hide and Seek」
※「うずらちゃんのかくれんぼ」（日本語名）
絵カード「Rock, Paper, Scissors 」

6．本時の展開（30分間）

時間	指導過程	活動内容			留意点（評価等）
		児　童	担任・介助員	ALT	
2分	はじめの挨拶	全員がALTと挨拶をする。	全員があいさつできるように声かけをする。	全員とあいさつをする。	はじめの挨拶ができたか。
6分	歌「Head, Shoulders, Knees, and Toes」	全員で歌う。	CDをかける。	一緒に歌う。	歌を歌うことができたか。
8分	絵本「Quin and Peep Play Hide and Seek」の読み聞かせ	畳の上に座ってお話を聞く。	全員を畳の上に座らせる。	絵本の読み聞かせを行う。	お話を座って聞くことができたか。
12分	英語で「じゃんけん」大会	英語でじゃんけんをする。	絵カードを用意する。	英語でじゃんけんをする。	じゃんけんをすることができたか。
2分	おわりの挨拶	全員がALTと挨拶をする。	全員があいさつできるように声かけをする。	全員とあいさつをする。	おわりの挨拶ができたか。

4．内容は日常生活に深いものを

○ 野菜や果物を取り入れた授業

学習園では、四季を通じていろいろな野菜、果物や花を栽培することで、収穫や開花時期にあわせて外国語活動を行い、名前はもちろんのこと、数や色についてもふれることができる。ALTの来校日に、通常の学級の授業の空き時間や給食の時間、朝の時間などに特別支援学級へ来てもらえるようにお願いをして、一緒に野菜や果物を収穫したり、調理して食べたりする機会がつくれると、楽しく過ごせるとともに、外国語活動を食生活に関連させて学ぶことができる。その際、食物アレルギーや植物アレルギーのある児童にとっては、収穫物の野菜や果物を食べたり花にふれたりしてはいけない場合があるので細心の注意をはかる必要がある。

そういった場合、野菜や果物、花のレプリカ教材や絵・写真カードを使えばよい。例えば、トマトのレプリカ教材では、ミニトマト、普通のサイズのトマト、半分に分かれるトマトやトマトをスライスしたものなどを、使用場面に応じて使い分けることができる。ミニトマトのレプリカ教材を使って、どれだけ収穫できたかを数えたりする算数的活動を外国語活動で行うことができる。

レプリカ教材や絵・写真カードは、外国語活動だけでなく、普段の教育活動でも使える場面が多いので、いつでも使えるように学校での保管方法を考えておくことが大切である。

また、児童の家庭に協力をお願いして、新聞の折込広告や校区のスーパーマーケットのチラシから育てた野菜や果物を探してみたり、家族と一緒に実際に買い物に行くことで、学んだことが日常生活とつながっていることをさらに実感できる。

○ 動物を取り入れた授業

動物を導入する際には、飼育小屋にいる動物や家で飼っている動物から始めるなど身近なところから始めていくことが大切である。3学期の初めに、飼育小屋にいる十二支の動物を活動に盛り込むことで、自分の干支が何の動物であるか興味をもつきっかけになることも期待できる。校外学習で動物園に出かけたり、移動動物園で動物を見たりさわったりする機会をつくると、学習意欲はさらに高まる。

動物の人形や絵・写真カードを用意しておくと、視覚から理解を助けることができる。また、動物の鳴き声は、同じ動物でも国によって違う鳴き声で表現する。国と鳴き声を対応させる活動を通して世界地図や国旗を見る機会をつくり、世界に目を向けるきっかけとしたい。ALTに質問をして、その国々の鳴き声を実際に聞くことも楽しい活動になる。

５．実際に英語を使う場面設定

○ 中学校区の交流会への参加

特別支援学級の中学校区の交流会は、中学校といくつかの小学校が交流できる機会である。中学校のALTにお願いして、中学校の英語の授業を体験できるような交流会を企画すれば、中学校生活の一端を知ることができ、安心して入学することにもつながる。

交流会の内容は、普段の外国語活動で行っているような「自己紹介」「歌」「絵本の読み聞かせ」や「ゲーム」などを、中学校の生徒や他の小学校の児童と一緒に行うことで、より楽しい活動になる。

○ 他の教科、領域等と関連させた授業

特別支援学級では、校外学習でハンバーガーショップに出かけて行き、一人ひとりがハンバーガー、ポテトとジュースなどを注文し、お金を払う練習を行っている。外国語活動では、店員とお客さんのロールプレイを取り入れている。

店員役の児童は、「いらっしゃいませ（May I help you?)」のあいさつからはじめ、お客さん役の児童は、メニューを見ながら英語で注文をする。校長先生、教頭先生やALTにもお客さんとして、活動に参加してもらっている。繰り返し行うことで、店員とお客さんとのやりとりが上手になっていき、活動を通してＳ・Ｍ・Ｌの大きさの違いを理解した児童もいた。この活動は、自立活動や図工、生活の時間などにハンバーガー、ポテト、ジュースなどの商品づくりと関連して行うこともできる。

家庭でハンバーガーショップに連れて行ってもらう時は、児童が自分で注文できるように、また学校では体験できないドライブスルーでの注文などの経験をして自信をつけられるような機会をなるべく多くつくれるように、保護者にも協力を働きかけている。

○ 学習発表会、学年交流会での発表

特別支援学級の学習発表会、児童集会、授業参観や通常の学級との学年交流会などで、外国語活動の日頃の成果を発表することも児童のやる気へとつながる。

発表の内容は、「Head, Shoulders, Knees and Toes」を歌ったり、体の部分を絵で大きく見せながら説明したりして、みんなで歌ったり踊ったりできれば楽しい発表会や交流会になる。

通常の学級の学年交流会では、特別支援学級の児童が得意なことや自信を持って取り組んだり、参加できる内容となるように工夫することが大切である。外国語活動でいつも歌っている歌やゲームであれば、大勢の人達がいて、いつもと違う場面であっ

ても落ち着いて歌ったり、ゲームに参加しやすくなる。

外国語（英語）活動学習指導案（特別支援学級と２年生との交流会）

１．単元名　体の部分を英語でいってみよう。
２．場　所　体育館
３．単元計画について
・歌「Head, Shoulders, Knees and Toes」を体を使って歌う。
・ゲーム「Simon says」を全員で行う。
４．本時のねらい　２年生の通常の学級の児童と特別支援学級の児童が交流を通してお互いを知り、英語に慣れ親しむ。
５．教材・教具　絵カード「head, shoulders, knees, toes, eyes, ears, mouth, nose」
６．本時の展開（45分間）

時間	指導過程	活動内容			留意点（評価等）
		児　童	担任	介助員	
２分	はじめの挨拶	特別支援学級の児童が行う。	挨拶をする児童にマイクを渡す。		はじめの挨拶ができたか。
８分	特別支援学級の児童の紹介	名前、学年、クラスと好きな教科を発表する。	発表をする児童にマイクを渡す。	介助を必要とする児童の横で発表の手助けをする。	自己紹介をマイクを使ってできたか。
15分	歌「Head, Shoulders, Knees, and Toes」	はじめに特別支援学級の児童が歌った後で、全員で歌う。	CDをかける。絵カードをみせる準備をする。		歌ったり、絵カードをみせることができたか。
12分	ゲーム「Simon says」	特別支援学級の児童が説明をする。	ゲームを行う。	介助を必要とする児童の横で発表の手助けをする。	ゲームの説明ができたか。
８分	おわりの挨拶 ２年生からの感想・挨拶	特別支援学級の児童と２年生の代表の児童が行う。	発表をする児童にマイクを渡す。		おわりの挨拶ができたか。

６．おわりに

特別支援学級での外国語（英語）活動で、歌「Head, Shoulders, Knees and Toes」を繰り返し歌ったが、児童は繰り返し歌うことで、自信を持って歌えるようになっていった。また教材には、人形やレプリカ教材など視覚的な支援ができるものを使うことで、活動を円滑に行うことができた。

特別支援学級での外国語（英語）活動は、無理のない形で、できるところからはじめていくことが大切である。そして、授業を担当する者はもちろん、保護者にも協力を仰ぎ、情報を共有していくことで、さまざまな角度から活動できるように支援していくことが求められる。一人ひとりの個性を大切にしながらすすめていくことが大切である。

【参考文献・ＣＤ】

伊藤嘉一・小林省三編者（2011）『「特別支援外国語活動」のすすめ方』図書文化
小林省三著（2011）『特別支援教育と外国語活動』教育出版
阿部フォード恵子著（2000）Let's Sing Together SONG BOOK, APRICOT
アプリコット企画（1999）Let's Sing Together, APRICOT

第2部

第8章 小学校外国語活動におけるスクールインターンシップの実践 ～教職をめざす学生の資質向上にむけて～

橘堂 弘文・京都ノートルダム女子大学教授

1．小学校と連携したスクールインターンシップの実践

1．1．スクールインターンシップの意義

京都ノートルダム女子大学では、人間文化学部英語英文学科の「教材作成演習」と修士課程応用英語専攻の「インターンシップ」の授業の一環として、学生が公立小学校の授業に参加する「スクールインターンシップ」を2008年度より行っている。このような大学と小学校との連携は、小学校側にとっては、英語教育を専攻とする学生の協力によって英語専科の人的資源のニーズが満たされ、また本学学生にとっては、インターンシップと社会貢献の絶好の機会になる。

小学校の外国語活動や英語活動を指導するのは、英語専科ではない全教科を担当する担任教諭が中心である。そこでは多くの場合、担任教諭とALT（Assistant Language Teacher）や地域ボランティアのティーム・ティーチングが実施されている。一方、2011年から全面実施された新学習指導要領の趣旨を実現するため、全国の教育委員会では、英語活動の指導法に関わる中核教員研修会や教科の接続の観点から小中（高）連携の必要性が増している。このように人的資源や英語指導経験の不足が指摘される中、必要な予算や電子黒板等の機材も不足している小学校で、英語教育を専攻する学生たちが現職の先生方と協力し、指導案やオリジナル教材を作成することには大きな意味があると考えている。

電子黒板を使ったパワーポイント教材（地図に触れると国名と国旗が表示される）と手作りカード

本学でのスクールインターンシップの取り組みは、2008年度：大阪市立木川南小学校、2009年度：大阪市立茨田北小学校、2010年度：大阪教育大学附属平野小学校、2011年度：大阪市立苗代小学校の国公立小学校で展開してきた。

2012年度に行った5回目のスクールインターンシップでは、5－6年生用教材『英語ノート』、『Hi, friends！』が既に利用されていたが、写真のようなパワーポイントと手作りカードを使った「オリジナル教材作成」と指導を目標とした。2009年度と2010年度もパワーポイントでオリジナル教材を作成したが、教室内のノートパソコンのソフトウェアと環境が合わずに教材がフリーズしたり、音声と画像がシンクロできずに、急遽バックアップに持参した、紙ベースの手作りのピクチャーカードを利用するというエピソードも生まれた。

筆者は、「大学が学びの場だけではもの足りない」という理念のもと、これらの活動は学生にとって、"Learning and Practice for Service!"「奉仕の為の学びと実践」のためのミッションと捉えている。学生には、「先ずは自分から」、「先ず隗より始めよ」ということを伝えている。「何事にも前向きに努力を重ねれば楽しくなるし、疲れが爽やかになる」ことを経験することこそ、学生たちに「生きる力」を身につける教育実践だと考えるからである。

1．2．スクールインターンシップ実施までの流れ

2010年12月、大阪教育大学附属平野小学校4年生の英語活動クラスにおいて実施したスクールインターンシップでは、9月から約3ヶ月かけて授業作りに取り組んだ。インターンシップの授業は12月に2回、学部生4名と大学院生1名で参加した。授業実施までの流れは概ね以下の通りである。

◎4月：小学校が決定。校長や教務主任、英語活動担当の先生と打ち合わせ。
◎9月：小学校のスクールインターンシップ担当と打ち合わせ。
◎10月：参加学生を連れて学校の下見と打ち合わせ。
◎11月：授業を行う小学校の対象クラスの授業参観。大学の施設を利用して手作り教材作成と英語のみでの模擬授業練習。
◎12月：当日は現地で3時間程度リハーサル実施。授業後は反省会。

2012年度は、新学習指導要領のもと小学校で外国語活動が週当たり1時間、5、6年生で必修化されたことを受け、人間文化学部英語英文学科12名の学生が、2010年同様大阪教育大学附属平野小学校に12月10日、17日の2日間、5年生は午前3クラス、6年生は午前と午後の3クラス、合計12時間にわたるインターンシップを実施した。授業実施までの流れは概ね以下の通りである。

◎4月：校長や教務主任、英語活動担当の先生と打ち合わせ。
◎9月：小学校のスクールインターンシップ担当と打ち合わせ。
◎11月：ノートルダム学院小学校長にパワーポイント教材を使ったデモの実施。平野小学校英語専科の教員によるワークショップ（180分間）の実施。
◎12月：手作りオリジナル教材作成と英語のみの模擬授業リハーサル。当日は現地で午前7時30分集合、1時間程度リハーサル実施後スクールインターンシップ授業6時間連続。授業後は反省会。

教材や指導案を見直しながら、念入りな打ち合わせとリハーサルを行う

このようにインターンシップの実施までにじっくり時間をかけ、大学の授業外の時間でも、小学校側と指導計画や指導案等の話し合いをもちながら、目標設定や指導法、活動案、教材を考えて授業を作り上げていく。長期間にわたる準備が必要であるが、多くの方々のご協力をいただき、例年充実したインターンシップを実施できている。

本スクールインターシップ事業では、学生たちが取り組んだ教材作成、授業準備、模擬授業練習、そしてインターンシップの実践まで、すべての活動を可能な限り写真やVTRに収め、それらを本演習の時間中に公開し、学生間で合評会を開いている。また参加学生には、実践の準備作業から実施までを収録した写真や動画をDVDにして配付している。

以下、スクールインターンシップ事業を受け入れてくださった小学校の先生方や、参加学生の感想を紹介する。参加学生たちは、この経験を通して多くのことを学んでくれたこと、それが彼女たちにとって大きな力になっていることが感じられた。卒業後、公立・私立学校に採用された者も複数出ている。

２．スクールインターンシップ先の先生方や参加学生の感想

京都ノートルダム女子大学のスクールインターンシップを受け入れて

前 大阪市立木川南小学校長　小林 邦子 先生

英語活動に熱心な本校では、学生さんたちの協力を非常にうれしく思っておりました。授業では、子どもたち全員が意欲的に活動に参加できていました。また、声の出し方、助言のタイミング、発音、クラスルームイングリッシュの内容など、多くの事柄が参考になったと先生方も喜んでいました。これも学生さんたちの優れた英語力と指導力、そして橘堂先生のご尽力のおかげと感謝しています。また、手作りの美しく力強い掲示物には学生さんたちの意欲が感じられ、視覚的にも児童の英語活動の動機づけを刺激したと思います。このようなインターンシップを、さらに各小学校ですすめていただけたらと願っています。

過去３回のスクールインターンシップを受け入れて

大阪教育大学附属平野小学校　山本 吉彦 先生

ａ．進化するスクールインターンシップの取り組み

2012年度も、スクールインターンシップとして、京都ノートルダム女子大学の学生13名を受け入れた。今回で３回目になる本校での試みで、年々、学生たちの意欲が高くなってきている。これは学生たちのインターンシップに対する活動意欲の差異もあるだろうが、ひとえに指導教官の橘堂弘文氏の熱意ある日々の指導の賜物であると言っても過言ではない。

それは、前年度までの取り組みと大きく違った３点からもわかる。１点目は、インターンシップの学生の数が過去最高であったこと。2012年度は総勢10名を超える３回生、４回生で構成されており、それだけで活気のあふれる集団になっていた。２点目は、今までは１クラスだけだった活動が、５年生３クラス、６年生３クラスの合計６クラスの授業を２回の実施日ともに行ったことである。そして３点目は、事前指導で私が学生たちに直接会って、実際の授業の進め方、取り組んでいる内容、クラスの実態などを話す機会を設けたことである。

これら３点のことを踏まえ、インターンシップを受け入れた側からの率直な意見を以下の観点からまとめた。

ｂ．教材について

毎年来校される予定が12月ということもあり、ここ数年「クリスマス」をメインテーマに行われてきた。今回も例年同様、クリスマスと思っていたが、合計12回の授業をするということもあり、更に「お正月」についても新たなテーマとして加えられていた。ここに１つの進化が見られた。

学生たちは丁寧に教材づくりに取り組んでおり、普段使用している『Hi, Friends』には出てこない単語（Cell phone, Encyclopedia など）には絵カードを作ったり、ICT機器を活用して世界の国をビデオクリップで紹介したりした視聴覚教材が充実していたといえる。実際の映像を間近でみることで、子どもたちの新たな発見や異文化理解に深く関わったともいえる。

また、授業で使用するビンゴカード、ご褒美シール、お年玉、ふりかえりカード等もすべて手作りで、市販のコピーされた教材とは一味も二味も違った良さを感じることができた。ただ、これだけのものをグループに分かれて作成する楽しさや、作り上げた時の達成感は計り知れないが、人が多ければ多いほどアイデアも豊富になり、うまくまとめたり、制作活動に費やしたりする時間は並大抵のことではなかったであろうと察する。

ｃ．指導について

指導にあたっては、先にも述べた通り本年度は事前指導を行った。学生たちに本校での外国語活動の取り組み方や授業の流れ、既習事項などを説明するとともに、各クラスの児童の実態を伝えた。こうしたことで、実際の授業では随時、学生たちが各グループ（３～４人の10グループ）に補助として入り、活動を丁寧に支援することができていた。これは、学級経営にも関わってくることなので、特に大切にしたい。

また、授業を行っていない学生も、率先して一緒に歌ったり踊ったり、ゲームに参加したりして場の雰囲気をうまくサポートしていた。最初はなかなかうまくできなかった学生も、２回目、３回目と授業する回数が増えるとともに、コツを学び取っていたように思えた。さらに、授業後に自分たちで「もっとこうすべきだった」「あそこで、これを言ったほうが良かった」など、学生たち同士ですぐに課題を共有し、それを次の授業に活かそうとする姿は、こちらも学ばなければならない姿だった。

ｄ．成果と課題

今回のスクールインターンシップを受け入れての成果は、学生の人数が多く、豊富なアイデア、豊富な授業バリエーションが組めたことが一番大きかっただろう。さらに、たくさんの目で子どもたちを支援することができたのも、現場の教師からするとありがたかった。そして、授業回数が増えたことで、扱う内容がクリスマスからお正月へとバージョンアップしたことも大きな成果といえる。たくさんの英語に触れ、たくさんの異文化に触れることも外国語活動では大切にされているため、こうした活動はとても良かったと思えた。

課題は、やはり時間の調整が一番に挙げられる。事前指導や当日までの指導案のやりとり、当日の打ち合わせ、授業後の反省会などなど、たくさんの人数だからこそ容易ではなかった。また、取り扱う内容も増えたことで、児童たちはターゲットセンテンスのinputからintakeまでの時間が少なくなった。もちろん限られた時間で行うため、これは仕方のないことではあるが、うまくreviewの時間を使ってintakeからoutputへつなげたい。

ｅ．まとめ

今回の取り組みで一番に思うことは、この取り組みが、学生たちも児童たちもともに多くを学べる時間が共有できたということである。児童たちはもちろん授業を楽しみにしていたし、授業後のワークシートでも「イギリスのクリスマスやオーストラリアのクリスマスなど、新しいことを知れて嬉しかった」という感想を残していた。また学生たちは何より教えることの難しさ、大変さ、そして楽しさ、面白さを仲間とともに共感したのではないだろうか。

この取り組みが、今後も未来を創っていく児童や学生たちにとって有意義なものであり続けるために、我々現職教師と大学とが密に連携をとり、よりよい学びへチャレンジしていくことが何よりも大切ではないだろうか。今回の３点の新たなチャレンジは、その一歩を踏み出したと言っても過言ではないだろう。

スクールインターンシップに参加して

京都ノートルダム女子大学４回生　三浦 千夏 さん

大阪教育大学附属平野小学校で２日間に及ぶインターンシップに参加して強く感じたことは、指導者によって授業全体、クラス全体が変わるということ、また児童・生徒がいての授業であるということです。

事前に指導案や教材、練習を十分にしていったつもりでも、実際に児童を前にするとそれらの準備が当日にはほとんど役に立たないと感じました。というのも、児童の実態がつかめていない状態での模擬授業であるため、実際に児童は何が分からず、何を知っていて、どのような言葉を使うのがベストなのかほとんどわかっていなかったからです。そのため、準備したものすべてをその場で変更するなど、対応に追われました。また、授業を英語だけですることについてもはじめはとても不安がありました。英語だけでやって理解してくれるのだろうか、自分の英語は正しいのか、そして正しく発音できるのか、などの不安を抱えて児童の前に立ちました。しかし、何度目かの授業で気づいたことは、言葉だけで理解してもらうのは不可能なことであり、そのために教材や身振り手振り、そして練習が必要なのだと気づきました。それと同時に指導者が緊張や不安な表情をしているとそれが児童にも伝わり、児童までも不安にさせてしまうと感じました。それからは、楽しく、児童とのコミュニケーションも取り入れながら授業を進めるよう努め、２日目の最後の授業では、児童も指導者も生き生きとした楽しい授業をすることができました。その時の達成感や充実感は忘れることができないものとなりました。

さらに、今回の授業では、２時間分の指導案に２種類のクリスマスソングを取り入れ、一緒に歌うところから授業を始めるようにしました。しかし、時間の関係で歌を歌わずに授業を進めたグループがあり、この時、歌の必要性を強く感じました。英語の時間に英語の歌を歌うことで、楽しく授業のための準備ができ、児童の気持ちも英語を勉強することへ自然と切り替わっていました。この切り替えがないと授業がうまく進まないように感じました。また、歌うために歌詞をパワーポイントで作成し、準備したのですがうまく動かないことが多々あり、またYouTubeで準備してきたにもかかわらずネット環境が揃っていなかった等と苦労しました。

準備や練習ではうまくいかないことも多々あり、アクティビティを考える際に何度も考え直し、全員が納得のいくゲームに仕上がるまで時間がかかりました。それでももっといい物を作ろうと当日にもアイディアを出し合い、練習するなど全員が主体的に動くことで本当にいい授業をすることができたと思います。

また、電子教材を活用した授業のために準備し、練習してきたのですが、電子教材を使った授業効果が予想以上に大きく、児童の反応がとてもよかったため、電子教材のすばらしさを感じた反面、使用する難しさや問題が起きた時の対応の重要性を感じました。このことは、子どもたちに合った授業展開のひとつになると感じました。

たった２日間で12時間に及ぶスクールインターンシップでしたが、事前の準備から練習、当日を通じて参加者全員にとってとても刺激的な２日間であり、指導者として大きく成長できた２日間だったと思います。

２時間目の活動「買い物ゲーム」で、発表する子どもたち

卒業生　和歌山県公立中学校講師　岡本 咲希 さん

インターンは、大学４年間の講義で最も思い出深い経験となりました。指導案の作成はもちろん、教材作成は本当に大変でした。不安でいっぱいでしたが、迎えてくれた児童の明るい笑顔で不安は消え、たくさん英語を使ってほしい、そして伝わったときの喜びを感じてほしいという思いで授業に臨みました。大学の授業の一環として、このような体験をさせていただいたことをとても光栄に思っています。

今後の英語活動について考える機会となった

卒業生　島根県公立中学校教諭　足立 彩子 さん

私立小学校でアシスタントの経験がありますが、公立小学校でどうやって子どもたちをひきつける授業ができるか思案しました。ハテナ・ボックスを使い想像力をかきたてるクイズをしたり、カルタでは英語だけのヒントで野菜を当てさせる取り組みをしました。楽しくゲームをするのは簡単ですが、ゲームを単なるゲームで終わらせないためにどうしたらよいかが大切なことだと思います。今回は先生が３人という好条件で授業ができましたが、実際の現場でひとりで行う授業を考えると、手の込んだ活動にも限りがあるという発見もありました。今後の英語活動について考えるよい機会になりました。

教員の仕事の楽しさ、大変さを実感できた

卒業生　和歌山県公立中学校教諭　西原 真里絵 さん

中高英語の指導方法を主に学んできた私にとって、小学校での実際の指導はもちろん、理論的なことを学ぶのも初めてで、非常に貴重な経験となりました。教員の仕事の楽しさや大変さを改めて実感できたように思います。大変なことも多々ありましたが、子どもたちの笑顔を見ると、何もかも忘れて幸せな気分になったのを今でもはっきり覚えています。私は中学校の英語教員になりますが、今回の経験を生かして、私ができることをすべてやっていきたいと思います。

2008年度にスタートしたスクールインターンシップは、筆者が企画委員を務めるNPO法人JAEの「ドリカムスクール」の協力で実現したもので、実施の１年前から、卒業生や教育委員会、ドリカムスクールと協力して、インターンシップ実施校を探した。最初のインターンシップをコーディネートしてくださった池田さんより、メッセージをいただいたので、ここに紹介する。

学生のエネルギーと子どもたちの成長をつなげたい

NPO法人JAEの教育コーディネーター　池田 直子 さん

実施当日は、エネルギッシュな学生さんによる手作りの教材を使った授業に、子どもたちが目を輝かせながら楽しく英語を学んでいた姿がとても印象的でした。このような授業をコーディネートさせていただくことができ、私自身もたいへんうれしく思いました。今後も、学生さんたちにとって『こんな授業ができたらいいな』という思いをつなげ、多主体協働型の授業の輪を広げていきたいと願っています。私は中学校の英語教員になりますが、今回の経験を生かして、私ができることをすべてやっていきたいと思います。

３．スクールインターンシップ指導案の紹介

2010年12月に、大阪教育大学附属平野小学校４年生の英語活動クラスにおいて、山本吉彦先生指導のもと実施したスクールインターンシップにおいて使用した指導案（筆者作成）を以下に紹介する。小学校外国語活動における専科教員が今後求められていくと考えられることから、中学・高校の英語免許を取得する教職課程で学ぶ学生が、今後、小学校でこのようなインターンシップの機会を持つことが増えると思われるので、ぜひ参考としていただきたい。

スクールインターンシップ指導案（１日目）

指導教官：橘堂弘文教授　担任：山本吉彦教諭

指導者リーダー：H、指導者：KとM

ａ．指導日時　2010年12月６日（月）第５校時

ｂ．指導学級　大阪教育大学附属平野小学校４年３組（男子20名、女子19名）

ｃ．単元名　イベント（クリスマス）

ｄ．単元の目標
- 月の名前／クリスマスの語彙を理解できる
- 相手の誕生日を訪ね自らも答えて積極的なコミュニケーション活動ができる

e．単元の評価基準（単元を通じて児童に身につけさせたい力）

1日目	コミュニケーションへの関心・意欲・態度	・言語活動や自己表現に、積極的に取り組むことができる ・相手と相互的なコミュニケーションを図ることができる
	表現の能力	・月（1月～12月）に関する語彙を表現できる ・クリスマスに関する語彙を表現できる "When's your birthday?" "My birthday is in 月名.　/ In 月名." が表現できる
	理解の能力	・月（1月～12月）に関する語彙が理解できる ・クリスマスに関する語が理解できる "When's your birthday?" "My birthday is in 月名. / In 月名." が理解できる
	言語や文化についての知識・理解	・♪'The Month of the Year' を通じて英語と日本語の違いを理解できる

f．単元の指導計画・評価計画

時数	指導内容	主たる技能		評価方法
		Speaking	Listening	
1日目	"When's your birthday?" "My birthday is in 月名." ♪'The Month of the Year'	◎	◎	言語活動の観察 （Repeat練習、activity）

g．本時の教材観

来年度より小学校の高学年で外国語活動が導入されるに先駆け、英語学習の初期段階の児童に抵抗なく馴染みのある語彙（月・天気）で英語と日本語の違いを認知させることが期待される。さらに季節感を味わえる児童たちが聞いたことのあるクリスマスの語彙も導入し、2回の活動を通じて理解できることが期待される。聞いて話す言語活動のまず1つ目として自分の誕生月を質問され言うことができて、さらに相手にも質問ができるか口頭でのやり取りを通じ英語を使用したコミュニケーション能力の育成を期待したい。2つ目として導入された月の語彙をビンゴゲームをしながら児童同士でやり取りを通じて定着できることを期待したい。

h．本時の児童観

高学年の児童は男女同士があまり関わることをしない場合があるが、このクラスは学級担任を中心に静と動の活動を尊重されて、授業の終わりには児童に1日の振り返りをさせて自己反省を通じて他者理解をし、クラス全員を大切にすることを目標にしている。学級会では児童の態度は非常にまじめで、また活発に自分の意見を言えることはいうまでもなく、他の児童に対する関わりにも関心をもちながら仲の良い児童が集まり非常にまとまっている。このような態度が児童のより学習したいという意欲に結びつくために、国際理解教育の異文化理解の分野に興味を持っている児童も多く、日本以外の英語圏やそれ以外の文化に対しても積極的に取り組むことが期待できる。

ｉ．本時の指導観

１日目の言語表現は、月名のflash card導入時に‘What's this?’、アクティビティ時に“When's your birthday?”“In 月名.”、次回の活動で導入するクリスマスの語彙であり、２日目はクリスマスリースを製作時に“What do you want ?”と聞かれたら、自分の欲しいものを“I want 欲しいもの.”と言えることである。私立の小学校でカリキュラムの中に英語の授業が組み込まれて常に英語に接触する機会があるのと違い、大阪教育大学附属平野小学校での英語活動は小学校以外の私塾で英語を学び慣れ親しんでいる児童から小学校の英語活動でのみ触れている児童と様々である。そのため児童の英語に対する関心度にも温度差があるので、公教育の英語活動では英語を習得するというよりはむしろ全人教育を意識しながら指導していく必要がある。

Ｊ．本時の目標

・“When's your birthday?”“In 月名.”の活動ができる（観点Ⅰ）
・月／クリスマスの語彙、♪‘The Month of the Year’を歌うことができる（観点Ⅱ）
・月／クリスマスの語彙、♪‘The Month of the Year’を聞き内容が分かる（観点Ⅲ）
・月の語彙に関して英語と日本語の違いを理解できる（観点Ⅳ）

ｋ．本時の評価

・“When's your birthday?”“In 月名.”の活動ができた（観点Ⅰ）
・月／クリスマスの語彙、♪‘The Month of the Year’を歌うことができた（観点Ⅱ）
・月／クリスマスの語彙、♪‘The Month of the Year’を聞き内容が分かった（観点Ⅲ）
・月の語彙に関して英語と日本語の違いを理解できた（観点Ⅳ）

ｌ．本時の言語表現

・“When' s your birthday?”“My birthday is in 月名. / In 月名.”

ｍ．本時の単語

月名：January, February, March, April, May, June, July, August, September, October, November, December

クリスマス：bell, cake, candle, Christmastree, present, Santa Claus, snowman, star

n．本時の展開

時間	形態	内容	児童の活動	教師の発話	留意点
５分	一斉	挨拶	指導者の挨拶を聞く I'm fine, and you? Nice to meet you, too! 指導者の挨拶を聞く Hello songを歌う	H：Hello, everyone. Good afternoon. How are you? I'm fine. Nice to meet you. My name's Taeko. How about you? K：My name's Yumi. How about you? M：My name's Yoshie. H：We're your English teachers. Let's sing "Hello song "! (CD なしで)	笑顔を絶やさない 発話を促すように語りかける 表情豊かに元気よく
15分	一斉	導入 Song	フラッシュカードを見て英語の音声を聞く 発音練習をする The Month of the Yearを聞く The Month of the Yearを練習して歌う 指導者の指示に従う 女子児童のみ指導者と歌う 男子児童のみ指導者と歌う 指導者同士のやり取りを見る 自分の誕生月に立つ １月生まれは立つ 12月生まれは立つ ２月生まれは立つ 11月生まれは立つ ３月生まれは立つ 10月生まれは立つ ４月生まれは立つ ９月生まれは立つ	H：Let's practice today's new words. What's this month? (月) (flash cardをゆっくりと見せる) Repeat after me. (月の語彙を２回ゆっくりと発音後リピートを促す) H：Excellent job! Let's sing "The Month of the Year". First, just listen to the CD. This time, I'll sing and listen carefully. Ok? Are you ready? Only girls, stand up and let's sing it with me. Good job! Sit down, please. Only boys, stand up and let's sing it with me. Excellent! Sit down, please. Yoshie-sensei, when's your birthday? M：In July. Yumi-sennsei, when's your birthday,? K：In November. How about you? 今から自分の誕生月に立ってね！ M：Your birthday in January, stand up. K：In December, stand up. M：In February, stand up. K：In November, stand up. M：In March, stand up. K：In October, stand up. M：In April, stand up. K：In September, stand up.	 K：flash cardを持つ M：flash cardを貼る クリアに発音する 児童の表情を確認 K：児童の表情を確認 CDを聞かせてアカペラで歌う時はゆっくり M：flash cardポイント 女子児童のみ指示する 褒める 男子児童のみ指示する 褒める H：Yoshie先生に誕生月を聞きYumi先生との対話につなげる 児童たちに問いかけて何をするかジェスチャーを交えて指示を出す (理解定着のため必要なら日本語で指示も可能) Yoshie先生は１月からYumi先生は12月からと逆方向から児童に問いかけ立たせる

			５月生まれは立つ ８月生まれは立つ ７月生まれは立つ	M：In May, stand up. K：In August, stand up. M：In July, stand up.	
			全員が席に座る 一番では自分の誕生月の時に立ち二番では自分の誕生月の時に座る （歌わない）	K：Good job! Sit down please. Let's sing “The Month of the year” just with the gestures ‘stand up’ and ‘sit down’ of your birthday. 自分の誕生月の時に一番では立って、二番では座ってね。 Are you ready? Excellent job!	全員が揃い座らせる 最初はCDを聞きながら歌わずに自分の誕生月の時に一番では立って二番では座るように指示を出し用意の確認 児童を褒める
			一番では自分の誕生月の時に立ち二番では自分の誕生月の時に座る （歌う）	H：This time, let's sing “The Month of the year” along with the CD, and first time, ‘stand up’, and second time, ‘sit down’. OK? 今度はさっきと同じように歌も歌うよ。 Good job!	次はCDを聞きながら歌い自分の誕生月の時に一番では立って二番では座るように指示 児童を褒める
５分	一斉	展開１	指導者の発話に注意 何をしているのか見る	H：Activity time. Are you ready? What's this? Yes, it's a calendar.	何をするのか興味を引きつける 児童に問いかける クリアに発音する
			みんなで数を数える	How many? Let's count together. One, two, three ～ eleven, twelve. Twelve. There are twelve months.	
			指導者の誕生月に注目	And my birthday is in Feb. In Feb.（自分の誕生日に○をする）	inをやや強調する 児童の表情を確認
			山本先生とのやり取りを見る	Yamamoto先生, come here. Y：Hello! H：Hi, Yamamoto 先生. Excuse me, when's your birthday? Y：In June. H：Thank you. Y：You're welcome! Hashiba 先生, when's your birthday? H：In February. Y：Thank you.	どのような活動をするのか山本先生とやり取りをしてわかりやすく説明 K, M：児童の側に行き児童の様子を観察 Y, H：お互いにお礼を言う デモの役割を交代して児童たちに理解させる
12分	一斉		ビンゴゲームをする When's your birthday?と聞かれIn 月．やり取りの口頭練習をする	H：You're welcome. Bingo game time. 友だちに誕生月を尋ねる時は‘When's your birthday?’と聞きましょう。	ビンゴをする際の指示語を日本語で導入後、英語で口頭練習させる

リハーサルでこの部分をやっていませんでしたが、自分の誕生月を言えない児童がいればビンゴゲームの活動ができないので、最後の口頭練習をここで行い確実に自分の誕生月を言えるように強化したいと思います。

				Repeat after me. (Repeat×２) 友だちに誕生月を尋ねられた時は‘In 誕生月.’と答えましょう OK？	
			指導者に尋ねられたら自分の誕生日を言う	When's your birthday? Kitsudo 先生：When's your birthday? K：When's your birthday? M：When's your birthday?	at randomに児童の誕生月を質問する
			自分の誕生月に立って‘In 誕生月.’と答える	H：１月生まれの人, stand up and say ‘In January.’ ２月生まれの人, stand up and say ‘In February.’ 12月生まれの人, stand up and say ‘In December.’ Good job!	自分の誕生月を再確認させるため立って大きな声で言う練習を行う（１月～12月まで）
			ビンゴゲームのやり方を見て理解する	K：Let's interview. There are nine boxes, and first, you write your name in the center. Then interview your friends, and write your friend's name. Ok? If there aren't any boxes of your friends' birthday, you can't write it. Ok? We're going to demonstrate you. Yoshie先生, when's your birthday? M：In July. K：In July…あった！ Thank you. M：You're welcome. Yumi先生, when's your birthday? K：In November. M：In November…ない！ Thank you. K：You're welcome. Let's play bingo.	ビンゴゲームのシートを児童に配りやり方をゆっくりと説明 表情とジェスチャーを交えて友だちの誕生月がないと気付かせる 実際にデモを行う (英語先行で指示をして必要なら日本語も可能) 喜びのジェスチャー 悲しみのジェスチャー
			揃えば‘ビンゴ’と言いKitsudo先生, Yoshie先生, Yumi先生, Taeko先生よりスタンプを押してもらう	If you make a bingo, say ‘Bingo’. Kitsudo 先生, Yoshie 先生, Yumi先生, and Taeko先生 will give you a stamp on your sheet. OK? Let's start. Who's winner? Who's winner? Give them a big hand！	ビンゴが揃ったら先生たちがビンゴシートにスタンプを押すと指示 勝者の児童にシールを貼って全員で拍手する

6分	一斉	展開2	クリスマスの語彙を聞いて発音練習をする 何が隠れているか確認 目を閉じる 目を開けて何がないか当てる もう一度同じことをする 次回までにクリスマスの語彙を覚えることを確認	M：Let's learn some Christmas words. Repeat after us. （２回ゆっくりと発音後リピートを促す） K：Please repeat after me. （２回ゆっくりと発音後リピートを促す） H：Let's play 'What's missing?' What's this?（黒板の語彙を再確認） Close your eyes for a few seconds. Open your eyes. What's missing? That's right. One more time, close your eyes. What's this?（別の語彙を再確認） Good! You did a wonder job. Please memorize Christmas words by the next time. Are you OK？	クリアに発音する 児童の表情を確認 クリアに発音する 児童の表情を確認 児童に問いかける 児童の目を閉じさせる 児童の目を開けさせて何がないか確認 もう一度、違う語彙で同じ活動をする 褒めて次回までにクリスマスの語彙を覚えるように指示をする
2分	一斉	挨拶	Goodbye Songを歌う 指導者に挨拶をする Goodbye.	H：It's time to say good bye. Let's sing "Goodbye song" with me. First, listen carefully. OK? This time, let's sing all together. We hope you enjoy today's lesson. See you in two weeks. Goodbye. K：Goodbye. M：Goodbye.	笑顔を絶やさない 一度目は指導者がアカペラで歌い、二度目は全員で歌う ２週間後の再開を確認 笑顔で挨拶 笑顔で挨拶

【参考文献】

高橋美由紀他（2011）『新しい小学校英語科教育法』協同出版
青木昭六（編著）（2012）『英語科教育のフロンティア』保育出版社

成美堂様のご協力を得て、以下の内容もWEB上でご覧いただけます。
○スクールインターンシップ指導案（大阪市立木川南小学校、大阪教育大学附属平野小学校）
○スクールインターンシップに参加した学生たちの声（全文）
https://www.seibido.co.jp/kids/gather/gather2-1_3.html

あとがき

あとがきを執筆するにあたってこの本に収められた第１部12章、第２部８章の合計20章を改めて読むと、小学校に英語教育を導入しようとして今日まで、当初の研究開発校で始められた様々な試みがここまで発展してきたことに思いが及ぶ。目の前にまだ存在していないものを創り出していくことはなかなか印象深い体験だった。

さて、小学校英語教育の形が出来上がっていく間に、多くのことに出会い、また気づくことができた。思いつくままに取り上げてみると、まず第一に、「発達段階に応じた英語教育」という観点である。中学校からの英語教育では生徒たちの発達段階にそれほどの関心は向けられなかった。小学校の児童の場合には小学校１年生から６年生まで成長する間にいくつかの発達段階を通過する。例えば高学年では思春期の入り口であり、それまでの歌やゲームなどを取り入れた英語学習では興味関心を維持できないことがある。このような観点から教育課程を作成することはたいへん興味深かった。

第二に、小学校英語教育の担当者としてALTや地域の人たちなどが教室に入り担任の先生方と協力して授業を行っていることである。特に地域の人たちが定期的に教室に入って授業に参加することは、地域との連携という観点からも新鮮だった。またそのような実践の中でTeam Teachingを効果的に行うには何が必要であるか、そして、このようにさまざまな人たちが小学校英語教育を支えていく中で、担任教師の果たすべき役割の重要性が明らかになってきた。

第三にICTの活用である。小学校で英語教育を導入する際に、共通教材として『英語ノート』や『Hi, friends！』が無償で配布されたが、同時にそれらのデジタル教科書も無償で各学校に配布された。児童が英語の標準的な発音に接するためにはICTの活用は不可欠であると考えられたのである。デジタル教科書を教室で使用するにはパソコン、プロジェクターだけでも可能であるが、電子黒板があるといっそう効果的である。既に一部の教科書ではデジタル教科書も発売されていたが、商品としてのデジタル教科書は高価でありどこでも購入が可能であるわけではない。これを契機にして小学校の教員、児童がデジタル教科書や電子黒板を利用した授業を体験できたことは意義深い。無償のデジタル教科書が与えた影響は大きかったと言える。またこの時期に電子黒板の整備が進められたことも小学校英語教育の導入にとっては好都合であった。

第四に、小学校英語教育と中学校英語教育の連携が進んだことである。小学校英語教育が「外国語活動」として必修化され、５年生から年間35時間の授業が実施されるようになると、中学校側でもその受け入れについて準備をする必要があった。そこで小学校と中学校の先生方が一緒にそれぞれの英語教育について情報を交換したり、お互いの授業を参観し合ったりする機会が設けられるようになった。特に中学校の先生方にとっては、小学校英語教育の指導方法などが目新しく、多くの示唆を得ることができた。これは、一緒に小学校の現場で授業を多く参観させていただいた私たち大学教員にも言えるだろう。

最後に、この本をまとめるにあたって執筆をご担当の先生方からは2013年度末には既に原稿をいただいていたが、出版社の都合でおおよそ1年間以上出版が遅れることになった。この場をお借りして深くお詫び申し上げたい。

その間に、小学校英語教育に関して文部科学省からは、いずれかの時点で開始学年を例えば3年生に早め、教科としての再編も考える旨が発表されている（教科化については5年生からの可能性が言及されている）。それにともなって、5年生6年生の英語の授業は週に2～3時間程度ということも言われており、中学校の学習内容を小学校に事実上降ろすことも検討されることになるだろう。東アジアの諸国が英語教育の初等教育への導入・整備に精力的に取り組んでいる中で、日本がどのような言語教育政策を採るのか関心が集まっている。おそらく当分の間は目が離せない状況が続くのではないか。そういう意味では、この本は2013年度末の日本の小学校英語教育のスナップショットを取り上げて紹介し論じたものと受け止めていただければ幸いである。

柳 善和

執筆者一覧

第1部

第1章　加納 幹夫　岐阜聖徳学園大学
第2章　柳 善和　名古屋学院大学
第3章　アレン 玉井光江　青山学院大学
第4章　西尾 由里　岐阜薬科大学
第5章・第12章　高橋 美由紀　愛知教育大学
第6章　清水 万里子　愛知淑徳大学
第7章・第8章　稲葉 みどり　愛知教育大学
第9章　米田 尚美　岐阜聖徳学園大学
第10章　柴田 里実　常葉大学
第11章　田口 達也　愛知教育大学

第2部

第1章　白井 直美　元岡崎市立本宿小学校
第2章　齋藤 早苗　元品川区立小山台小学校
　　　　アレン 玉井光江　青山学院大学
第3章　中山 幹夫　江戸川区立平井南小学校
第4章　福岡 なをみ　椙山学園大学附属小学校
第5章　緒方 敦子　福岡市立南片江小学校
第6章　髙木 理人　岡崎市立本宿小学校
第7章　川﨑 育臣　和泉市立北松尾小学校
第8章　橘堂 弘文　京都ノートルダム女子大学

（所属は2014年度）

小学校英語教育
授業づくりのポイント

2015年３月31日　初版第１刷発行

編　著　高橋 美由紀　柳 善和
発行人　加藤 勝博
発行所　株式会社ジアース教育新社
〒101-0054　東京都千代田区神田錦町１-23 宗保第２ビル
TEL 03-5282-7183　FAX 03-5282-7892
(http://www.kyoikushinsha.co.jp/)

表紙デザイン　宇都宮 政一
印刷・製本　　株式会社創新社

Printed in Japan

ISBN978-4-86371-309-3
○定価はカバーに表示してあります。
○乱丁・落丁はお取り替えいたします。